**Kohlhammer
Urban-
Taschenbücher**

Band 501

Lutz von Rosenstiel
Walter Molt
Bruno Rüttinger

Organisations-
psychologie

Siebte Auflage

Verlag W. Kohlhammer
Stuttgart Berlin Köln Mainz

CIP-Kurztitelaufnahme der Deutschen Bibliothek

Rosenstiel, Lutz von:

Organisationspsychologie/Lutz von Rosenstiel; Walter Molt;
Bruno Rüttinger. – 7. Aufl. – Stuttgart; Berlin; Köln; Mainz:
Kohlhammer, 1988.
  (Urban-Taschenbücher; Bd. 501)
  ISBN 3-17-010179-X
NE: Molt, Walter:; Rüttinger, Bruno:; GT

Siebte Auflage 1988
Alle Rechte vorbehalten
© 1972 Verlag W. Kohlhammer GmbH
Stuttgart Berlin Köln Mainz
Verlagsort: Stuttgart
Umschlag: hace
Gesamtherstellung:
W. Kohlhammer Druckerei GmbH + Co. Stuttgart
Printed in Germany

Inhalt

Kapitel 3 – Organisation als Sozialisationsumwelt

Kapitel 4 – Entscheidung und Konflikt

Kapitel 5 – Führung in Organisationen

Kapitel 6 – Organisationsentwicklung

Vorwort zur fünften Auflage

Seit der Erstveröffentlichung dieses Buches im Jahre 1972, dem ersten deutschsprachigen Textbuch zur Organisationspsychologie, sind vier Auflagen erschienen. In der Zwischenzeit gibt es mehrere, zum Teil recht umfangreiche deutschsprachige organisationspsychologische Werke. Das Interesse an einem einführenden und preiswerten Text hat dadurch nicht nachgelassen, weshalb wir uns entschlossen, die fünfte Auflage grundlegend zu überarbeiten und zu aktualisieren. Dies hat zu einem – fast – gänzlich neuen Buch geführt. Geblieben ist lediglich der Grundgedanke: in sechs zentralen Kapiteln sollen exemplarisch Ausschnitte aus der Organisationspsychologie vorgestellt werden, wobei die Lektüre dieser Kapitel durch ihre didaktische Aufbereitung auch für den Leser fruchtbar gemacht werden soll, der sich bislang kaum mit organisationspsychologischen Fragen auseinandergesetzt hat.

Unser Dank gilt heute der großen Zahl derer, die uns in den letzten 10 Jahren Anregungen zum Text zukommen ließen, und er gilt dem Kohlhammer Verlag, der diesem Buch ein so langes und erfolgreiches Leben ermöglicht hat.

Die Form dieser Schrift weicht von der Darstellungsart in üblichen Lehrbüchern ab. Erreicht werden soll dadurch ein größerer Lernerfolg, der freilich mit einem höheren Zeitaufwand erkauft werden muß.

Gehen Sie wie folgt vor:

1. Verschaffen Sie sich einen ersten Überblick über das Buch, indem Sie das Inhaltsverzeichnis, die Lernziele, Orientierungsfragen und Zusammenfassungen lesen. Machen Sie sich Gedanken zum Thema und überlegen Sie sich selbständig Fragen dazu!

2. Suchen Sie – nachdem Sie sich noch einmal die Zielsetzungen von Kapitel 1 vergegenwärtigt haben – nun die Orientierungsfragen des ersten Kapitels zu beantworten. Überprüfen Sie danach Ihre Antworten, indem Sie den Text des ersten Kapitels lesen.

3. Lösen Sie nun die Aufgaben von Kapitel 1, um dadurch Ihr erarbeitetes Wissen zu überprüfen und es selbständig weiter zu entwickeln und kritisch anzuwenden. Die zu jedem Kapitel angegebene Literatur kann Ihnen dabei helfen.

4. Überprüfen Sie Ihre Lösungen anhand der Hinweise auf Seite 203.

5. Gehen Sie bei den folgenden Kapiteln so vor, wie es die Punkte 2 bis 4 aufzeigen.
6. Sollte Ihnen beim Lesen die Bedeutung eines wichtigen Begriffes unklar sein, so schlagen Sie im Glossar auf Seite 204 nach.

L. v. R., W. M., B. R.

Zielsetzung dieses Buches:

1. Ausgewählte Grundkenntnisse der Organisationspsychologie sollen erworben und später im Beruf angewandt werden.
2. Mit den gewonnenen Kenntnissen sollen Organisationsprobleme selbständig gelöst werden können.
3. Zu vorliegenden Organisationstheorien – auch zu Aussagen, die in diesem Buch gemacht werden – soll kritisch unter Verwendung der nach den Kapitelzusammenfassungen genannten Literatur Stellung genommen werden.
4. Die Ideologie, die hinter verschiedenen organisationstheoretischen Ansätzen steht, soll durchschaut werden.
5. Die Sensibilität für psychologische Zusammenhänge in Organisationen soll gesteigert werden.
6. In der Selbstentfaltung des Individuums in und durch Organisationen soll ein wesentliches normatives Ziel der Organisationspsychologie erkannt werden.

Kapitel 1

Die Organisation

Lernziele

Die Bearbeitung des Kapitels »Die Organisation« soll
- *die Kenntnis der Definition von Organisationen vermitteln,*
- *in den Systemansatz der Organisationstheorie einführen,*
- *einen Überblick über Aufgabenstellung und Themen der Organisationspsychologie geben.*

Sie soll dazu anregen und/oder befähigen
- *das Spannungsfeld der Organisation zwischen Befriedigung der Gruppenbedürfnisse und Leistungserbringung zu erkennen,*
- *die Anforderungen der Teilmärkte Personal, Beschaffung, Absatz, Finanzierung zu erkennen,*
- *Methoden der empirischen Sozialforschung auf die Organisationsforschung anzuwenden,*
- *den psychologischen Hintergrund von Organisationstheorien kritisch zu würdigen,*
- *die Chancen und Grenzen der Organisation für die Selbstverwirklichung der Person zu reflektieren.*

Orientierungsfragen

1. Notieren Sie am Beispiel des Ablaufs eines Tages, welche Ihrer Tätigkeiten durch die Zugehörigkeit zu einer Organisation bestimmt sind.
2. Bestimmen Sie, welche durch Organisationen geschaffenen oder bereitgestellten Güter und Dienstleistungen Sie in Anspruch nehmen. Wie würde sich Ihr Leben verändern, wenn es diese nützlichen Organisationen nicht geben würde?
3. Der Seniorchef eines Familienbetriebes kritisiert die unternehmerischen Entscheidungen seines Sohnes mit den Worten: »Früher haben wir das alles ganz anders gemacht und es ist auch gegangen«. Was soll der Sohn antworten?
4. In einem straff geführten Unternehmen sind die Aufgaben auch für die Führungskräfte der unteren Ebene sehr präzise festgelegt; jeder Mitarbeiter ist für einen kleinen Teilbereich zuständig. Die Bezahlung ist überdurchschnittlich. Trotzdem herrscht große Unzufriedenheit bei der Belegschaft. Vor allem jüngere Mitarbeiter sprechen von Ausbeutung. Was könnte hier falsch organisiert sein?

1. Die Organisation

1.1 Einleitung und Definition

Geht man davon aus, daß der Mensch viele Bedürfnisse und Wünsche hat und daß die Mittel zu ihrer Befriedigung knapp sind, so folgt, daß der einzelne in vielerlei Weise nicht befriedigt ist. Durch Arbeitsteilung und Koordination der Bemühungen vieler läßt sich eine Vermehrung der Güter und Dienstleistungen zur Befriedigung der Bedürfnisse und Wünsche erreichen. Steigerung der Leistung erhöht die Produktion von Gütern und Dienstleistungen. Sie gestattet, die Arbeitszeit herabzusetzen und die Arbeit weniger mühsam zu gestalten. So erwächst die Chance einer stärkeren persönlichen Entfaltung.

Aus der Organisierung menschlicher Tätigkeiten entsteht die Organisation, eine formalisierte Struktur. Unter Organisation verstehen wir eine besondere Form des menschlichen Zusammenlebens und Zusammenarbeitens: Eine einigermaßen dauerhafte Beziehung der Unter- bzw. Überordnung zwischen zwei oder mehr Personen ist die Grundform der Organisation. Die Ausbildung von komplexen Netzwerken der Handlungskoordination, welche durch Organisation möglich werden, sind die Voraussetzung der großen Kulturleistungen, der arbeitsteiligen Wirtschaft und der politischen Ordnung. Heute wird die Organisation meistens als »System« definiert. »Ein System ist eine Ganzheit, deren Teile untereinander und mit dem Ganzen interagieren, umschlossen durch eine Grenze, welche Art und Umfang des Flusses der Inputs und Outputs in und aus dem System wählt« (Berrien 1976 S. 43). Was man als System festlegt, ist eine willkürliche Entscheidung des Forschers, denn Systeme sind selbst wieder Teile von größeren Systemen (Suprasystemen) und auch ihre Teile lassen sich als eigenständige Systeme (Subsysteme) auffassen. Eine Organisation ist Teil des Gesellschaftssystems. Ihre Abteilungen, Arbeitsgruppen etc. können als Subsysteme oder als eigene Systeme betrachtet werden.

Die »Grenzlinie« der Organisation (Gebert 1978) ist keine physische Barriere. Dennoch kann man bei einer Organisation genau bestimmen, wer dazugehört und welche Personen ausgeschlossen sind. Bei den Organisationsmitgliedern wiederum läßt sich ermitteln, welche ihrer Tätigkeiten sie aufgrund ihrer Zugehörigkeit zur Organisation ausführen und welche ihrer Tätigkeiten damit nicht im Zusammenhang stehen. Eine gewisse Schwierigkeit besteht darin herauszufinden, was eigentlich das Wesentliche einer Organisation ist. Es sind nicht die Personen, die ihr angehören, denn diese sind austauschbare Teile. Die Ziele der Organisation, die Regeln, die in ihr zur Anwendung kommen, die Rollen, die sie bereit hält, machen schon eher den Kern der Sache aus. Es ist die *Ordnung des Zusammenwirkens der Komponenten,* die erhalten bleibt, auch wenn Personen ausgetauscht werden oder wenn sich Umweltbedingungen ändern. Wenn man nun, in Analogie zum Lebewesen, von »Überlebensbedingungen« der Organisation spricht, wird nach den Voraussetzungen gefragt, die gegeben sein müssen, damit die Ordnung eines derartigen Gefüges aufrechterhalten werden kann.

Darstellung 1   Die Umweltbeziehung des Systems

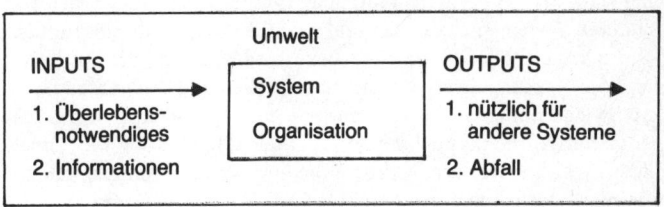

Es sind zwei Arten von Inputs, die die Organisation aus ihrer Umwelt erhält, einmal solche, die der Aufrechterhaltung ihrer inneren Ordnung dienen (»Nahrung«), zum andern solche, die Information bereitstellen (»Wahrnehmung«): Signale (Berrien 1976 S. 45). Die Umwelt signalisiert der Organisation Anweisungen und Vorschriften, z. B. erhält eine Unternehmensgruppe von der Behörde Auflagen für die Gestaltung ihres Produktionsablaufs. Sie bekommt vom Markt Informationen übermittelt, welche Absatzchancen bestehen, wo günstige Einkaufsquellen gegeben sind usw. (vgl. Darstellung 1).

Von den zahlreichen Bedingungen, die erfüllt sein müssen, damit eine Organisation ordnungsgemäß funktioniert, sei hier – aus psychologischer Sicht – auf eine verwiesen, die bei erster Betrachtung offensichtlich und trivial erscheint:

Die verschiedenen Rollen/Positionen in der Organisation müssen von Personen besetzt sein. Was aber sind die Bestimmungsgründe, die Personen veranlassen, einen Teil ihres Lebens in einer Organisation zu verbringen und sich während dieser Zeit in ihrem Handeln wesentlich den Interessen und Regeln der Organisation zu unterwerfen? Wenn wir hierbei nicht nur an solche Organisationen denken, die ihre Mitglieder bezahlen, sondern auch an solche, bei denen Mitgliedschaft freiwillig und unbezahlt ist, oder für die sogar ein Mitgliedsbeitrag entrichtet wird, dann wird klar, was sich bei näherem Zusehen auch für die Organisationen der ersten Art als zutreffend erweist, daß die Organisation ihren Mitgliedern »Befriedigung von Gruppenbedürfnissen aufgrund sozialer Interaktion vermittelt« (Berrien 1976 S. 44).

Die soziale Interaktion der Mitglieder der Organisation ist also eine notwendige Bedingung für die Aufrechterhaltung der Ordnung einer Organisation.

Die *Outputs* des Systems sind diejenigen Güter, Dienstleistungen und Informationen, die vom System ausgehen. Sie lassen sich in – für andere Systeme – nützliche und nutzlose klassifizieren. Nutzlose Outputs sind solche, die für alle anderen Systeme nicht akzeptabel sind. Sie sind Abfall. Nützliche Outputs dagegen werden von anderen Systemen akzeptiert und sind für diese wiederum Inputs.

Verfügt die Organisation über Informationskanäle, die ihr gestatten, die Wirkung ihrer Outputs festzustellen und diese Informationen wiederum als Input zu verarbeiten, so spricht man von Rückkoppelung. Rückkoppelung gestattet der Organisation die Anpassung an sich verändernde Umweltbedingungen. Wenn z. B. ein von einem Unternehmen produziertes Gut nicht mehr in genügendem Umfang nachgefragt wird, weil es im Vergleich zur Konkurrenz zu teuer ist, so hängt zunächst einmal viel davon ab, ob die Unternehmung durch Marktbeobachtung diese Entwicklung bemerkt hat und ob ihre Entscheidungsinstanzen rechtzeitig informiert werden. Damit diese Informationen zur Aufrechterhaltung der Ordnung beitragen, muß die Organisation flexibel sein, d. h. sie muß ihre Outputs auch effektiv verändern können.

Berrien stellt folgende Hypothese der Stabilität von Organisationen auf: »*die Niveaus von BGB* (Befriedigung der Gruppenbedürfnisse) *und formale Leistung sind kontrolliert und interdependent*«. Es ist z. B. bekannt, daß Arbeitsgruppen in der Produktion nur selten das Maximum ihrer Leistungsfähigkeit erreichen. Sie definieren stattdessen ihre eigene Gruppennorm (s. Kap. 2). Die Unternehmensleitung versucht zu verhindern, daß die Gruppennorm allzuweit absinkt. Kräfte innerhalb des Systems Arbeitsgruppe senken die Leistungsnorm, Kräfte von außen wirken in Richtung auf Erhöhung. Das Ergebnis ist ein für beide Seiten akzeptabler Kompromiß. Das untere Niveau der BGB wird durch die Gruppe selbst bestimmt. Sinkt es zu weit ab, werden die Mitglieder die Gruppe verlassen. Konzentriert man sich dagegen zu sehr auf eine Maximierung der BGB, wie dies für manchen Versuch alternativen

Wirtschaftens kennzeichnend ist, dann geht dies zu Lasten der Leistung. Dies ist für die umgebenden Systeme nicht akzeptabel. Man kann also verallgemeinernd sagen, daß ein Ausgleich gefunden werden muß zwischen Bedürfnisbefriedigung in der Organisation und Bedürfnisbefriedigung durch die Organisation. Daraus ergibt sich für die Organisation ein Optimierungsproblem.

In einer Gesellschaft, die vor allem an ökonomischen Werten orientiert ist, deren Unternehmen nach der Maxime des Gewinns arbeiten, hat die Leistung der Mitarbeiter zentrale Bedeutung. Auch die Organisationspsychologie steht im Dienste dieser allgemeinen, gesellschaftlichen Orientierung. Aus ihren Anfängen als Arbeits- und Industriepsychologie hat sich – angeregt durch Arbeiten von Leavitt (1961) sowie Tannenbaum & Seashore (1965) – eine Organisationspsychologie im weiteren Sinn entwickelt, die nicht nur die industrielle Organisation, sondern die allgemeinen Gesetzmäßigkeiten aller Arten menschlicher Organisationen zum Gegenstand hat.

Der Psychologe Schein (1965) definiert Organisation allgemein als »die rationale Koordination der Tätigkeit einer Anzahl von Menschen, um einen gemeinsamen expliziten Zweck zu erreichen, durch Arbeits- und Funktionsteilung und eine Hierarchie von Autorität und Verantwortung« (S. 8). Er fügt hinzu, daß durch die Organisation sich eine innere Dynamik entfaltet, Kräfte freigelegt werden, die sich weder aus dieser Definition ableiten lassen, noch in sie integriert werden können. Gerade diese innere Dynamik ist aber der eigentliche Aufgabenbereich der Psychologie.

Die formale Struktur der Organisation ist zweckrational konzipiert (Beleg 1) und entspricht den Bedürfnissen des einzelnen in der Organisation wenig. Daraus ergeben sich Konflikte zwischen dem einzelnen und der Organisation (Argyris 1957). Die Hilflosigkeit vieler Organisationspraktiker und das Elend der rationalen Organisationstheorie ließen den Ruf nach psychologischer Kompetenz laut werden.

Beleg 1 Das »Zweckmodell« der Organisation

Die klassische Organisationslehre hatte ihren Bemühungen um richtige wirtschaftliche Organisation ein verhältnismäßig einfaches Begriffsbild zugrunde gelegt, das wir kurz als »Zweckmodell« der Organisation bezeichnen wollen: Organisationen werden als Systeme angesehen; ein System wird als Ordnung von Beziehungen verstanden, durch welche Teile zu einem Ganzen verknüpft werden; und das Verhältnis des Ganzen zu seinen Teilen wird durch das Zweck/Mittel-Schema interpretiert. Alle Teile des Systems haben sich als Mittel zum Zweck des Ganzen auszuweisen, und diese Charakterisierung ist zugleich Bedingung wissenschaftlicher Relevanz. Was sich nicht einfügt, wird als Störung gebucht, kann aber mit den relativ einfachen Denkmitteln des Zweckmodells nicht weiter erforscht werden.

Mayntz, R.: Bürokratische Organisation, Köln/Berlin 1968, S. 39.

1.2 Die Umwelt der Organisation

Die Umwelt der Organisation ist die Gesellschaft. Für die Wirtschaftsorganisation präsentiert sich die Umwelt in vier Teilmärkten (Darstellung 2 nach Hill, Fehlbaum und Ulrich 1976, und Gebert, 1978).

Darstellung 2   Die Umweltsegmente als Märkte

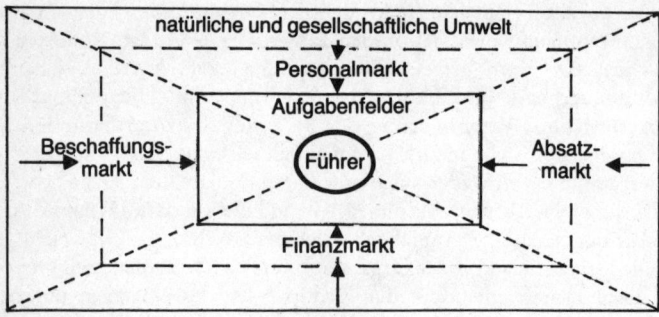

Die »Märkte« sind ihrerseits Aspekte größerer Umweltsysteme, deren wechselnde Anforderungen die Organisation bewältigen muß. In den Jahren der Vollbeschäftigung war z. B. eine wichtige Aufgabe des Personalwesens die vorausschauende Anwerbung und Förderung von Mitarbeitern. In einer Phase der Arbeitslosigkeit ist es zunehmend schwierig, weniger geeignete Mitarbeiter abzuschieben und so durch eine Steuerung des Zu- und Abgangs innerorganisatorische Probleme zu lösen. Die Perspektive schwacher Geburtenjahrgänge wird jedoch schon bald die vorausschauende Einstellung jüngerer Mitarbeiter zu einem schwierigen Problem machen.
Raschem Wandel ist auch der Beschaffungsmarkt unterworfen; Knappheit von Rohstoffen, sprunghafte Verteuerungen einzelner Rohstoffe verändern die Situation radikal. Wachsende Umweltprobleme haben einen »Entsorgungsmarkt« entstehen lassen.

Prognose der Absatzchancen, rechtzeitiger Wechsel auf aussichts-
reiche Produkte, überlegte Finanzierung von Produktionsumstel-
lungen, Kapazitätserweiterungen und rationellere Fertigungen sind
für viele – auch große Unternehmen – zur Überlebensfrage geworden.

Die Vorstellung, daß die Organisation ein System ist, das ständig
ein Gleichgewicht zwischen dem Druck der verschiedenen Märkte
aufrechtzuerhalten sucht, ist zwar etwas grob und unbestimmt,
aber sie ist geeignet, die Kraftfelder der Umwelt zu strukturieren,
in denen sich die Unternehmung behaupten muß. Die Berücksichtigung aktueller Bedingungen und künftiger Entwicklungen auf
diesen Bereichen muß als Voraussetzung erfolgreicher Unterneh-
mungspolitik – und daraus folgend, der Organisationsentwicklung
– gesehen werden.

1.3 Die innere Struktur der Organisation

Charakteristisch für die *innere Struktur* von Organisationen ist die
Differenzierung von Rollen und die Hierarchisierung (Beleg 2).
Diese Strukturen sind entworfen, d. h. sie gehen aus der bewußten
Überlegung derjenigen hervor, die die Autorität dazu haben. Sie
ergeben sich aus Satzungen, Geschäftsordnungen, Anweisungen
und sind als Plan objektiv erfaßbar.

Die soziale Realität entspricht dem Plan nur in den wenigsten
Fällen. Gelegentlich wird die geplante Struktur auch als formelle
Struktur, die soziale Realität als informelle Struktur bezeichnet. Sie
ist das Ergebnis der Interaktion der Organisationsmitglieder. Or-
ganisationsforschung kann sich deshalb nicht auf eine Dokumen-
tenanalyse der formalen Struktur beschränken, sondern muß mit
Mitteln der empirischen Sozialforschung – durch Befragung und
Beobachtung – die Dokumentenanalyse ergänzen.

Beleg 2   Der Rat des Jethro – des ersten Organisationsberaters

14. Da aber sein Schwiegervater alles sah, was er mit dem Volke tat,
sprach er: Was ist's, das du tust mit dem Volk? Warum sitzest du allein,
und alles Volk steht um dich her von Morgen an bis zu Abend?
15. Mose antwortete ihm: Das Volk kommt zu mir, Gott um Rat zu
fragen.
16. Denn wo sie was zu schaffen haben, kommen sie zu mir, daß ich
richte zwischen einem jeglichen und seinem Nächsten, und zeige ihnen
Gottes Rechte und seine Gesetze.

17. Sein Schwiegervater sprach zu ihm: Es ist nicht gut, was du tust.

18. Du machst dich zu müde, dazu das Volk auch, das mit dir ist. Das Geschäft ist dir zu schwer; du kannst's allein nicht ausrichten.

19. Aber gehorche meiner Stimme; ich will dir raten, und Gott wird mit dir sein. Pflege du des Volks vor Gott, und bringe die Geschäfte vor Gott,

20. und stelle ihnen Rechte und Gesetze, daß du sie lehrest den Weg, darin sie wandeln, und die Werke, die sie tun sollen.

21. Siehe dich aber um unter allem Volk und redlichen Leuten, die Gott fürchten, wahrhaftig und dem Geiz feind sind; die setze über sie, etliche über tausend, über hundert, über fünfzig und über zehn,

22. daß sie das Volk allezeit richten; wo aber eine große Sache ist, daß sie dieselbe an dich bringen, und sie alle geringen Sachen richten. So wird dir's leichter werden, und sie werden mit dir tragen.

23. Wirst du das tun, so kannst du ausrichten, was dir Gott gebietet, und all dies Volk kann mit Frieden an seinen Ort kommen.

24. Mose gehorchte seines Schwiegervaters Wort, und tat alles, was er sagte,

25. und erwählte redliche Leute aus ganz Israel, und machte sie zu Häuptern über das Volk, etliche über tausend, über hundert, über fünfzig und über zehn,

26. daß sie das Volk allezeit richteten; was aber schwere Sachen wären, zu Mose brächten, und die kleinen Sachen selber richteten.

2. Moses 18, 14—26 in der Übersetzung von Martin Luther

Der Zweck des Organisationsplanes ist es, die Zusammenarbeit der Personen so zu ordnen, daß die Organisationsziele erreicht werden und der Ablauf der Interaktionen möglichst konfliktfrei erfolgt. Dies bedingt Instanzen, die je nach Erfordernis Anweisungen geben – also Führungsaufgaben übernehmen – und kontrollieren, ob und wie jeder die ihm übertragenen Aufgaben erfüllt. Im Beispiel des Belegs 2 verhält sich Moses so, wie es viele Firmengründer heute noch tun, er entscheidet alles alleine. Wenn jedoch

Darstellung 3   Das Liniensystem

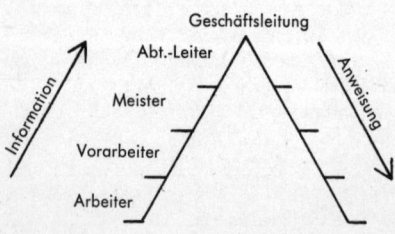

eine Organisation eine bestimmte Größe und Rollendifferenzierung erreicht, führt diese Vorgehensweise zu umständlichen und zeitraubenden Entscheidungsprozessen. Die Einmannführung ist überlastet. Jethro hat deshalb den auch heute noch klassischen Rat gegeben, Aufgaben zu delegieren und die Hierarchie der Führungsstruktur aufzufächern und mehrere Stufen vorzusehen.

In Darstellung 3 ist das Liniensystem der hierarchischen Organisation abgebildet. Die Bezeichnung der Ebene entspricht dem Sprachgebrauch in den meisten Unternehmen. Bei staatlichen Verwaltungen, beim Militär und bei freiwilligen Organisationen finden wir andere Bezeichnungen, aber dasselbe Muster.

Darstellung 4 Beispiel eines Funktionssystems

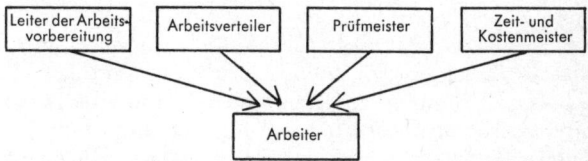

Die zunehmende Differenzierung der Tätigkeiten bringt es mit sich, daß die Vorgesetzten nicht mehr für alle Aspekte kompetent sind. In der Funktionsgliederung (Darst. 4) wird die letztlich ausführende unterste Stufe der Organisation durch verschiedene Funktionsmeister einer höheren Stufe angeleitet und kontrolliert. Daraus ergeben sich Ablaufprobleme, für die verschiedene Lösungsansätze entwickelt wurden, z.B. das Stab-Liniensystem (Darst. 5). Dadurch soll sichergestellt werden, daß immer nur eine Person oder Instanz weisungsbefugt ist, um sich widersprechende Anweisungen zu verhindern. Andererseits soll durch die Beratung mit Stabsstellen der Komplexität der Sachaufgaben entsprochen werden.

Darstellung 5 Beispiel eines Stabliniensystems

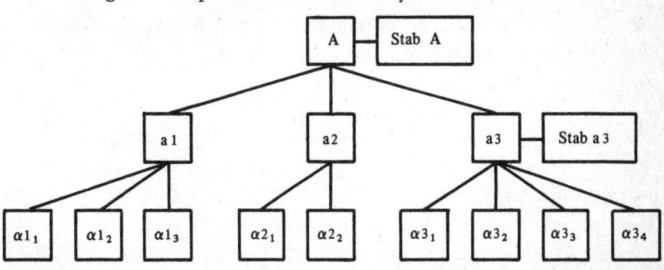

1.4 Der Gegenstand der Organisationspsychologie

Die Organisationspsychologie sieht, wie aus dem zuvor Gesagten folgt, nicht in der formalen Struktur der Organisation – die das Ergebnis zweckrationaler Planung ist – ihren Gegenstand, sondern im beobachtbaren Verhalten von Menschen in Organisationen. Als wichtige Teilbereiche ergeben sich 1. die Interaktion des Individuums mit der ihm gestellten Aufgabe; 2. die Interaktion der Individuen, insbesondere in den organisatorisch vorgegebenen Rollen der Vorgesetzten, Nachgeordneten und Gleichgestellten; 3. die Interaktion von Individuum und Gruppe und umfassender Organisation.

Das Konzept »Interaktion« betrachtet die am Geschehen Beteiligten als wechselseitiger Wirkung unterworfen. Die Person mit ihren Fähigkeiten und Interessen beeinflußt die Art und Weise, wie sie eine Aufgabe angreift. Die gestellte Aufgabe wirkt aber auch auf die Person zurück, fordert ihre Kompetenz, aktiviert ihre Fähigkeiten – Erfolge ermutigen, Herausforderungen motivieren –, sich mit der Sache intensiver zu beschäftigen, sich weiterzubilden. Klassische Forschungsgebiete der Organisationspsychologie sind in diesem Zusammenhang: Arbeitspsychologie, Mitarbeiterauswahl, Aus- und Weiterbildung, Motivierung.

Interaktion von Personen mit anderen wird unter den Stichworten interpersonale Wahrnehmung, Führung, Konflikt und Konfliktlösung bearbeitet. Mit der Beziehung von Individuum und Gruppe setzen sich mit anderer Schwerpunktbildung ebenfalls die genannten Forschungsrichtungen auseinander, dazu kommen noch spezielle Untersuchungen zur Gruppendynamik.

Forschung und Praxis der Organisationspsychologie akzentuieren heute vor allem die Leistung. Es wäre wünschbar, daß der Gesichtspunkt der Persönlichkeitsförderung oder Selbstverwirklichung des Individuums stärker herausgearbeitet würde.

In den nachfolgenden Kapiteln werden wir uns weitgehend auf die sozialpsychologischen Aspekte der Organisationspsychologie beschränken. Fragen der Auslese, der Aus- und Weiterbildung, sowie der Arbeitspsychologie werden nur am Rande behandelt.

1.5 Die Organisation als Gegenstand psychologischer Kompetenz

Erforschung und Vergleich verschiedener Organisationsstrukturen und ihre Beurteilung unter dem Gesichtspunkt der Effizienz sind Gegenstand der Betriebswissenschaften (vgl. Kieser u. Kubicek

1978). Die Notwendigkeit, für die staatliche Verwaltung nach anderen Kriterien vorzugehen, hat zur Entstehung einer eigenen Organisationstheorie der Verwaltung geführt (Bosetzky u. Heinrich 1981). Für die Soziologie ist die Organisation ein soziales Gebilde neben anderen, etwa Familie, Stamm etc. Sie interessiert sich vor allem für die Besonderheiten der sozialen Regelung und der Normenbildung in Organisationen (vgl. auch Pfeiffer 1976).

Das Entstehen psychologischer Fragestellungen im Zusammenhang mit Organisationen läßt sich am besten vor dem Hintergrund der historischen Entwicklung darstellen. Formale Konzepte der Organisation haben auf den ersten Blick mit Psychologie wenig zu tun. Bedenkt man jedoch, daß sie sich mit Fragen der Führung von Menschen befassen, so wird deutlich, daß in Organisationskonzepte implizite Persönlichkeitstheorien (vgl. Staehle 1980) eingehen. Dies soll an drei prominenten Beispielen dargestellt werden: der Theorie des homo oeconomicus, der des Menschen als sozialem Wesen und schließlich dem Konzept des Menschen als komplexem, differenziertem Individuum.

1.5.1 Der Mensch als »homo oeconomicus«

All jene Organisationstheorien, die von den vielfältigen menschlichen Motiven absehen, lediglich von den ökonomischen Bedürfnissen ausgehen und die Annahme, der Mensch erbringe ausschließlich für das Geld Leistung, zum Grundprinzip erheben, sind hier zu nennen. So hat die klassische Organisationstheorie vom Individuum, seiner Persönlichkeit, seinen individuellen Wünschen, Erwartungen, Ängsten, abstrahiert und einen idealtypischen Bürokratiebegriff für rationales Verhalten entwickelt. »Max Weber, ebenso wie die früheren Organisationstheoretiker, haben um die informellen Phänomene gewußt, aber es kam ihnen nicht auf eine Beschreibung der Wirklichkeit, sondern auf die Formulierung des maximalen zweckmäßigen Sollschemas an.« (R. Mayntz, 1968, S. 29 – vgl. Beleg 1)

Taylor (1911) betrachtet in seinem System des »scientific management« den Menschen als Element der Organisation, um die Arbeit zu »systematisieren«. Er beschäftigt sich mit Fragen der Eignung, des Bewegungsablaufs, der Bedienungsweise von Maschinen, Arbeitsplatzgestaltung, Beleuchtung, Zeitpunkt und Länge der Pausen usw. Sein System sollte gestatten, dem Ablaufplan der Organisation genau zu folgen; der Mensch sollte dabei den Bedingungen und Zielen des Unternehmens dienen. Der einzige von Taylor vorgesehene Anreiz für den einzelnen ist die Lohngestaltung in

Form von Akkordlohn. Diesen Organisationstheorien liegt das Modell des »economic man« zugrunde, das, wie McGregor (1960) in seiner kritischen Darstellung betont, von folgenden Voraussetzungen ausgeht:

1. Der Mensch ist wesentlich durch ökonomische Anreize motiviert und handelt nach der Maxime des größten Gewinns.
2. Da die ökonomischen Anreize unter der Kontrolle der Organisation sind, ist der Mensch wesentlich passiv, manipulierbar und durch die Organisation kontrolliert.
3. Die Gefühle der Menschen sind wesentlich irrational. Es muß deshalb verhindert werden, daß sie seine ökonomischen Interessen stören.
4. Organisationen können und müssen so organisiert sein, daß sie Gefühle und unvorhersehbare Züge des Menschen kontrollieren.

Dazu lassen sich, wie McGregor (1960) in weiterer polemischer Verfolgung seiner Kritik betont, folgende zusätzliche Annahmen der klassischen Organisationstheorie aufstellen:

5. Der Mensch ist von Grund aus faul und muß deshalb von außen motiviert werden.
6. Die natürlichen Ziele des Menschen sind der Organisation entgegengesetzt. Deshalb ist, um seine Arbeit für die Organisation zu sichern, Kontrolle nötig.
7. Aufgrund seiner irrationalen Gefühle ist der Mensch unfähig zur Selbstdisziplin und Selbstkontrolle.
8. Aber es gibt grundsätzlich zwei Gruppen von Menschen, jene, welche den oben aufgestellten Annahmen entsprechen, und jene, die selbstmotiviert, selbstkontrolliert, weniger durch Gefühle bestimmt sind. Die zweite Gruppe muß die Aufgaben des Managements in der Verantwortung für alle anderen übernehmen.

Die hier geschilderte implizite Persönlichkeitstheorie wurde von McGregor (1960) als Theorie X bezeichnet.

1.5.2 Der Mensch als »soziales Wesen«

Die sozialen Bedürfnisse des Menschen wurden vor allem in jenen Organisationskonzepten berücksichtigt, die der Human-Relations-Bewegung entstammen. Die »human relations«-Bewegung nahm ihren Ausgang von Versuchen, die ganz im Geist des »scientific management« durchgeführt wurden, jedoch zu Ergebnissen führten, welche sich mit der Theorie des »scientific management« nicht erklären ließen, sondern zur Annahme von weiteren Bedingungen führten, vor allem aber die Bedeutung der informellen Gruppe für die Leistung bewiesen (vgl. Kap. 2.5). Dies führte zum Modell des »social man« (Roethlisberger & Dickson, 1939) und der Human Relations-Bewegung, die forderte, diesen Faktor planmäßig in die Organisationsstruktur einzubeziehen. Sie geht von folgenden Annahmen aus:

1. Der Mensch ist grundlegend motiviert durch seine sozialen Bedürfnisse. Er erhält seine Identität durch die Beziehung zu anderen.
2. Als eine Folge der industriellen Revolution ist die Arbeit sinnentleert. Der Sinn der Arbeit muß deshalb durch die sozialen Arbeitsbedingungen wiederhergestellt werden.
3. Der Mensch ist empfänglicher für den sozialen Druck der Kollegen in der Gruppe als für die von der Unternehmensführung gesetzten Anreize.
4. Der Mensch ist vor allem dann durch das Management beeinflußbar, wenn die Vorgesetzten die sozialen Bedürfnisse und das Bedürfnis nach Anerkennung befriedigen können.

Organisationstheorien, die sich stark auf dieses Menschenbild beziehen, berücksichtigen besonders die Kommunikations- und Informationswege innerhalb der Organisation, den Aufbau und die Förderung von Gruppen innerhalb des organisatorischen Rahmens und die soziale Anerkennung des einzelnen und der Gruppen durch das Management in Form von häufigen, den sozialen Bedürfnissen entsprechenden Kontakten.

1.5.3 Der Mensch als »komplexes, differenziertes Individuum«

Die Überbetonung der ökonomischen Bedürfnisse durch die klassische Organisationstheorie, der sozialen Bedürfnisse durch die Human-Relations-Bewegung und der Selbstverwirklichungsbedürfnisse durch die humanistische Psychologie sind unter den Aspekten der modernen Persönlichkeitstheorie (vgl. Brandstätter, Schuler & Stocker-Kreichgauer 1974) grobe Vereinfachungen. Das Individuum ist in seiner motivationalen und kognitiven Struktur vielfältig angelegt und von seiner sozialen Umwelt in differenziert unterschiedlicher Weise geprägt. Inbesondere hat die Beachtung der unterschiedlichen Motive, wie sie das hierarchische Motivationsmodell Maslows (1943) in seinen vielfältigen Abwandlungen (vgl. McGregor, 1960) nahelegt, in neuen Organisationstheorien an Bedeutung gewonnen. Maslow geht von hierarchisch niedrig stehenden Bedürfnissen aus, nach deren Befriedigung jeweils Motive der höheren hierarchischen Ebene verhaltensbestimmend werden. Dabei nennt er fünf hierarchisch geordnete Motivationsebenen:

1. die physiologischen Grundbedürfnisse,
2. das Bedürfnis nach Sicherheit,
3. das Bedürfnis nach mitmenschlicher Zuwendung,
4. das Bedürfnis nach Anerkennung,
5. das Bedürfnis nach Selbstverwirklichung.

Bei McGregor (1960) schiebt sich zwischen die Stufen 4 und 5 noch das Bedürfnis nach Selbstbestimmung und Unabhängigkeit. Die Berücksichtigung der höchsten Motivklassen dieses Modells führte in den neueren Organisationstheorien dazu, daß der Mitbestimmung am Arbeitsplatz und der Eigenart des Arbeitsinhalts im Sinne einer ausfüllenden Tätigkeit (vgl. v. Rosenstiel, 1980) höhere Aufmerksamkeit geschenkt wurde, als es in den zuvor genannten Modellen der Fall ist. Beispiele von Organisationstheorien, die implizit oder explizit vom Menschen als kompliziertem differenziertem Wesen ausgehen – einer Persönlichkeitstheorie, die von McGregor (1960) als Theorie Y bezeichnet wurde – sind Ansätze, wie sie etwa von Argyris (1957), McGregor (1960) oder Likert (1961, 1967) vertreten werden.

1.6 Themen und Methoden der Organisationspsychologie

Die Themen der Organisationspsychologie lassen sich in vier Hauptbereiche aufteilen (vgl. auch Reitz 1977):

1. Das individuelle Verhalten in der Organisation: darunter fallen Gegenstandsbereiche wie Mitarbeitermotivation, Bewertungsprozesse und Einstellungen, Sozialisation in der Organisation, individuelle Entscheidungsprozesse, Kreativität und Innovation.
   Interindividuelle Unterschiede der Eignung führen in der Praxis zu Verfahren der Personalauswahl; Unterschiede der Motivation und des Wissens zu Verfahren des Mitarbeitertrainings und der Motivierung.
2. Gruppenverhalten: die Sozialpsychologie hat umfangreiches Wissen über die Grundlagen des Gruppenverhaltens erarbeitet. Es findet Anwendung in der Planung von Kommunikationsstrukturen, bei Gruppenentscheidungen, bei der Lösung von Konflikten und bei der Ausübung von Macht.
3. Führungsverhalten und seine Auswirkung auf Leistung und Zufriedenheit der Mitarbeiter.

4. Organisationsentwicklung: wenn man Probleme der Organisation vor allem in ihrer Struktur sieht, dann entsteht die Frage,
   wie diese zu verändern ist. Änderungen rufen Widerstände
   hervor. Wie lassen sich diese beim Management und bei den
   Mitarbeitern überwinden? Wie ist die Organisation also zu
   einem lernfähigen Ganzen umzugestalten?

Psychologie versteht sich heute überwiegend als Erfahrungswissen-
schaft, d. h. sie versucht ihre Aussagen auf methodisch abgesicherte
Ergebnisse empirischer Forschung zu beziehen. Wissenschaftliche
Aussagen werden in Form von Hypothesen aufgestellt, die über-
prüfbar sein müssen. Hypothesen haben die Form von »wenn . . .
dann . . .« oder »je . . . desto . . .« Aussagen, durch die interessierende Variable in einen gesetzmäßigen Zusammenhang gebracht
werden, z. B. »wenn der Führungsstil autoritär ist, dann sind die
Mitarbeiter unzufrieden« oder »je besser der Arbeitsplatz ausge-
leuchtet ist, um so höher ist die Leistung der Arbeiter«. Im ersten
Beispiel wäre der Führungsstil die unabhängige, die Mitarbeiterzufriedenheit die abhängige Variable. Weiterhin enthält das erste
Beispiel eine Aussage auf relativ hohem Abstraktionsniveau. Man
muß daher bestimmen, wie Führungsstil und Mitarbeiterzufriedenheit gemessen werden sollen. Im zweiten Beispiel ist schon eine
recht konkrete Aussageform gefunden, die Messung der unabhängigen Variablen (Beleuchtung) und der abhängigen Variablen (Leistung der Arbeiter) stellt ein geringeres Problem dar. Dennoch
muß auch hier die Forderung nach präzisen Meßvorschriften beachtet werden. Außerdem ist das Abstraktionsniveau dieser Aussage
geringer. Tatsächlich stellt sie auch eine Ableitung aus einer allgemeineren Theorie über den Zusammenhang von Umweltbedingungen und Leistung dar.
Für die Verfahren zur Messung der verschiedenen Variablen gelten
in den empirischen Sozialwissenschaften folgende Gütekriterien,
die den Grad der Wissenschaftlichkeit der Forschungsergebnisse
mitbestimmen:
1. Die Objektivität: die Meßergebnisse sollen unabhängig vom
   ausführenden Wissenschaftler sein; bei Datenerhebung, Auswertung und Interpretation sollen also verschiedene Forscher
   mit den gleichen Meßmethoden am gleichen Gegenstand zu
   gleichen Ergebnissen kommen.
2. Reliabilität: was gemessen wird, soll zuverlässig gemessen werden; so sollen z. B. Meßwiederholungen zum gleichen Ergebnis
   führen.
3. Validität: mit einem Meßverfahren soll das gemessen werden,
   was man zu messen vorgibt.

Neben den Gütekriterien der Messung bestimmt auch die Generalisierbarkeit der Forschungsergebnisse den Wert einer Untersuchung. Organisationspsychologische Forschungen sollen so angesetzt sein, daß sie zur Stützung oder Widerlegung genereller Theorien menschlichen Verhaltens in Organisationen beitragen. Dabei ist z. B. auf die Situationsrepräsentanz (Holzkamp 1964) zu achten (vgl. dazu Kap. 5.5.1: die Experimente von Lewin – Lewins Intention und den unkritischen Versuch, die Ergebnisse dieser Experimente für die Führungspraxis in Organisationen aller Art zu übertragen).

Es gibt ausgefeilte Methoden der Stichprobenbildung, von der die Generalisierbarkeit abhängt, der Messung, Auswertung und Interpretation, die den genannten Forderungen nahekommen und den Standard der Wissenschaft bestimmen (siehe dazu Cook & Campbell 1976, Kerlinger 1964). Trotz der Verfeinerung der Verfahren werden gegen diese empirisch anspruchsvolle Organisationsforschung von Campbell (1976) drei grundsätzliche Einwände erhoben:

1. Um nach diesen Verfahren Untersuchungen durchführen zu können, müssen die Randbedingungen extrem vereinfacht werden. Dies ist am leichtesten im psychologischen Laboratorium möglich. So kann man z. B. eine Gruppe von Versuchspersonen im Labor unter verschiedenen Beleuchtungsbedingungen eine Reihe von Arbeiten ausführen lassen. Es ist jedoch fraglich, ob unter den Realbedingungen des Arbeitsplatzes, bei dem auch die personellen Beziehungen zwischen den Mitarbeitern, ihre Einstellung zum Vorgesetzten, das speziell gültige Lohnsystem usw. wirken, dieselben Effekte auftreten. Dieser Einwand wird als Problem der »ökologischen Validität« (Willems und Raush 1971) bezeichnet.

2. Oft ist nicht klar, was in der Realsituation Ursache und was Wirkung ist. Der Führungsstil kann Ursache für die Zufriedenheit/Unzufriedenheit der Mitarbeiter sein. Diese kann aber auch einen bestimmten Führungsstil bedingen. Betrachtet man dieses Problem unter der Komplexität von Realsituationen, so entstehen komplizierte Ursache-Wirkungsnetze, wie sie für systemtheoretisch orientierte Forschungen kennzeichnend sind. Berrien (1976 S. 46) verdeutlicht dieses Problem an folgendem Zahlenbeispiel aus der Biologie: Ein Neuron mit 8 verschiedenen Eingängen (Dendriten) und nur einem Ausgang (Neurit), wobei die Eingänge und Ausgänge je zwei Zustände haben (feuern oder nicht feuern), besitzt $2^8 = 256$ Input-Zustände. Die Kombinationsmöglichkeit der Input-Output-Verknüpfungen

ist 2^n, wobei n die Anzahl der Inputzustände ist. Dies ergibt 2^{256} mögliche Verknüpfungen. Es ist ohne weiteres einsichtig, daß eine derartige Vielfalt der möglichen Kombinationen sich jeglicher experimentellen Überprüfung entzieht. Vermutlich sind aber die Zusammenhänge in einer komplexen Arbeitsgruppe oder einem Unternehmen noch vielfältiger. Wenn deshalb die Systemtheorie nach Gleichgewichtsbedingungen sucht, so nimmt sie an, daß verschiedene, sich kompensierende Kräfte immer wieder die gleiche Wirkung haben können. Sie gelangt damit zu Aussagensystemen, die für die Anhänger der klassischen Methode unakzeptabel, weil zu verschwommen, sind.

3. Da die Organisationspsychologie sich als eine anwendbare Wissenschaft versteht, muß sie sich bemühen, die von ihr zu analysierenden Sachverhalte möglichst in realen Situationen zu untersuchen. Notwendigerweise wird dabei die Experimentalforschung durch nichtexperimentelle Feldforschung ergänzt. Es werden z. B. Fallstudien, systematische Beobachtung, teilnehmende Beobachtung und Befragungen als Methoden eingeführt. Ein spezielles Verfahren stellt die Aktionsforschung dar (siehe Kap. 6, S. 193): Aufbauend auf einer Diagnose und ausgehend von mehr oder weniger systematisch gewonnenen Einsichten, wird ein Prozeß des organisatorischen Wandels eingeleitet. Die Beteiligten kennen die Ziele des Versuchs und bestimmen durch ihre eigenen Evaluationen und Entscheidungen den weiteren Fortgang der Forschung, die unter natürlichen Bedingungen durchgeführt wird.

Tatsächlich werden die verschiedensten Methoden in der organisationspsychologischen Forschung angewandt. Die dadurch mögliche Praxisnähe hat aber ihren Preis: Die Interpretation der Ergebnisse kann nicht so zweifelsfrei erfolgen, wie es der an Laborexperimenten orientierte Forscher gerne hätte.

1.7 Organisationspsychologie und die Entfaltung der menschlichen Persönlichkeit

Die Organisationspsychologie stand zunächst fast ausschließlich im Dienste der Leistungssteigerung. Es waren Ergebnisse der empirischen Forschung, welche scheinbar eine andere Orientierung erzwungen haben. Man könnte das Motto des sich so ergebenden »humanitären« Fortschritts, der entscheidend zu einer Veränderung der Praxis der betrieblichen Organisation beigetragen hat, unter das Motto stellen: »glückliche Kühe geben mehr Milch«.

Ohne Frage hat die Effektivität psychologisch begründeten Managements erheblich dazu beigetragen, daß bei Unternehmensführungen eine größere Bereitschaft besteht, Kenntnisse und Techniken der Organisationspsychologie aufzunehmen. Da heute die Gültigkeit der Prinzipien der Leistungsgesellschaft in Frage gestellt wird, richtet sich die Kritik an der durch Organisation verfremdeten Existenz des Menschen auch gegen die Organisationspsychologie.

Bedenkt man jedoch, daß die Weltbevölkerung oder die Bevölkerung unseres eigenen Landes überhaupt nicht überleben könnte, wenn es nicht die durch Organisationen gesicherte Handlungskoordination gäbe, so erkennt man leicht, daß die Alternative zu der gegenwärtigen Form einer organisierten Gesellschaft nicht der Verzicht auf Organisation ist, sondern in neuen Formen der Organisation liegt (vgl. Schumacher 1977). In Übereinstimmung mit der neueren Entwicklung der Organisationspsychologie läßt sich feststellen, daß es falsch wäre, die Organisation unter das Primat der Leistungserbringung – des Out-put – zu stellen. Die Befriedigung der Gruppenbedürfnisse und Entfaltung der Persönlichkeit der Mitarbeiter sind gleichrangige Ziele (vgl. Argyris 1976).

Ursächlich für die aktuellen Zielkonflikte in Organisationen ist das »psychologische« Axiom der Organisationswissenschaft, der Mensch handele ausschließlich, um seine eigene Lust oder seinen Profit zu maximieren. Daraus folgernd ist es auch das Ziel der Organisation bzw. ihrer Eigentümer und Manager, den Profit zu maximieren und das Ziel der Mitarbeiter, für möglichst wenig Leistung möglichst viel Geld zu kassieren. Obwohl unbestreitbar ist, daß es in unserer Gesellschaft ein derartiges Motiv nach eigenem Profit bzw. nach Lustgewinn gibt, ist doch einer Organisations- und Wirtschaftsordnung, die sich darauf stützt, entgegenzuhalten:

1. Ein Motiv wird zur Norm erhoben und damit die Deskription (was ist) zur Präskription (was sein soll). Es zeigt sich, daß die Ursache-Wirkungsverhältnisse auch umgekehrt sein können, nämlich, daß eine bestimmte Organisationsstruktur und ein bestimmter Führungsstil genau die Verhaltensweisen hervorbringen, die sie zu ihrer Rechtfertigung voraussetzen. Es handelt sich hier um einen Fall des von Merton (1955) beschriebenen Phänomens der selffulfilling prophecy (selbsterfüllenden Prognose). Wenn z. B. ein Unternehmer annimmt, seine Mitarbeiter seien von Natur aus faul und unehrlich, führt er strenge Kontrollen ein. Die Mitarbeiter »rächen« sich, indem sie sich der Kontrolle entziehen, wo es nur geht, drücken sich vor der Arbeit, nehmen Werkzeuge und Roh-

stoffe mit etc. Dagegen treten derartige Verhaltensweisen in einem Betrieb, in dem ein vernünftiges Verhältnis des Vertrauens zwischen Unternehmung und Mitarbeitern herrscht, kaum auf.

2. Die Bedürfnisse der Menschen sind nicht nur auf Konsumlust und Freizeit gerichtet, sondern auch auf die Freude am produktiven Gestalten und auf den sozialen Verbund mit andern. Begreift man deshalb den menschlichen Sinn der Arbeit als eine Mitwirkung an sozial wertvollem, schöpferischem Handeln, dann ist die Verringerung der Arbeit in der Tat kein Fortschritt. Das Ziel der Organisation muß es deshalb sein, menschliche Arbeitsplätze zu schaffen, welche dem Arbeiter einen Sinnbezug vermitteln (siehe Ulich et al. 1973).

3. Die ausschließliche Mehrung der Produktion – losgelöst von ihren Verwendungsmöglichkeiten – unterliegt der Gefahr, im Grunde sinnlose Produkte, also Abfall zu produzieren. Immer dann, wenn die Aufrechterhaltung eines Unternehmens oder ganzer Industriezweige vorrangig mit dem Argument der Arbeitsplatzsicherung begründet wird, liegt der Verdacht nahe, daß die Produktion selbst sinnlos ist. Es ist dann häufig auch der Bezug zum Produkt, das in irgendeiner Form den Menschen dienen soll, verlorengegangen (vgl. Strümpel 1977, Scitovsky 1977).

4. Auch Manager suchen bei ihren Entscheidungen nicht nach maximalen, sondern nach befriedigenden Lösungen (Simon 1955). So können verschiedenartige Ziele (vgl. Heinen 1971) wie sozialer Friede, Erhaltung der langfristigen Unternehmensbedingungen, i.S. von reduziertem Wachstum, Mitarbeiterzufriedenheit, Erhaltung der Umwelt, durchaus in Unternehmensentscheidungen eingehen. Die Profitmaximierung erweist sich als Ideologie, bei der alle anderen Rücksichtnahmen, die üblicherweise beachtet wurden, in dem Entscheidungsprozeß ausgeklammert werden. Eine, die menschlichen Aspekte berücksichtigende Organisation ist möglich, ohne die sich aus den ökonomischen Bedingungen ergebende Maxime »des befriedigenden Gewinns« (Katona 1951) zu verletzen.

Nun ergeben sich aus der organisationspsychologischen Forschung Hinweise dafür, wie es möglich wird, Arbeiter für die Unternehmensziele zu motivieren und durch Partizipation an Entscheidungsprozessen ein Klima des gegenseitigen Vertrauens zu schaffen. Insbesondere scheinen kleinere und überschaubarere Unternehmen eher in der Lage zu sein, bei ihren Arbeitnehmern Verbundenheit mit dem Unternehmen zu schaffen, jene, die es möglich macht, daß Arbeiter sich am Risikokapital beteiligen und dabei sogar Lohneinschränkungen hinnehmen. Da all dies auch auf organisationspsychologischen Einsichten beruht, hat das Fach praktisch

Bedeutung für das Überleben der Unternehmen in einer schwieriger werdenden wirtschaftlichen Situation.

Es wird dadurch auch gezeigt, daß der Weg der Selbsterfüllung des einzelnen nicht aus der organisierten Gesellschaft herausführt. Sie ist nicht in individualistischer Isolation möglich. Voraussetzung für diesen Weg ist allerdings die Humanisierung der Arbeitswelt in Produktion und Verwaltung. Das Konzept der zweckrationalen Organisation ist aufzugeben. Organisation aber bleibt eine Grundbedingung menschlichen Lebens.

Zusammenfassung

Organisation wird als System definiert, das mit seiner Umwelt, die als Beschaffungsmarkt, Personalmarkt, Entsorgungsmarkt und Absatzmarkt strukturiert wird, verbunden ist. Die Organisation muß einen Ausgleich vermitteln zwischen der Aufgabe, den Organisationsmitgliedern Gruppenbedürfnisse zu befriedigen und für die Umwelt Leistungen zu erbringen.

Man unterscheidet oft zwischen formeller Struktur, die im Organisationsplan festgelegt ist und der informellen Struktur, die sich aus der inneren Dynamik des Zusammenwirkens der Organisationsmitglieder ergibt.

Die Organisationspsychologie befaßt sich vor allem mit dem beobachtbaren Verhalten von Menschen, der Interaktion von Individuum und der ihm gestellten Aufgabe, der Interaktion von Individuen in ihren organisatorischen Rollen und der Interaktion von Individuen und Gruppen mit der umfassenden Organisation.

Organisationstheorien gehen von verschiedenen psychologischen Annahmen über den Menschen aus; als solche Konzepte werden behandelt das Modell des »homo oeconomicus«, das Modell des Menschen als sozialem Wesen, und das Modell des Menschen als komplexem, differenziertem Individuum. Die Chancen der Organisation, im Arbeitsprozeß auch Sinnbezug zu vermitteln, die Aufgabe über den Wert der Produktion zu reflektieren, und durch Partizipation Vertrauen zu schaffen, werden als Wege diskutiert, wie durch Berücksichtigung organisationspsychologischer Einsichten die Organisation zur Entfaltung der menschlichen Persönlichkeit beitragen kann.

Zur Vertiefung dieses Kapitels sei besonders empfohlen: Kieser, A. & Kubicek, H.: Organisation. Berlin 1977. Dieses klassische Lehrbuch zur Organisationstheorie geht zwar zentral von den betriebswirtschaftlichen und soziologischen Theorien aus, berücksichtigt aber auch psychologische Kenntnisse und zeigt so deren Stellenwert innerhalb eines interdisziplinären Ansatzes.

Arbeitsteil

A Mehrfachwahlfragen zur Selbstkontrolle

Kontrollieren Sie stichprobenartig Ihr Wissen, indem Sie bei den nachfolgenden Mehrfachwahlfragen M 1 bis M 3 diejenige (nur eine!) der vorgegebenen Lösungsalternativen anstreichen, die Ihnen die beste zu sein scheint. Blättern Sie bei der Beantwortung bitte nicht in den Text zurück! Die richtige Lösung finden Sie im Anhang auf Seite 203.

M 1
Für Führungskräfte der mittleren Ebene eignet sich als Belohnungssystem Akkordlohn nicht,
a) weil Führungskräfte selbstmotiviert sind und deshalb keines Belohnungssystems bedürfen;
b) weil sich nur schwer Leistungskriterien aufstellen lassen;
c) weil es mit der Natur des Angestelltenverhältnisses unvereinbar ist;
d) weil es ein Verstoß gegen die Werte dieser Personengruppe wäre.

M 2
In einem Betrieb, in dem jede Tätigkeit streng überwacht wird und jeder Vorgang durch den formalen Organisationsplan festgelegt ist, stellt man fest, daß Initiative zugunsten des Unternehmungszwecks seitens der Arbeiter ausbleibt.
a) Diese Beobachtung bestätigt die Annahme, daß Arbeiter wesentlich passiv und manipulierbar sind und nur nach den Motiven ihres persönlichen Gewinns handeln.
b) Das Verhalten der Arbeiter erklärt sich als Reaktion auf die Organisationsform.
c) Die Beobachtung beweist, daß die kapitalistische Gesellschaft nur durch scharfe Kontrolle und Aufsicht erhalten werden kann.
d) Die Beobachtung bestätigt die Hypothese, daß die Menschen von Grund aus faul sind und von außen motiviert werden müssen.

M 3
Die »human relations«-Bewegung brachte für die Organisationstheorie folgende bis heute gültigen Erkenntnisse:
a) daß die Gruppe in der Organisation für die Leistung eine große Rolle spielt;
b) daß ein menschliches Arbeitsklima in jedem Fall leistungsfördernd ist;
c) daß zu einer wirksamen Organisation vor allem Öffentlichkeitsarbeit gehört;
d) daß die Beleuchtung am Arbeitsplatz einen maßgeblichen Einfluß auf die Leistung hat.

Die nachfolgenden Fragen P 1 bis P 4 haben keine angebbaren Richtiglösungen. Sie sollen dazu dienen, Sie unter Verwendung des Gelesenen zu selbständigem Denken anzuregen.

P 1

Ein Bauunternehmer, der 80 Lastwagen laufend im Einsatz hat, erleidet erhebliche Verluste durch Beschädigung seiner Fahrzeuge. Er stellt fest, daß die LKW-Fahrer, besonders jüngere Kräfte, Zeitrennen fahren und deshalb das Material rücksichtslos behandeln. Er fragt an, ob der Organisationspsychologe ihm bei diesem Problem raten kann.
Welche Ansätze der Organisationspsychologie sehen Sie, die für die Beantwortung dieser Frage relevant sein könnten?

P 2

Welche Kritik ist gegenüber der sinngemäß wiedergegebenen Äußerung von Krupp angebracht?
»Was ich erreichen will, ist, daß nichts von Wichtigkeit ohne Vorwissen und Billigung der Geschäftsleitung geschieht oder verursacht wird; die Vergangenheit und die vorhersehbare Zukunft des Unternehmens kann aus den Akten der Geschäftsleitung ersehen werden, ohne daß irgendein Sterblicher gefragt werden muß.« (Vgl. Tannenbaum, 1969, S. 8)

P 3

Die Gehaltsbuchhaltung eines Großbetriebs umfaßt 40 Mitarbeiter. Die Organisation ist nach Arbeitsarten getrennt. Einige Mitarbeiter berechnen die Bezüge, andere die Sozialabgaben, andere die Steuern, einige buchen, und wieder andere schreiben die Zahlungsanweisungen aus, und in der Kasse werden dann die Lohntüten mit dem Wochenlohn abgepackt.
Der Abteilungsleiter möchte in seiner Abteilung eine humanere Organisation einführen. Was könnte er tun?

P 4

Welches sind die gesellschaftlichen Bedingungen, die zur Organisationspsychologie führten; welche Wirkungen hatte sie?

Kapitel 2

Gruppen in Organisationen

Lernziele:

Die Bearbeitung des Kapitels »Gruppen in Organisationen« soll dazu anregen und (oder) befähigen
- *die Bedeutung der Arbeitsteilung für die Bildung von Arbeitsgruppen in Organisationen zu erkennen*
- *an Beispielen darzulegen, daß der Organisationsplan und die beobachtbare Realität sich häufig nicht entsprechen*
- *den Begriff »Gruppe« zu definieren*
- *unter Bezug auf psychologische Forschungsergebnisse zu erklären, warum Menschen, die an einer gemeinsamen Aufgabe tätig sind, sich häufig zur Gruppe zusammenfinden*
- *psychologische und gesellschaftliche Gründe für das Phänomen der Leistungsrestriktion anzugeben*
- *gruppendynamische Prozesse zu beschreiben, die zu schwachen Leistungen oder falschen Vorschlägen in Problemlösungs- und Entscheidungsgruppen führen*
- *Maßnahmen vorzuschlagen, durch die der Zusammenhalt und die Leistungsbereitschaft in Arbeitsgruppen steigen können*
- *beispielhaft ein Organisationskonzept zu beschreiben, das die Regelung von Konflikten zwischen der Gruppe und der Organisation ermöglicht.*

Orientierungsfragen:

1. In einem neu gegründeten Betrieb lernen sich die Sachbearbeiter, die in einem Großraumbüro tätig sind, erst am Arbeitsplatz kennen. Nach wenigen Wochen empfinden sie sich als Gruppe, sprechen auch über private Dinge miteinander und gehen gelegentlich abends gemeinsam zum Biertrinken. Wodurch kam es zum Zusammenschluß zur Gruppe?
2. Erscheint es ratsam, die Mitarbeiter einer Forschungsabteilung in einem Großraumbüro unterzubringen?
3. Arbeiter einer Produktionsabteilung erfahren, daß ihr Werkzeug modernisiert werden soll. Darauf steigt die Leistung in einer anderen Produktionsabteilung an. Woran könnte das liegen?
4. Ein Arbeiter verrichtet monotone Tätigkeiten am Fließband. Der Lärm der Maschinen ist derart stark, daß er sich mit den Kollegen nicht

unterhalten kann. Wie wird sich der Arbeiter wohl in den Pausen verhalten?

5. Durch die Fertigungshalle eines Produktionsunternehmens geistert das Gerücht, daß Entlassungen bevorständen. Wenig später verspricht die Unternehmensleitung im Falle von Leistungssteigerungen einen ungewöhnlichen Bonus. Wird die Leistung steigen?

6. Ein Beratungsgremium entwickelt einen völlig falschen Entscheidungsvorschlag, obwohl sich später herausstellt, daß ein Mitglied des Gremiums ausreichende Informationen besaß, die den falschen Vorschlag hätten verhindern können. Warum kam es dennoch zum falschen Vorschlag?

7. Wie sollte eine Aufgabe wohl strukturiert sein, die geeignet ist, den Zusammenhalt derer zu stärken, die sie bearbeiten und zugleich ihre Leistungsbereitschaft zu steigern?

2. Gruppen in Organisationen

Vroom (1969) schlägt in pointierter Weise vor, eine Organisation als ein System zu betrachten, das aus einer Vielzahl von Gruppen zusammengesetzt ist, die jeweils aus einem Vorgesetzten und den Unterstellten bestehen. Obwohl diese Bestimmung fraglos bewußt überzogen erscheint, zeigt sie doch, welche Bedeutung den Gruppen in Organisationen beigemessen wird. Wir wollen uns nachfolgend fragen, wie es zur Gruppenbildung in Organisationen kommt, welche Prozesse in solchen Gruppen ablaufen und was man bei Berücksichtigung organisationspsychologischen Wissens unternehmen kann, um derartige Prozesse zu stabilisieren oder zu modifizieren.

2.1 *Aufgabenkomplexität und Arbeitsteilung*

Organisationen sind – nach herkömmlichem ökonomischen Programm – zweckrational von der Aufgabe her strukturiert. Mit einem möglichst wirtschaftlichen Mitteleinsatz sollen die Ziele erreicht werden. Der Mensch wird dabei instrumentiert; d. h. er wird als Mittel zum Zweck der Aufgabenerfüllung benutzt. Nicht um seine Wünsche und Bedürfnisse geht es, sondern um die Ziele der Organisation. Daraus ergibt sich der vor allem von Argyris (1957, 1964, 1967) immer wieder betonte Konflikt zwischen dem Individuum und der Organisation. Da man relativ früh und auf breiter Front mit dem Beginn der Industrialisierung erkannte, daß auch relativ überschaubare Aufgaben ökonomischer bewältigt werden, wenn mit Hilfe der Arbeitsteilung den einzelnen Arbeitern nur Bruchstücke des Aufgabenzusammenhanges übertragen werden, wurde die Arbeitsteilung geradezu zu einem der Kennzeichen industrieller Produktionsweise. Im Rahmen des »Scientific-Management« wurde diese Arbeitsweise von Taylor (1911) perfektioniert. Mit der Verwissenschaftlichung vieler Lebensbereiche – so auch der Entwicklung und Herstellung von Produkten oder der Durchführung von Verwaltungsaufgaben – stieg die Komplexität vieler Aufgabenbereiche derart, daß ein einzelner sie zu überschauen gar nicht mehr in der Lage war und von der Sache her Arbeitsteilung erforderlich wurde. Spezialisten mußten in Zusammenarbeit Teilbereiche der Aufgabe bearbeiten und dabei koordiniert werden, wozu in aller Regel ein hierarchisch strukturiertes Führungssystem genutzt wird. Die Arbeitsteilung brachte zwar einerseits gewaltige Produktivitätssteigerungen mit sich, durch die die Grundlagen des Massenkonsums (vgl. Katona, 1965) gelegt wurden; sie führte aber andererseits dazu, daß für die Mehrzahl der Arbeitenden der Sinnzusammenhang der Tätigkeit innerhalb des gesamten Arbeitsablaufes und innerhalb der gesamtgesellschaftlichen Bedürfnisstruktur nicht mehr erkennbar war und die Selbstbestimmung über Arbeitsinhalt und -ablauf verloren ging. Marx (1844) spricht in seinen frühen Schriften in diesem Zusammenhang von Entfremdung und führt dazu aus: »daß die Arbeit dem Arbeiter äußerlich ist, d. h. nicht zu seinem Wesen gehört, daß er sich daher in seiner Arbeit nicht bejaht, sondern verneint, nicht wohl, sondern unglücklich fühlt, keine freie physische und geistige Energie entwickelt, sondern seine Physis abkasteit und seinen Geist ruiniert. Der Arbeiter fühlt sich daher erst außer der Arbeit bei sich und in der Arbeit außer sich. Zu Hause ist er, wenn er nicht arbeitet, und wenn er arbeitet, ist er nicht zu Hause. Seine Arbeit ist daher nicht freiwillig, sondern gezwungen, Zwangsarbeit. Sie ist daher nicht die Befriedigung eines Bedürfnisses, sondern ist nur ein Mittel, um die Bedürfnisse außer ihr zu befriedigen.« (Marx, 1966, S. 79). Die extreme Arbeitsteilung hat also Bedürfnisbefriedigung außerhalb der Arbeit – im Konsum – gefördert. Bezahlt werden mußte dafür mit der Frustration basaler Bedürfnisse bei der Arbeit selbst. Arbeitsgruppen sind einerseits Ausdruck der Arbeitsteilung, sie sind andererseits – wie zu zeigen sein wird – ein Mittel für die Befriedigung basaler Bedürfnisse – die durch den Arbeitsinhalt selbst nicht mehr erfolgen kann – am Arbeitsplatz.

2.2 Koagierende, interagierende und kontraagierende Zusammenarbeit

Die Art der Aufgaben, die innerhalb einer Organisation bewältigt werden müssen, macht verschiedene Formen der Zusammenarbeit von Mitgliedern der Organisation erforderlich. Die Art dieser Zusammenarbeit ergibt sich in der Regel nicht spontan. Sie wird vorstrukturiert und z. B. formalisiert in einem Plan niedergelegt oder durch die Technologie – z. B. Fließbandfertigung – determiniert. Scharmann (1972) unterscheidet zwischen drei Formen der Zusammenarbeit, die
– koagierend
– interagierend und
– kontraagierend
sein kann,

Koagierend ist die Zusammenarbeit dann, wenn jeder unabhängig von den anderen einen Teil der Aufgabe erledigt, so daß das Leistungsergebnis weitgehend von der Motivation und den Fähigkeiten des einzelnen und nicht von der Tätigkeit der anderen bestimmt wird. Die Leistung der Organisationseinheit ergibt sich also aus der Summe der Einzelleistungen. Beispiele hierfür wären z. B. die Verkaufstätigkeit in einem Warenhaus oder das Räumen von Schnee in einem größeren Ort nach einer niederschlagsreichen Nacht. Es arbeiten also hier mehrere Menschen nebeneinander, ohne sich dabei durch direkte Kommunikation zu beeinflussen. Schon seit der Jahrhundertwende (vgl. zusammenfassend Hofstätter, 1971) interessierte die Frage, ob in solchen Situationen, also durch die bloße Anwesenheit anderer, das individuelle Leistungsverhalten beeinflußt werde. Tatsächlich wurden entsprechende Einflüsse vielfach nachgewiesen, doch erscheinen die Ergebnisse widersprüchlich. Travis (1925) fand beispielsweise Leistungssteigerungen bei gut trainierten Handgeschicklichkeitsaufgaben in Gegenwart anderer, während Wapner und Alper (1952) bei Entscheidungsaufgaben einen leistungsmindernden Effekt der Gegenwart anderer feststellten.

Bei der Nachanalyse der vorliegenden empirischen Forschungsergebnisse gelang Zajonc (1965) eine Klärung der Widersprüche. Die Gegenwart anderer steigert die Leistung bei zuvor bereits gelernten Verhaltensweisen, z. B. bei Routineaufgaben, während das Lernen neuer Tätigkeiten oder kreativer Prozesse dadurch behindert werden. Erklären läßt sich dies dadurch, daß die Gegenwart anderer zu einer erhöhten psychophysiologischen Aktiviertheit des einzelnen führt. Dadurch werden dominante, bereits gelernte Verhaltensweisen begünstigt, neue, die »ausgefahrenen Wege« verlassende Verhaltensweisen aber behindert. Darstellung 6 nach Hackman (1976) veranschaulicht das soeben Gesagte.

Erlebnismäßig nachvollziehen läßt sich dies, wenn man sich die Klausurarbeit in einem größeren Hörsaal vergegenwärtigt. Die Anwesenheit anderer, das rasche Schreiben des Banknachbarn, das Abgeben der Klausur vor Ablauf der Zeit durch Eilige etc. dürften Aktivität und Nervosität steigern, das Tempo und die Quantität eigener Produktion erhöhen, aber vermutlich kaum originelle Einfälle begünstigen. Entsprechend kann man folgern, daß z. B. reine Schreibarbeiten in einer Organisation durch ein Großraumbüro begünstigt, kreative individuelle Forschungsarbeit aber dadurch eher behindert werden.

Differenzierend sei allerdings hinzugefügt, daß es keineswegs nur auf die Anwesenheit anderer Personen ankommt, sondern daß

37

Darstellung 6 Die Abhängigkeit der individuellen Leistung von der Anwesenheit anderer

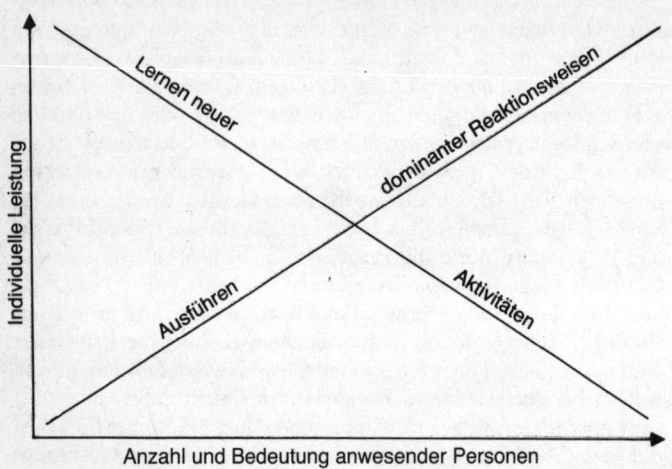

Anzahl und Bedeutung anwesender Personen

deren Bedeutung für den einzelnen (vgl. Lück, 1970) von ausschlaggebender Bedeutung ist.

Die soeben mitgeteilten Ergebnisse gelten nicht, wenn über das bloße Nebeneinander hinaus Interaktion zwischen den einzelnen ermöglicht wird. Wenn z. B. einer seine Aufgabe besonders rasch und erfolgreich durch den Einsatz einer neuen Methode bewerkstelligt und die anderen dies sehen können, so werden sie ihn imitieren und somit durch Lernen am Erfolg des anderen selbst zu höheren Leistungen gelangen.

Interagierende Zusammenarbeit ist dort gegeben, wo enge Kooperation zwischen den einzelnen für das Erbringen der Leistung erforderlich ist. Die Interaktion ist wesentlicher Bestandteil des Arbeitsprozesses; der Fehler eines einzelnen Gruppenmitglieds führt zu einer Beeinträchtigung der Gesamtleistung. Beispiele hierfür sind etwa eine Fußballmannschaft oder ein Forschungsteam. Die Struktur interagierender Arbeitsgruppen und die in ihnen ablaufenden Prozesse können das Leistungsergebnis in hohem Maße behindern, es aber auch fördern, wie unter 2.5 und 2.6 gezeigt werden soll.

Kontraagierende Zusammenarbeit liegt dann vor, wenn die Aufgabe darin besteht, bei widersprüchlichen Meinungen eine Einigkeit zu erzielen oder divergierende Ziele aufeinander abzustimmen.

Hier wird also das Konflikthafte des Handelns in Organisationen (vgl. Marr und Stitzel, 1979) thematisiert. Beispiele für kontraagierende Zusammenarbeit lassen sich aus Matrixorganisationen ableiten, innerhalb derer der Konflikt bewußt als produktiver Faktor eingebaut wurde; sie lassen sich aber auch dort auffinden, wo Unternehmensleitung und Betriebsrat im Rahmen der »vertrauensvollen Zusammenarbeit« um Personalentscheidungen oder Betriebsvereinbarungen ringen. Hier sei darauf nicht weiter eingegangen, da sich das Kapitel 4 ausführlich mit diesen Fragen auseinandersetzen wird.

2.3 Plan und beobachtbare Realität

Es war zuvor darauf hingewiesen worden, daß innerhalb einer Leistungsorganisation nach zweckrationalen Gesichtspunkten die Arbeitsteilung innerhalb einer Hierarchie der Verantwortung geplant wird. Daraus ergeben sich Pläne, Organigramme wie sie z. B. in Kapitel 1 vorgestellt wurden. Innerhalb derartiger umfassender Pläne findet man Teilbereiche, die z. B. durch die Position für einen Vorgesetzten und sechs ihm unterstellte Positionen gekennzeichnet sind. Ist dies eine Arbeitsgruppe?
Wohl kaum. Die Arbeitsgruppe ist eine soziale Realität, die insbesondere dadurch gekennzeichnet ist, daß zwischen ihren Mitgliedern viel Kommunikation stattfindet, also hohe Interaktionsdichte vorliegt. Derartige Gruppen lassen sich durch Beobachtung ermitteln. Dabei läßt sich relativ häufig feststellen, daß Plan und Realität voneinander abweichen (vgl. Ghiselli und Brown, 1955). Darstellung 7 verdeutlicht dies am Beispiel.

Darstellung 7 Organisationsplan und persönliche Beziehungen zwischen Organisationsmitgliedern innerhalb der Abteilung C

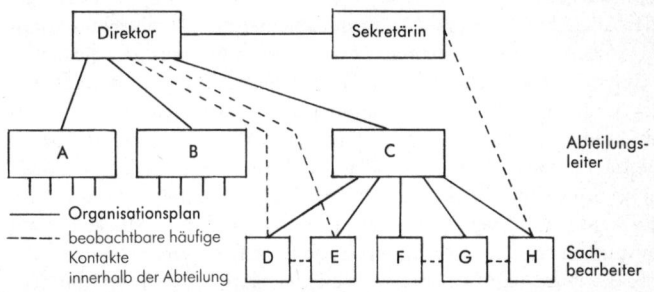

39

Interpretierend kann man davon ausgehen, daß in der Abteilung des C starke Spannungen herrschen. Der Grund könnte z. B. darin gesehen werden, daß C ein schwieriger Mensch sei, der unfähig ist, eine Abteilung zu führen. Die Analyse der Gruppenbeziehungen zeigt, daß der Direktor mit den Sachbearbeitern D und E persönlich befreundet ist und sich häufig mit ihnen zum Skatspiel trifft. Zwischen den Sachbearbeitern F, G und H herrscht enge Freundschaft, zwischen H und der Sekretärin des Direktors bestehen intensive persönliche Beziehungen. Der Informationsfluß zwischen der Direktions- und der Sachbearbeiterebene stellt den Abteilungsleiter C praktisch »kalt«; Konflikte sind beinahe unausweichlich, wobei es dann sekundär ist, ob C nun – im charakterologischen Sinne – »schwierig« ist oder nicht.

Die häufig feststellbare Diskrepanz zwischen Plan und beobachtbarer Realität hat dazu geführt, daß in der Literatur häufig formelle und informelle Gruppen bzw. die formelle und die informelle Organisation (vgl. Kap. 1; Krech, Crutchfield und Ballachey, 1962. S. 418f.) einander gegenübergestellt werden, wobei der Plan als die formelle, die davon abweichenden beobachtbaren Beziehungen als die informelle Struktur bezeichnet werden. Diese Gegenüberstellung ist häufig (vgl. Irle, 1963; Neuberger, 1977; v. Rosenstiel, 1978; Berkel, 1980) kritisiert worden, da sie letztlich zu einer nicht gerechtfertigten Verdoppelung der Realität führe. »Die sich wiederholenden tatsächlichen Verhaltensweisen sind die Struktur der Organisation (vgl. Kap. 1; Krech, Crutchfield und Ballachey, 1962. se. Es gibt nur eine soziale Realität und das ist die am Verhalten beobachtbare. Wenn formelle den informellen Gruppen gegenübergestellt werden, so bezieht sich dies auf unterschiedliche Ebenen der Realität. Die »formelle Gruppe« ist nicht die soziale Realität, sondern ein Plan, empirisch feststellbar durch Analyse von Dokumenten oder durch Befragung.

Die informelle Gruppe dagegen ist die soziale Realität; sie kann zum Gegenstand sozialwissenschaftlicher Forschung gemacht werden. Ihre Struktur und die in ihr ablaufenden Prozesse allerdings sind sehr wohl vom Plan abhängig. Durch ihn wird die Rekrutierung der Organisationsmitglieder gesteuert, durch ihn wird festgelegt, wer mit wem in Kommunikation zu treten hat und was inhaltlich dabei zu bearbeiten ist. Die Abweichungen des beobachtbaren Verhaltens vom Plan sind allerdings häufig sehr aufschlußreich, da sie Schwächen des Organisationsplanes verraten. Dies gilt etwa, wenn der Plan als Sollzustand ohne Rücksicht auf empirisch ermittelte sozialpsychologische Gesetzmäßigkeiten konzipiert wurde und beispielsweise zwei räumlich entfernte Außen-

stellen ohne Delegation von Vollmachten einer Zentrale voll unterstellt wurden. Verselbständigung und faktische Dezentralisation
der Außenstellen ließe sich in diesem Falle vorhersagen, was wiederum Konflikte nach sich ziehen muß, wenn die Zentrale auf
ihren im Plan zugestandenen Weisungsrechten beharrt.
Halten wir also fest: Die Strukturen, die der Plan zeigt, können
nicht als Gruppen im sozialpsychologischen Sinne bezeichnet werden, dennoch beeinflußt der Plan die Gruppenbildung stark. Es
soll also nachfolgend gefragt werden, was man in der Psychologie
unter einer Gruppe versteht und wie es zur Gruppenbildung in
Organisationen kommt.

2.4 Zum Begriff der Gruppe

Eine Gruppe läßt sich relativ eng, aber auch weit definieren (vgl.
Sader, 1976). Minimaldefinitionen gehen von einer Mehrzahl von
Personen aus, die in direkter Interaktion miteinander stehen. Da
eine so weite Definition auch Personen, die einander flüchtig
begegnen, mit einschließen würde, sei hier aus Zweckmäßigkeits-
gründen eine engere Definition vorgeschlagen: Es soll unter
»Gruppe eine Mehrzahl von Personen verstanden werden, die
relativ überdauernd in direkter Interaktion stehen, durch Rollendifferenzierung und gemeinsame Normen gekennzeichnet sind und
die ein Wirgefühl verbindet« (v. Rosenstiel, 1978, S. 240; vgl. auch
Müller und Thomas, 1974 oder Sader, 1976).
Die Anzahl der Personen ist nach oben und unten begrenzt.
Obwohl einige Autoren bereits bei einer Zweierkonstellation von
Gruppe sprechen, wird doch häufig die Drei als Untergrenze
angenommen, da erst hier einige bedeutsame sozialpsychologische
Phänomene wie z.B. Koalitionsbildung oder Mehrheitsentschei-
dung auftreten können. Die Obergrenze ergibt sich aus der Möglichkeit direkter Interaktion und hängt somit auch von der Zeitdau-
er des Gruppenbestands ab. Es ist plausibel, daß bei 50 oder mehr
Personen diese direkte Interaktion zwischen allen Mitgliedern
nicht mehr gewährleistet ist, wenn die Gruppe nur begrenzte Zeit
besteht. Entsprechend wird als maximale Gruppengröße in recht
unterschiedlicher Weise – je nach Kontext – eine Zahl zwischen 15
und 50 angegeben.
Direkte Interaktion bedeutet, daß jeder mit jedem in Kontakt tritt,
wobei diese Interaktion nicht nur sprachlich, sondern auch nonverbal erfolgen kann.
Relative Dauer des Bestehens der Gruppe ist erforderlich, damit –

insbesondere bei einer größeren Anzahl von Mitgliedern – die direkte Interaktion eines jeden mit jedem ermöglicht wird, Rollendifferenzierung, gemeinsame Normen und ein Wirgefühl sich herausbilden und somit die Gruppe überhaupt entstehen kann.

Die Rollendifferenzierung ist ein besonders interessantes gruppendynamisches Phänomen. Bildet sich eine Gruppe, so kommt es zu einer Spezialisierung der einzelnen Mitglieder, auch wenn dies von außen nicht gefordert wird. Meist bildet sich eine hierarchische Gliederung – ganz ähnlich der berühmten Hackordnung, die Schjelderup-Ebbe (1922) bei seinen Beobachtungen im Hühnerhof fand. Ein Mitglied übernimmt die Rolle des Führenden; bei größeren Gruppen wird die Führerrolle gelegentlich geteilt; ein »Tüchtigkeitsführer« koordiniert die Tätigkeiten der Gruppenmitglieder, um das Sachziel zu erreichen (Lokomotion), ein »Beliebtheitsführer« sorgt sich um den Zusammenhalt (Kohäsion) der Gruppe (vgl. Lukaszcyk, 1960). Das soeben angesprochene »Führungsdual«, das von Bales und Slater (1969) untersucht wurde, führt meist nicht zur Rivalität zwischen dem Tüchtigkeits- und Beliebtheitsführer. Zwischen beiden besteht oft besonders intensive Interaktion und Kooperation. Auf Parallelen in organisierten Gruppen (vgl. Irle, 1972) ist häufig hingewiesen worden (vgl. Hofstätter, 1971). Man denke z. B. an den Vorgesetzten und den informellen Führer in Arbeitsgruppen, an den Bundespräsidenten und den Bundeskanzler, den König und den Ministerpräsidenten, den Medizinmann und den Häuptling bei unterschiedlichen staatlichen Gebilden oder aber an die Rollendifferenzierung zwischen Mutter und Vater innerhalb der tradierten Familienstruktur. Neben der Führungsrolle bilden sich häufig noch viele andere heraus wie die des »Mitläufers« oder die des »Sündenbockes«, der für alle Mißerfolge der Gruppe verantwortlich gemacht wird oder auch die unterschiedlichsten Spezialistenrollen, die sich herausdifferenzieren, wenn die Gruppe mit Sachaufgaben konfrontiert wird. Welche Rolle einem Mitglied zugewiesen wird, ist keineswegs allein abhängig von dessen individuellen Merkmalen und Fähigkeiten, sondern wird entscheidend durch die Gruppenstruktur und den Gruppenprozeß mit geprägt (vgl. Zander, 1971; Irle, 1975).

Gemeinsame Normen im Erleben und Handeln der Gruppenmitglieder zeigen sich darin, daß die Unterschiede im Denken, Fühlen und Verhalten, welche die einzelnen Mitglieder der Gruppe vor dem Eintritt in die Gruppe gezeigt hatten bzw. außerhalb der Gruppe zeigen, sehr viel größer sind als innerhalb der Gruppe, wie Darstellung 8 zeigt.

Darstellung 8   Verteilung des Verhaltens unabhängiger und durch Gruppennormen bestimmter Individuen

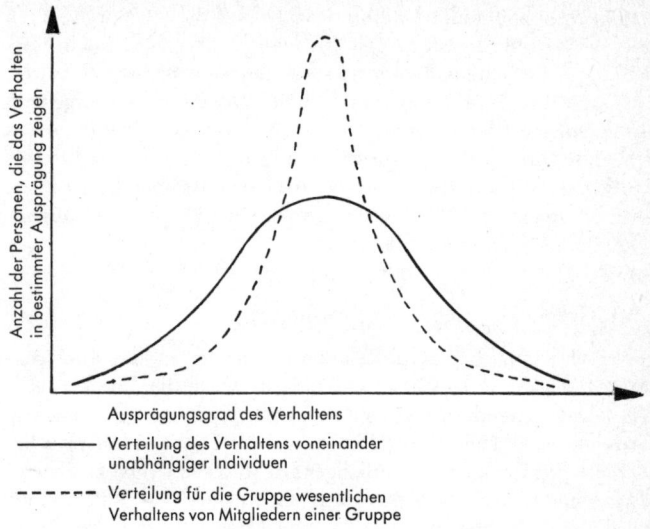

Ausprägungsgrad des Verhaltens

────────── Verteilung des Verhaltens voneinander
unabhängiger Individuen

– – – – – – Verteilung für die Gruppe wesentlichen
Verhaltens von Mitgliedern einer Gruppe

Die wechselseitige Anpassung der Gruppenmitglieder ist vor allem bei jenen Erlebens- und Verhaltensweisen nachweisbar, die innerhalb der Gruppe für wichtig gehalten werden. Die Dynamik der dabei ablaufenden Prozesse ist in einer Vielzahl ideenreicher Experimente nachgewiesen worden (z. B. Asch, 1956; zusammenfassend Hofstätter, 1971; Sader, 1976) und soll – spezifisch bezogen auf Arbeitsgruppen – unter 2.5.2 weiter ausgeführt werden.

Das Wirgefühl ergibt sich in der Regel aus dem längeren Zusammensein einer überschaubaren Zahl von Personen bei direkter Interaktion und führt dazu – wie Schein (1965) betont –, daß sich die Gruppenmitglieder selbst als Gruppe wahrnehmen und so bezeichnen.

2.5 Sozialpsychologie der Arbeitsgruppe

Arbeiten mehrere Menschen in einer Organisation beruflich zusammen, so ist dies nur zum Teil mit jener Konstellation zu vergleichen, die in der Regel innerhalb der sozialpsychologischen Grundlagenforschung bei der Analyse von Gruppenprozessen beobachtet wird. In den Betrieben der Wirtschaft und Verwaltung handelt es sich um »organisierte Gruppen« (Irle, 1972); die Mitgliedschaft ist nur bedingt freiwillig, die Rollendifferenzierung erfolgt nicht spontan, da wichtige Rollen wie die des Vorgesetzten oder die bestimmter Sachspezialisten vorgegeben sind. Auch Normen und Verhaltensvorschriften können sich nicht frei in der Gruppe entwickeln, da sie innerhalb der Organisation weitgehend als allgemeine Richtlinien gelten. Doch – wie schon betont – was der Plan vorschreibt, entspricht häufig nicht der beobachtbaren Realität; eine im Plan vorgesehene Abteilung ist noch längst keine Gruppe, so daß es lohnt zu fragen, wie es überhaupt zur Gruppenbildung in Organisationen kommt.

2.5.1 Gruppenbildung in Organisationen

Alltagserfahrung und empirische Forschung zeigen, daß in zweckrational konzipierten Organisationen, in denen die Tätigkeit spezialisiert arbeitender Menschen koordiniert wird, die Bildung von Gruppen wahrscheinlich ist. Dort, wo der Organisationsplan bestimmte Positionen der zu erledigenden Aufgabe wegen zu Einheiten zusammenfaßt, schließen sich die Inhaber dieser Positionen häufig zur Gruppe zusammen. »Die Organisation selbst formt Kräfte aus, die auf die Bildung verschiedener kleiner funktions- und aufgabenbestimmter Gruppen innerhalb ihres Rahmens hindrängen« (Schein, 1965, S. 67).
Woran liegt dies?
Organisationsplan und Stellenbeschreibung fordern von den Inhabern bestimmter Positionen, daß sie, der Aufgabenerfüllung wegen, besonders häufig miteinander in Kontakt treten. Dort, wo überdurchschnittlich häufig Kontakt zwischen Menschen aufgenommen wird, entwickelt sich ein Wirgefühl, steigt die zwischenmenschliche Sympathie. Homans (1950) formuliert es geradezu als Gesetzmäßigkeit, daß die zwischenmenschliche Sympathie proportional zur Anzahl der Kontakte steigt. Die empirische Forschung stützt diese Aussage. Roethlisberger und Dickson (1939) fanden im Rahmen der berühmten Hawthorne-Studien im sog. »bank-wiring room«, daß sich jene Personen zu sich wechselseitig bekämpfenden Gruppen zusammenschlossen, die räumlich dichter beieinander waren und zugleich jeweils ähnliche, jedoch von denen der anderen Gruppe abweichende Aufgaben erfüllten. Festinger et al. (1950) zeigten, daß zwischenmenschliche Freundschaft sich gehäuft dort bildete, wo Studenten sich aufgrund der Lage ihrer Wohnungen und der Öffnungswinkel ihrer Türen mit überdurchschnittlicher

Häufigkeit treffen mußten. Sherif et al. (1961) konnten nachweisen, daß Jugendliche sich zu Gruppen zusammenschlossen, die – zum Teil im Gegensatz zu ihren spontanen Sympathieneigungen – gemeinsam in einem Zeltlager während des Urlaubs zusammenwohnten.

Gruppen bilden sich also in Abhängigkeit von manipulierter oder vorgeschriebener Kontakthäufigkeit. Die Kontakthäufigkeit ist es allerdings nicht allein, die zur Gruppenbildung führt. Sie ist eine notwendige, aber keine zureichende Bedingung. Für den einzelnen gewinnt die Gruppe an Attraktivität, wenn die Mitgliedschaft in ihr mit Belohnungen verbunden ist (vgl. Bass, 1960, S. 60). Entsprechend werden die Kontakte auch nur dann die Gruppenbildung fördern, wenn sich für die einzelnen daraus positive Konsequenzen ergeben und sie nicht als lästig, unangenehm oder enttäuschend erlebt werden. Positive Konsequenzen sind allerdings wahrscheinlicher, da – der sozialen Motivation wegen – Kontakte, falls nicht massiert, an sich bedürfnisbefriedigend wirken. Dennoch gilt die Forderung Vrooms (1964, S. 112), der es für notwendig hält, »die Bedingungen zu spezifizieren, unter denen Interaktion belohnend und unter welchen sie frustrierend sein wird«.

Neben der besprochenen Kontakthäufigkeit, die durch die in der Organisation bestehenden Pläne vorgeschrieben ist, wird die Gruppenbildung auch durch wahrgenommene Ähnlichkeit zwischen den potentiellen Gruppenmitgliedern begünstigt. Im Rahmen einer größeren Zahl sozialpsychologischer Arbeiten (vgl. Byrne, 1969; Schuler, 1975) konnte nachgewiesen werden, daß durch experimentelle Manipulation der wahrgenommenen Ähnlichkeit zwischen Personen die Sympathie und die Kontaktbereitschaft gesteigert werden konnte. Schachter (1959) wies nach, daß das Bewußtsein in einer ähnlichen (unangenehmen) Situation zu stehen die Bereitschaft des Zusammenschlusses begünstigte, wie Beleg 3 zeigt.

Beleg 3   Wer schließt sich an wen an?

In seinen Untersuchungen zum Kontaktbedürfnis setzte sich Schachter auch mit der Frage auseinander, ob der Kontaktwunsch ängstlicher Personen ein allgemeiner Wunsch ist, mit Menschen zusammen zu sein, oder ob es ein Wunsch ist, mit solchen Menschen zusammen zu sein, die der gleichen angsterregenden Situation ausgesetzt sind.
Vpn waren Studentinnen jüngerer Semester, die zufällig zwei Experimentiersituationen zugeteilt wurden, in denen sie individuell untersucht wurden. Beim Betreten des Experimentierraumes trat ihnen ein ernst

blickender Mann in medizinischer Kleidung gegenüber; hinter ihm sah man elektrische Apparaturen. Er stellte sich mit den Worten vor: »Gestatten Sie, daß ich mich vorstelle. Ich bin Dr. Gregor Zilstein von der Medizinischen Fakultät, Abteilung für Neurologie und Psychiatrie. Ich habe Sie gebeten, heute zu mir zu kommen, um als Versuchsperson in einem Experiment zur Verfügung zu stehen, das sich mit den Wirkungen des Elektroschocks beschäftigt.«

Im weiteren Gespräch wurde die Bedeutung der Forschung über den Elektroschock betont und von »Dr. Zilstein« zweimal darauf hingewiesen, daß der Schock im Experiment schmerzhaft sein, jedoch keine Dauerschäden hinterlassen werde.

Die beiden Experimentiersituationen unterschieden sich nur in einem Punkt. In Bedingung I wurde den Vpn gesagt, daß eine Wartezeit von 10 Minuten bevorstehe und daß die Vpn wählen könnten, ob sie allein warten wollten oder zusammen mit anderen Vpn, die »im gleichen Boot« säßen. In Bedingung II wurde zur Wahl gestellt, ob die Vpn allein warten wollten oder ob sie es vorzögen, mit anderen zusammen zu sein, die auf die Sprechstunde ihrer Dozenten warteten.

Das Versuchsergebnis war eindeutig. In Bedingung I bevorzugten es 6 der 10 Mädchen, mit den anderen zu warten. In Bedingung II wollte nicht eines der Mädchen mit anderen warten.

Vgl. Schachter, S.: The psychology of affiliation. Stanford 1959

Werden Menschen in einer Organisation zur gemeinsamen Bewältigung einer komplexen Aufgabe zusammengefaßt, so führt dies ja nicht nur zur Steigerung der Kontaktdichte, sondern auch dazu, daß spezifisch ausgelesene und ähnlich sozialisierte Personen zusammenarbeiten. Sie sind sich in der Regel unter vielerlei Aspekten ähnlich – etwa unter denen der sozialen Schicht, der Art der Ausbildung, der Interessenlage, des Erfahrungshintergrundes. Dazu kommt aktuell das gemeinsame Erleben von Erfolg und Mißerfolg, das Wissen darum, in einer ähnlichen Situation zu sehen.

Es muß allerdings bezweifelt werden, ob das Bewußtsein in einer ähnlichen unangenehmen Situation zu stehen, z. B. die Ungerechtigkeiten eines autoritären Vorgesetzten erdulden zu müssen, mit der Entlassung rechnen zu müssen, hoch beanspruchende Tätigkeiten ausführen zu müssen, grundsätzlich den Zusammenschluß zur Gruppe fördert oder deren Kohäsion erhöht. Die Unzufriedenheit oder aggressive Spannung kann sich unter bestimmten Umständen auch innerhalb der Gruppe auswirken und die Kohäsion senken; das gilt vermutlich besonders dann, wenn bestimmte Umstände, wie Kontrollen des Vorgesetzten oder einander ausschließende Zielvorstellungen der Gruppenmitglieder (vgl. Deutsch, 1949) eine Solidarisierung gegenüber dem Unternehmensziel oder dem Vorgesetzten vereiteln. So zeigte sich beispielsweise in der klassischen Untersuchung von Lewin et al. (1939) zum Führungsstil (vgl. Kap. 5), daß gerade unter autoritärer, eng kontrollierender Führung aggressive Spannungen innerhalb der Gruppe groß waren.

Die Bildung von Gruppen in Organisationen ist nicht nur »Privatsache« ihrer Mitglieder, sie dient keineswegs ausschließlich der individuellen Bedürfnisbefriedigung, sondern beeinflußt auch stark das für das Erreichen der Organisationsziele bedeutsame Verhalten der einzelnen. Darauf wurde bei der Besprechung der Planabweichung von beobachtbarer sozialer Realität (vgl. 2.3) bereits hingewiesen; es zeigte sich aber auch im Rahmen der bereits genannten Hawthorne-Untersuchungen im Rahmen des berühmten Beleuchtungsexperiments, bei dem Verhaltensweisen beobachtet werden konnten, die ohne vom Plan abweichende Kommunikationsstrukturen und Gruppenprozesse kaum erklärt werden könnten (vgl. Beleg 4).

Beleg 4 Das Beleuchtungsexperiment

Erste Experimente, die von der Gruppe um Mayo in Zusammenarbeit mit dem »National Research Council« durchgeführt wurden, bezogen sich auf den Einfluß der Beleuchtungsverhältnisse auf die Arbeitsleistung. Sie wurden in verschiedenen Abteilungen, in denen weibliche Arbeitskräfte feinmechanische Tätigkeiten ausübten, durchgeführt. Die naheliegende Hypothese, die dabei geprüft werden sollte, ging dahin, daß die Arbeitsleistung systematisch mit der Lichtstärke variiert. Bereits die ersten Ergebnisse ließen Zweifel an der Richtigkeit der Hypothese aufkommen: Obwohl zwar bei steigender Lichtstärke auch die Leistung anstieg, war die Kovariation der beiden Datenreihen gering. In der weiteren Folge des Experimentierens zeigten sich Ergebnisse, die zunächst ganz unerklärlich schienen: Zwei Gruppen innerhalb einer Abteilung – die Versuchsgruppe, bei der die Lichtintensität gesteigert wurde, und die Kontrollgruppe, die unter konstanten Lichtverhältnissen arbeitete – zeigten ein gleiches und deutliches Ansteigen der Produktivität.

Die Interpretation wurde zunächst im Zusammenwirken von künstlichem und natürlichem Licht gesucht und die Versuchsbedingungen entsprechend verbessert und verfeinert, jedoch wurden die Ergebnisse – gemessen an der Ausgangshypothese – dadurch auch nicht befriedigender. Noch verwirrender mußten die Ergebnisse erscheinen, als nicht nur in der Kontrollgruppe die Leistung weiter anstieg, sondern auch in einer Versuchsgruppe, in der die Lichtintensität sogar gesenkt wurde. Eine Gruppe von Mädchen, die freiwillig in einem Versuch außerhalb der Reihe mitarbeiteten, erreichte sogar noch ein hohes Leistungsniveau, als die Lichtintensität nur noch annähernd normalem Mondschein entsprach, wobei die Mädchen angaben, bei diesem Licht keine Augenschmerzen zu bekommen und weniger müde zu werden als bei hellem Licht.

(Speziell dieses zuletzt genannte Ergebnis ist – auch außerhalb der Psychologie – zur Legende geworden. Mehr als eine Legende sollte man darin wohl auch nicht sehen. Weder von der Anzahl der Versuchspersonen noch von der Kontrolle möglicher Einflußvariablen her genügt der Versuch den Anforderungen, die an ein solide geplantes Experiment entsprechender Fragestellung zu stellen wären. Es gehört wenig Risikobereitschaft dazu, vorherzusagen, daß sich das zitierte Ergebnis bei sorgfältiger Versuchsplanung nicht reproduzieren lassen würde.)

Diese Ergebnisse in Abhängigkeit von der ursprünglich vermuteten unabhängigen Variablen, der Lichtstärke, zu interpretieren, müßte absurde Schlußfolgerungen nach sich ziehen. In den physikalischen Arbeitsbedingungen konnte – innerhalb eines bestimmten Rahmens – die Ursache der Leistungssteigerung nicht gesehen werden, so daß nach einer anderen Interpretation gesucht werden mußte.

Vgl. Roethlisberger, F. J. & Dickson, W. J.: Management and the worker. Cambridge, Mass. 1964.

2.5.2 Normierung des Verhaltens und Gruppendruck

Es wurde unter 2.4 bereits darauf hingewiesen, daß die innerhalb der Gruppe für bedeutsam gehaltenen Erlebens- und Verhaltensweisen der Gruppenmitglieder in der Gruppensituation weniger stark streuen als außerhalb der Gruppensituation. Der Grund dafür liegt wohl zum einen in spontanen Anpassungstendenzen des einzelnen. Erscheint ihm die Gruppe attraktiv, so demonstriert er die in der Gruppe üblichen Auffassungen und Handlungsweisen als Zeichen seiner Mitgliedschaft; es wäre ihm unangenehm »anders zu sein als die anderen«. Ein weiterer gewichtiger Grund liegt allerdings in den Erwartungen der übrigen Gruppenmitglieder, die ein der Gruppennorm entsprechendes Verhalten fordern und es durch Sanktionen – die je nach Verhaltensausprägung Belohnungs- oder Bestrafungscharakter haben können – auch durchsetzen. Dabei bleibt offen und ist von Fall zu Fall wohl auch unterschiedlich, ob diese Sanktionen innerhalb der Gruppe bewußt eingesetzt werden oder nicht. Die dabei wirkenden Prozesse veranschaulicht das »return potential model (RPM)« nach Jackson (1965, 1966), das Darstellung 9 nach Jackson (1965, S. 303) zeigt.

Auf der Abszisse wird das interessierende Verhalten der Gruppenmitglieder – z. B. die Leistungsintensität – skaliert. Je nach Ausprägung dieses Verhaltens reagieren die übrigen Gruppenmitglieder –

Darstellung 9   Das return potential model (RPM) nach Jackson

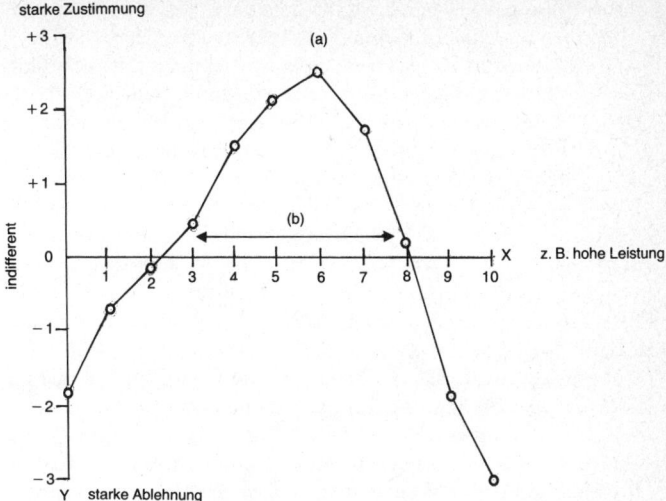

was auf der Ordinate skaliert wird – mit Zustimmung oder Ablehnung. Die Verhaltensausprägung, die die höchste Zustimmung
findet, entspricht am ehesten der in der Gruppe geltenden Norm.
Das RPM ist vor allem zur Quantifizierung normierten Verhaltens
geeignet. Jackson schlägt dabei folgende Messungen vor:
1. Der Punkt der höchsten Zustimmung, in der Darstellung: (a)
2. Die Weite des tolerierten Verhaltens, das noch keine negativen
   Sanktionen hervorruft; in der Darstellung: (b)
3. Die Belohnungsdifferenz; d. h. das Ausmaß an Belohnung und
   Bestrafung, das mit dem normierten Verhalten verbunden ist.
   Der Wert wird aus der Summe der Reaktionen auf die möglichen Verhaltensausprägungen errechnet. Der Wert kann positiv
   (wenn z. B. normkonformes Verhalten belohnt, abweichendes
   aber nicht bestraft wird), neutral (wenn z. B. konformes Verhalten belohnt, abweichendes aber entsprechend intensiv bestraft
   wird) oder negativ (wenn konformes Verhalten nicht belohnt,
   abweichendes aber bestraft wird) sein.
4. Intensität; d. h. die Stärke der Reaktion auf das Verhalten. Der
   Wert wird aus der Summe der Reaktionen auf mögliche Verhaltensausprägungen ohne Berücksichtigung des Vorzeichens errechnet.
5. Kristallisation; d. h. der Grad der Übereinstimmung der Grup-

penmitglieder hinsichtlich ihrer Sanktionen positiver oder negativer Art auf ein bestimmtes Verhalten anderer Gruppenmitglieder. Streuungsmaße oder Indikatoren der Profilähnlichkeit können hier zur Quantifizierung herangezogen werden.

Soziale Normen in Arbeitsgruppen entstehen nicht durch Willkür oder Zwang; sie erwachsen meist aus dem Interessenausgleich der Gruppenmitglieder so, daß Normabweichungen einzelner für die Gruppe insgesamt Nachteile bringen (vgl. Thibaut und Kelley, 1959). Allerdings werden die Vorteile, die mit der Normeinhaltung verbunden sind, häufig nicht mehr bewußt registriert, da das Zeigen des normierten Verhaltens zur unreflektierten Selbstverständlichkeit, zur Gewohnheit wird. »Mit der Einführung einer Regel . . ., einer Norm für die soziale Routine einer sozialen Beziehung als solcher werden die konkreten sozialen Interaktionen entlastet. Sie sind nicht Zwänge an sich« (Irle, 1975, S. 444).

Es überrascht nicht, daß die Normeinhaltung in Gruppen, die für ihre Mitglieder besonders attraktiv sind und in denen entsprechend eine hohe Gruppenkohäsion besteht, besonders ausgeprägt ist. Gerade in solchen Gruppen bemüht sich der einzelne, durch ein normentsprechendes Verhalten seine ihm so wertvolle Gruppenmitgliedschaft klar zu demonstrieren und in solchen Gruppen haben Gruppenmitglieder auch besonders intensive Sanktionsmöglichkeiten: Die Zustimmung der so sehr geschätzten anderen Gruppenmitglieder wirkt besonders belohnend, der – im Extremfall mögliche – Ausschluß aus der Gruppe wird als außergewöhnlich schmerzlich erlebt.

2.5.2.1 Leistungsnorm und Leistungsrestriktion

Bereits im Jahre 1931 hatte Mathewson das bewußte Einhalten einer Leistungsobergrenze durch Arbeiter beschrieben; die Hawthorne-Studien (Roethlisberger & Dickson, 1939) verdeutlichten die sozialpsychologischen Hintergründe dieses Phänomens. Hier waren spezifisch die Untersuchungen im »bank wiring observation room« aufschlußreich: 14 Arbeiter wurden bei der Produktion von Telefon-Apparaten beobachtet, wobei man bemüht war, den normalen Arbeitsablauf nicht zu beeinträchtigen. Der Beobachter erlangte das Vertrauen der Arbeiter und konnte so gruppenspezifische Leistungsnormen erkennen, die auf Leistungsrestriktion hinausliefen. Zwar arbeiteten alle mit größtem Eifer, wenn der Vorgesetzte unmittelbar bei ihnen war; doch wurde durch verringerten Einsatz bei dessen Abwesenheit eine Leistungshöhe gewährleistet, die von den Gruppenmitgliedern als »angemessen« angesehen wurde.

Die herabgesetzte Leistung erscheint auf den ersten Blick »unlo-
gisch«, da sie – bei Akkordlohn – zu geringerem Verdienst der
Gruppenmitglieder führt, stellt sich jedoch als »logisch« heraus,
wenn man das Mißtrauen der Gruppenmitglieder dem Unternehmen gegenüber in Rechnung stellt: Die Befürchtung herrschte, daß
bei höheren Leistungen andere Akkordsätze eingeführt würden,
wodurch der zusätzliche Gewinn wieder verlorenginge. Das Mißtrauen kann sich gegebenenfalls auch darauf richten, daß bei erhöh-
ter Leistung der Gruppe einige Gruppenmitglieder mit Entlassung
durch das Unternehmen rechnen müssen, das auf diese Weise
gleichen Out-put bei geringerem Personalbedarf zu gewährleisten
trachtet. Befürchtungen oder Mißtrauen – wie sie hier genannt
wurden – dürften dann in der Gruppe weit eher als in der Einzelsituation zur Leistungsrestriktion führen, da das Bewußtsein gemeinsamen Handelns eher für das Risiko bereit macht, gegen die
offiziellen Organisationsnormen zu verstoßen.
Gruppenmitglieder, deren Leistungen unter den informellen Leistungsnormen liegen, müssen mit Sanktionen (Beschimpfungen
wie »Parasit«) rechnen; noch stärkeren Sanktionen sind jedoch jene
ausgesetzt, die die Normwerte überbieten (Beschimpfungen wie
»Sklave«; Behinderungen bei der Arbeit.)
Coch & French (1948) fanden, daß informelle Gruppen ihre Produktivität herabsetzen, um Neuerungen im Arbeitsablauf zu sabo-
tieren. Der Widerstand war dabei um so intensiver, je größer die
Gruppenkohäsion war.
Es ist eine recht gesicherte Erkenntnis der allgemeinen Sozialpsychologie, daß Gruppennormen um so strenger beachtet werden, je
höher die Gruppenkohäsion ist, das heißt, je attraktiver die Grup-
pe den Gruppenmitgliedern erscheint. Ein entsprechendes Ergeb-
nis konnte auch in bezug auf die Leistungsnormen und die Kohä-
sion in Arbeitsgruppen in experimentellen Studien (Schachter,
Ellertson, McBride, Gregory, 1951; Berkowitz, 1954) und in
Felduntersuchungen (Seashore, 1954) nachgewiesen werden.
Schachter et al. arbeiteten mit weiblichen Vpn, die in Dreier-
Gruppen Bastelarbeiten ausführten. Die Autoren induzierten hohe
Gruppenkohäsion durch die Aussage an jede Vp, daß »die anderen
Gruppenmitglieder Sie gern haben werden und auch Sie die ande-
ren gern haben werden«. Geringe Kohäsion wurde durch die
Aussage provoziert, daß »es keinen besonderen Grund für die
Annahme gäbe, daß Sie die anderen mögen werden oder diese sich
etwas aus Ihnen machen«.
Hohe Gruppennormen in bezug auf die Leistung wurden durch
Zettel mit Texten wie: »Kannst Du nicht ein bißchen schneller

machen?« induziert, deren Quelle angeblich ein anderes Gruppenmitglied war. Texte wie: »Wir wollen einen Rekord aufstellen – die
langsamste Gruppe, die sie je hatten!« sollten niedrige Leistungsnormen induzieren.
Durch Kombination von hoher bzw. niedriger Gruppenkohäsion,
hoher bzw. niedriger Leistungsnorm ergaben sich vier Versuchsbedingungen, in denen sich nach der Induktion der Leistungsnormen
Leistungsveränderungen ergaben, wie sie Darstellung 10 zeigt.

Darstellung 10 Veränderung der Leistung nach der Leistungs-
induktion unter vier unterschiedlichen Versuchsbedingungen

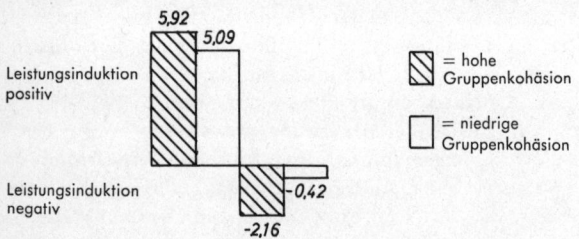

Die Ergebnisse sprechen grundsätzlich für die Hypothese, obwohl
die Unterschiede der Produktivitätsänderungen zwischen Gruppen
mit hoher und niedriger Gruppenkohäsion nur bei negativer Lei-
stungsinduktion statistisch signifikant sind.
Bei grundsätzlich vergleichbaren Versuchsplänen bestätigte Berkowitz (1954) das hier dargestellte Ergebnis, wobei ihm darüber
hinaus der Nachweis gelang, daß der gezeigte Effekt auf die
Leistungshöhe auch anhält, wenn die Kommunikation zwischen
den Gruppenmitgliedern beendet ist.
Seashore (1954) fand in einer groß angelegten Felduntersuchung an
228 Arbeitsgruppen, daß die Leistungsstreuung innerhalb von
Arbeitsgruppen mit hoher Kohäsion gering, zwischen ihnen jedoch
groß war, während die Streuung innerhalb der Gruppen mit geringer Kohäsion groß, zwischen ihnen jedoch gering war. In den
Daten ließen sich weiterhin Hinweise darauf finden, daß Gruppen
mit hoher Kohäsion, die sich durch die Organisation unterstützt
fühlten, durchschnittlich besonders gute Leistungen, Gruppen mit
hoher Kohäsion, die sich nicht durch die Organisation unterstützt
fühlten, besonders niedrige Leistungen erbrachten. Graphisch ließe sich das Ergebnis verdeutlichen, wie es Darstellung 11 (vgl.
v. Rosenstiel, 1980) zeigt.

Darstellung 11 Leistungshöhe von Mitgliedern verschiedener Gruppen, die sich nach dem Grad ihrer Kohäsion und der durchschnittlichen Einstellung ihrer Mitglieder zum Vorgesetzten und zum Unternehmen unterscheiden.

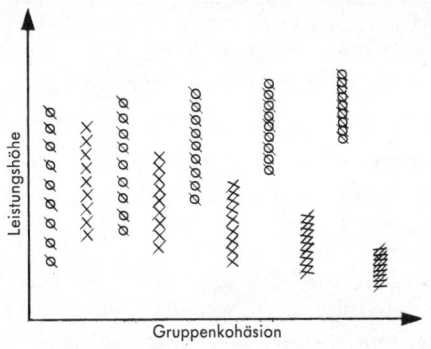

Die von Seashore gefundenen Ergebnisse decken sich grundsätzlich mit jenen der zitierten experimentellen Studien und verdeutlichen, daß Leistungsrestriktion bei hoher Gruppenkohäsion und geringem Vertrauen zum Unternehmen zu erwarten ist, während hohe Gruppenkohäsion bei Vertrauen zum Unternehmen leistungsfördernd wirkt. Bei geringer Gruppenkohäsion findet man keine wirksamen Leistungsnormen innerhalb der Gruppen, so daß die Einstellung solcher Gruppen zum Unternehmen kaum Wirkung auf die durchschnittliche Gruppenleistung zeigt.

Die soeben vorgestellten Forschungsergebnisse zeigen, daß die von manchen Vertretern der »Human-Relations-Bewegung« vertretene Auffassung, daß die »Pflege« von Gruppenbeziehungen gleichermaßen die Kohäsion und die Produktivität der Arbeitsgruppe steigere, in dieser undifferenzierten Form kaum haltbar ist. Irle (1975, S. 488) kritisiert hart, daß dies »selbstredend weder Sozialpsychologie noch Anwendung dieser Wissenschaft, nicht einmal deren Ausbeutung, sondern Erschleichung eines Vorteils durch selbstfabrizierte Orden aus Blech« sei.

Gänzlich zurückgewiesen sollte allerdings die Möglichkeit einer direkten Beziehung zwischen Gruppenkohäsion und Gruppenleistung nicht werden, die man sich allerdings dann kaum als monoton steigende Funktion vorstellen sollte. Ein Beispiel von Sader

(1976, S. 83), der nicht von Kohäsion, sondern von Kohärenz spricht, zeigt dies: »Bei geringer Kohärenz verbrauchen die Mitglieder ihre Energie weitgehend für die Schaffung, Aufrechterhaltung und Verbesserung ihres Status und für andere Gruppenprozesse; für die Aufgabe selbst bleibt wenig. Bei mittleren Graden von Kohärenz werden viele Energien für die Sache freigesetzt. Bei hoher Kohärenz kann die Leistung wieder absinken; die Mitglieder haben sich einen Kaffee gekocht, spielen Skat und finden sich wahnsinnig nett.«

2.5.2.2 »Gruppendenken«

Gruppennormen und Gruppendruck spielen nicht nur bei Arbeitsgruppen im gewerblichen Bereich eine Rolle, sondern auch in Abteilungssitzungen, wenn es um die Planung und Organisation neuer Aufgabenbereiche geht, in Forschungsgruppen, Entscheidungsgruppen etc.: also auch überall dort, wo die Aufgabenerfüllung insbesondere kognitive Leistungen erfordert. Wenn sich verschiedene spezialisiert ausgebildete Experten zu gemeinsamen Problemlösungs- oder Entscheidungssitzungen zusammenfinden, so soll die gemeinsame Arbeit ja nicht nur der Akzeptanz des Lösungsvorschlages dienen, sondern auch seine Qualität verbessern (vgl. Kap. 5). Es ist nun keineswegs garantiert, daß die Gruppe zu einem besseren Lösungsvorschlag kommt als der beste einzelne; es ist für viele Situationen nachgewiesen worden, daß die Gruppenleistung nur so gut wie die des besten einzelnen oder gar deutlich schlechter als diese ist (vgl. Kelley und Thibaut, 1969; Mueller und Thomas, 1974). Soll – wie erwünscht – die Gruppenleistung wirklich besser sein als die des besten einzelnen, so müssen mehrere Bedingungen erfüllt sein, u.a. die folgenden (vgl. v. Rosenstiel, 1981, S. 48):

– die Aufgabe muß für die Gruppenarbeit geeignet sein (z.B. können Gruppen Kreuzworträtsel deutlich besser lösen als einzelne, sie aber viel schlechter als diese konstruieren)
– die Gruppe sollte klein sein (maximal fünf bis sieben Mitglieder)
– alle Gruppenmitglieder sollten an dem Problem interessiert sein, es jedoch unter verschiedenen Perspektiven sehen
– die Gruppenmitglieder sollten zur Kommunikation befähigt sein, also »die gleiche Sprache« sprechen
– die interpersonalen Beziehungen sollten nicht belastet sein; sachlicher Widerspruch bzw. Zustimmung sollten entsprechend nicht das »Vehikel« nicht ausgesprochener emotionaler Beziehungen sein
– in der Gruppe sollten spezifische Regeln des Vorgehens einge-

halten werden, wie z. B. rechtzeitige Informationsausgabe, klare Problemdefinition, Trennung von Ideenproduktion und Ideenbewertung, Bewußtmachen der Entscheidungskriterien, abschließendes Aufstellen eines Aktionsplanes etc. (vgl. Franke, 1975).

Gefährdet werden qualitativ befriedigende Gruppenleistungen vor allem durch dysfunktionale Gruppenprozesse wie z. B.:

- Gruppendruck (man paßt sich der Mehrheit an, die keineswegs immer recht haben muß, vgl. Asch, 1965)
- Autoritätsdruck (man redet dem hierarchisch Hochstehenden nach dem Mund)
- Prestige und Kompetenzzuschreibung (man nimmt kritiklos die Argumente desjenigen auf, der z. B. als »Professor« oder als »Experte« eingeführt wurde)
- Einfluß von Vielrednern (nicht selten ist derjenige, der viel redet, keineswegs besonders kompetent, sondern ein Schwätzer; entsprechend ist gelegentlich der sehr gut Informierte eher schweigsam und kommt – unter anderem wegen der Vielredner – gar nicht dazu, seine Argumente einzubringen, vgl. Riecken, 1958)
- Sympathie- bzw. Antipathieeffekte und deren Ursachen, wie z. B. freundliches oder aggressives Verhalten (vgl. Brandstätter et al., 1976, 1978, 1981)
- Austragen emotionaler Spannungen auf der Sachebene bzw. Austragen sachlicher Gegensätze auf der emotionalen Ebene
- Risikoschubphänomene, die sich häufig darin zeigen, daß in der Gruppe unter anderem wegen der Verantwortungsverteilung oder wegen der Wettbewerbshaltung riskantere Entscheidungen getroffen werden als im Durchschnitt von den Mitgliedern dieser Gruppe in Einzelsituationen (vgl. Kogan und Wallach, 1965).

Die Dynamik derartiger dysfunktionaler Gruppenprozesse in Entscheidungsgruppen der US-amerikanischen Administration haben Janis (1972) sowie Janis und Mann (1977) bei der Nachanalyse wichtiger politischer Entscheidungen aufgewiesen. Bei Entscheidungen, die sich später als fehlerhaft herausstellten, herrschte in den zuständigen Gremien häufig eine »aufgeheizte« Atmosphäre; das Gefühl, zusammenhalten zu müssen, war stark ausgeprägt; Personen, die kritische oder abweichende Auffassungen vertraten, wurden negativ sanktioniert und zur Loyalität aufgerufen. Die Autoren sprechen in diesem Zusammenhang nicht von Gruppendruck, sondern – in einem etwas weiteren Sinne – von »group think« und kennzeichnen dieses wie folgt:

1. Illusion der Unverletzlichkeit, die zu einem unrealistischen Optimismus führt

2. Kollektive Rationalisierungen (Scheinbegründungen)
3. Glaube an die moralische Rechtfertigung der gemeinsamen Handlungsweisen
4. Stereotypisierung Außenstehender
5. Gruppendruck gegen Argumente, die gemeinsame Illusionen in Frage stellen
6. Selbstzensur bei Abweichung vom Gruppenkonsensus
7. Überschätzung der Einmütigkeit der eigenen Gruppe
8. Selbsternannte Gesinnungswächter schützen die Gruppe vor störenden Informationen, die von außen eindringen könnten.

Janis (1972) hat als Rat an die amerikanische Regierung Regeln formuliert, die bei schwerwiegenden Problemlösungen und Entscheidungen, die in Gruppen erarbeitet werden sollen, zu berücksichtigen sind (vgl. Beleg 5).

Beleg 5 Die Janis-Regeln

1. Der Leiter sollte ausdrücklich zur Kritik auffordern.
2. Der Leiter und andere wichtige Mitglieder sollten ihre Meinung nicht zu früh nennen, sondern zunächst andere sprechen lassen.
3. Bei wichtigen Entscheidungen sollten zwei Gruppen unabhängig voneinander einen Entscheidungsvorschlag ausarbeiten. Beide Vorschläge sollten dann in die Gesamtgruppe eingebracht werden.
4. Alle Gruppenmitglieder sollten dazu aufgefordert werden, daß Entscheidungsprobleme in ihren Abteilungen mit solchen Personen zu diskutieren sind, die nicht zur Entscheidungsgruppe gehören.
5. Externe Mitglieder sollten dazu aufgefordert werden, ihre Auffassung unabhängig von der Gruppe zu entwickeln und darzulegen.
6. Es sollte routinemäßig ein Advocatus diaboli bestimmt werden, der bewußt und kompromißlos die Gegenposition zur Gruppenmehrheitsmeinung vertritt, sobald sich Einigkeit in der Gruppe auszudrücken scheint.
7. Die Entscheidungsgruppe sollte nicht beständig zusammenarbeiten, sondern zeitweilig in Untergruppen aufgespalten werden.
8. Hat sich die Gruppe geeinigt, so sollte das Ergebnis noch einmal bewußt gänzlich in Frage gestellt werden.

Janis, J. L.: Victims of group think – a psychological study of foreign policy decisions and fiascoes. Boston, 1972.

2.5.3 Kohäsion und Dependenz

Über die Gruppenkohäsion, die sich als das Insgesamt der Kräfte verstehen läßt, die die Mitglieder einer Gruppe an die Gruppe binden, war schon mehrfach gesprochen worden. In aller Regel steigt die Gruppenkohäsion, je mehr Kommunikation innerhalb der Gruppe gegeben ist und – was vom eben Gesagten nicht unabhängig ist – je kleiner die Gruppe ist. Es läßt sich meist nachweisen, daß bei steigender Gruppenkohäsion die Normen der Gruppen strikter eingehalten werden und zugleich die Zufriedenheit der Gruppenmitglieder steigt. Ob eine hohe Kohäsion in den Gruppen mit den Zielen der Organisation vereinbar ist, hängt von zusätzlichen Bedingungen ab: z. B. verfolgen die Gruppen Ziele, die denen der Organisation widersprechen? Handelt es sich bei den Gruppen um Cliquen? Führt die hohe Kohäsion zu intensiver Kommunikation, die nichts mit der Aufgabenerfüllung zu tun hat und von der Arbeit ablenkt (vgl. Horsfall und Arensberg, 1949)? Bringt die Gruppenkohäsion einen so hohen Gruppendruck mit sich, daß kreative aber abweichende Ideen unterdrückt und konstruktive Konflikte innerhalb der Gruppe vereitelt werden?

Die Gruppenkohäsion ist es allerdings nicht allein, die ein Mitglied in einer Gruppe hält. Selbst wenn eine Gruppe für den einzelnen alle Attraktivität verloren hat, wird er dann in ihr bleiben, wenn er von ihr abhängig geworden ist. Dies gilt – bezogen auf Arbeitsgruppen – etwa dann, wenn man keine Möglichkeit des Zuganges zu einer anderen Arbeitsgruppe findet, wie es z. B. in Zeiten hoher Arbeitslosigkeit häufig der Fall ist. Diese Abhängigkeit wird meist als Dependenz von der Gruppe bezeichnet. Man versteht darunter, daß eine Person bei Verlust der Gruppenmitgliedschaft Vorteile einzubüßen fürchtet, die sie woanders nicht zu erreichen glaubt (vgl. Thibaut und Kelley, 1959; Irle, 1975).

Unter dem Aspekt der Differenzierung von Kohäsion und Dependenz gewinnt die organisationspsychologische Frage an Gewicht, ob Absentismus und Fluktuation – also das Fernbleiben von der Arbeit und die Kündigung – als unterschiedliche Intensitätsausprägungen einer gleichen Verhaltenstendenz zu verstehen sind (vgl. Vroom, 1964; Porter und Steers, 1973; Neuberger, 1974). Irle (1975) kritisierte diese Auffassung und verweist in diesem Zusammenhang auf empirische Untersuchungen, in denen der Nachweis gelang, daß Absentismus und Fluktuationsneigung negativ korrelieren. Nur im Falle der Fluktuation dürften für das Mitglied die Gruppenkohäsion und die Dependenz gering sein, während bei geringer Kohäsion und hoher Dependenz Fehlzeiten prognostiziert werden können. Allerdings hat Maib (1981) Daten vorgelegt, die Zweifel an dieser Interpretation berechtigt erscheinen lassen.

2.6 Einflußnahme auf Arbeitsgruppen durch organisatorische Maßnahmen

Entscheidungen über die Organisationsstruktur fallen häufig ohne Berücksichtigung der sozialen Konsequenzen dieser Maßnahmen. Neben den unmittelbar ökonomischen Folgen sollte man aber auch die sozialen berücksichtigen; das gilt spezifisch bei allen Entscheidungen, die Einfluß auf die Kommunikation innerhalb und zwischen den Gruppen haben und – was davon nicht unabhängig ist – bei Entscheidungen, die die Gruppengröße betreffen.

2.6.1 Die Gestaltung der Kommunikationsstruktur

Hohe Kohäsion ist also im Sinne der beiden anzustrebenden Ziele Leistung und Zufriedenheit wünschenswert, wenn die Zielvorstellungen der Gruppe mit jenen der Organisation in Einklang zu bringen sind. Um diese Voraussetzung zu erfüllen, fordert Schein (1965) organisatorische Voraussetzungen, die es gestatten, die Bedürfnisse der Organisation mit den individuellen Bedürfnissen der Gruppenmitglieder zu integrieren, was nur möglich erscheint, wenn bei der Konzeption von Aufbau- und Ablauforganisation

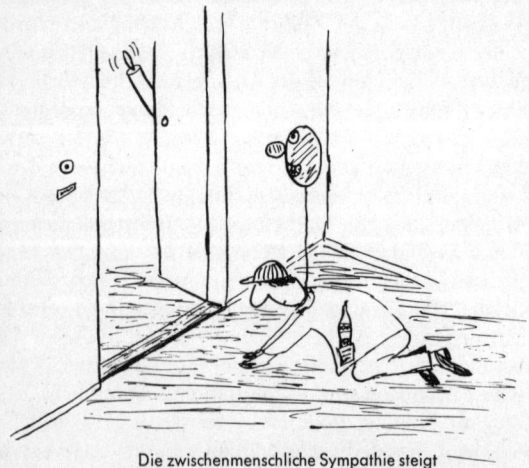

Die zwischenmenschliche Sympathie steigt
proportional zur Anzahl der Kontakte

von einem angemessenen Menschenbild ausgegangen wird (vgl. Kapitel 1).
Erscheint also hohe Gruppenkohäsion unter der genannten Voraussetzung erstrebenswert, so würde man, ausgehend von der Aussage Homans (1950), daß die zwischenmenschliche Sympathie proportional zur Anzahl der Kontakte steigt, zunächst daran denken, die organisatorischen Voraussetzungen für hohe Interaktionsdichte innerhalb der Gruppe zu schaffen. Diese würden einmal darin bestehen, die Anzahl der Gruppenmitglieder gering zu halten, da dadurch die Wahrscheinlichkeit des Kontaktes eines jeden mit jedem erhöht wird, zum anderen die Voraussetzung für Kommunikationsmöglichkeiten eines jeden mit jedem zu gewährleisten, das heißt, die Vollstruktur der Informationskanäle zu schaffen.

»Die Vollstruktur ermöglicht die größtmögliche Zahl der Verbindungen und Informationskommunikationen unter den Gruppenmitgliedern. Auf den Betrieb übertragen heißt das: Die Aufgabenbereiche sind nicht streng abgegrenzt und exakt definiert, es gibt nicht den sogenannten Dienstweg, vielmehr setzt sich jeder unmittelbar mit dem anderen in Verbindung.« (Stirn, 1970, S. 500)

Obwohl vielfältige empirische Belege vorliegen, die die Homanssche Hypothese stützen (vgl. Newcomb, 1961), sprechen doch kasuistische Erfahrungen – etwa jene Fälle, in denen man sich durch Kontakthäufigkeit anödet oder auf die Nerven geht – und theoretische Erwägungen dagegen, sie zu generalisieren. Wenn also Bass (1960, S. 60) postuliert: »Eine Gruppe ist um so attraktiver, je größer die Belohnungen sind, die durch Mitgliedschaft in der Gruppe erworben werden können, und je größer die Erwartung ist, sie zu erwerben«, so ist nicht einzusehen, wieso Kontakthäufigkeit in der Gruppe die Sympathie erhöhen und somit die Gruppenkohäsion festigen soll, wenn der Kontakt für die einzelnen lästig, unangenehm oder enttäuschend ausfällt. Vroom (1964) sieht – zum Teil gestützt durch empirische Befunde – die Voraussetzungen für eine befriedigende und somit die Gruppenkohäsion stärkende Interaktion innerhalb der Gruppe in der Ähnlichkeit der für die Gruppenmitglieder wesentlichen Einstellungen, in der positiven Bewertung der Gruppenmitglieder untereinander, in der sich gegenseitig stützenden und nicht einander ausschließenden Abhängigkeit der Ziele der Gruppenmitglieder und schließlich in spezifischen Persönlichkeitsdifferenzen, insbesondere innerhalb der Motivation.
So positiv man auch hohe Gruppenkohäsion unter dem Aspekt der Zufriedenheit der Gruppenmitglieder bewerten mag, so sollte man

sich doch der möglichen Kehrseite bewußt sein. Diese besteht nicht nur in der bereits besprochenen höheren Wahrscheinlichkeit der Leistungsrestriktion bei negativen Einstellungen zum Unternehmen. Die von der »human relations«-Bewegung (die freilich nicht abgegrenzt, sondern bestenfalls akzentuierend bestimmt werden kann) angenommene Proportionalität zwischen der Intensität der informellen interpersonalen Beziehungen innerhalb der Gruppe, der Zufriedenheit der Gruppenmitglieder und ihrer Leistung ist in dieser wenig differenzierten Form nicht haltbar. Ganz davon abgesehen, daß bei Vernachlässigung anderer Einflußgrößen die durch die Intensität der informellen Intragruppenbeziehungen bedingte Kohäsion eher Aussagen über die Leistungsstreuung als über die Leistungshöhe innerhalb der Gruppe zuläßt, ist – wenn man schon Aussagen über die Leistungshöhe machen möchte – bei sehr intensiven Intragruppenbeziehungen sogar ein negativer Effekt auf die Leistung denkbar. So betonen Horsfall & Arensberg (1949), daß Arbeitsgruppen mit großer innerer Aktivität eine Tendenz zur geringeren Leistung zeigen, da diese Aktivitäten Zeit vom Arbeitsverhalten abziehen. Dieser Gefahr kann – bei entsprechendem Arbeitsinhalt – dadurch begegnet werden, daß das Interaktionsverhalten zugleich in den Dienst des Leistungsziels gestellt wird (Mitarbeitergespräche, Problemlösungskonferenzen, kurzfristige Bildung von Teams zur Erledigung von Sonderaufgaben usw.) und somit befriedigend und produktiv zugleich ist.

Hohe Kommunikationsintensität bei großen Gruppen bringt die Gefahr der Spaltung in Teilgruppen und somit der Cliquenbildung – wobei man je nach Zusammensetzung von horizontalen, vertikalen und gemischten Cliquen sprechen kann (Schein, 1965) – mit sich. Allerdings läßt sich in diesem Fall nicht von hoher Kohäsion der Gesamtgruppe sprechen – sie ist ja nicht mehr als Ganzes für ihre Mitglieder attraktiv –, sondern bestenfalls von hoher Kohäsion der Cliquen. Ist die gute Zusammenarbeit der Gesamtgruppe zum Erreichen des Leistungsziels erforderlich, so ist die genannte Konstellation der Leistung abträglich, wie auch Beobachtungen im »bank wiring observation room« (vgl. Roethlisberger & Dickson, 1939) nahelegen.

Die bisher referierten Ergebnisse sprechen dafür, daß man die Gruppe und die Intragruppenstruktur nicht losgelöst von der Gesamtstruktur der Organisation betrachten sollte. Gruppen mit hoher Kohäsion neigen dazu, ihre inneren Beziehungen – die gelegentlich ritualisiert und stereotypisiert werden – auf Kosten der Kommunikationsdichte zu anderen Gruppen aufzubauen, so daß die Gefahr besteht, daß Intragruppenbeziehungen sich reziprok zu

den Intergruppenbeziehungen verhalten, woraus sich positiv über-
pointierte Autostereotype der Mitgliedsgruppen und negative He-
terostereotype der Fremdgruppen ergeben können, die dann möglicherweise den Keim von Konflikten in sich tragen (vgl. S. 113
»Experimente im Ferienlager« von Sherif, Harvey, White, Hood &
Sherif, 1961), was dem Erreichen des Leistungsziels der Gesamtor-
ganisation schädlich ist. Es erscheint daher falsch, den Aufbau der
informellen Beziehungen ausschließlich sich selbst zu überlassen.
Die Planung des Kommunikationssystems innerhalb der Gesamt-
organisation und das Abwägen der sozialen Konsequenzen technischer und organisatorischer Umstellungen können darüber hinaus
die Inter- und Intragruppenbeziehungen zielgerichtet beeinflussen,
die Einstellung zur Organisation und ihren Zielen formen und die
Rollenerwartungen und Rolleninterpretationen der Organisationsmitglieder prägen.
Einfluß kann auch dadurch genommen werden, daß die Intragruppenbeziehungen durch gezielte Trainingsmaßnahmen (vgl. Schein
& Bennis, 1965) wie Rollenspiel oder Sensitivity-Training aufgebaut werden, in denen die Gruppenmitglieder durch unmittelbare
Erfahrung eigene Reaktionstendenzen auf das Verhalten anderer
und fremde Reaktionstendenzen auf eigenes Verhalten kennenler-
nen und die Widerstände zu lokalisieren und abzubauen suchen,
die offener und »feed-back« bietender Kommunikation im Wege
stehen.
Auch auf Störungen der Intergruppenbeziehungen (vgl. hierzu
auch Kapitel 4), die häufig in konkurrierenden Zielen oder im
Zusammenbruch der Intergruppenkommunikation liegen, kann
durch Trainingsmethoden Einfluß genommen werden (vgl. Blake
& Mouton, 1962). Dies kann beispielsweise dadurch geschehen,
daß Trainingsgruppen mit konkurrierenden Zielen sich über das
Eigen- und das Fremdbild klar werden, die Beobachtungen der
jeweils anderen Gruppe mitteilen und dann mit dieser die Diskrepanzen der jeweiligen Wahrnehmungen diskutieren.

2.6.2 Die Wahl der Gruppengröße

Hohe Kohäsion einer Arbeitsgruppe ist unter dem Aspekt der
Zufriedenheit wünschenswert, da sie mit der Arbeitszufriedenheit
positiv korreliert. So fand etwa Van Zelst (1951) in einer Felduntersuchung an Arbeitern eine Korrelation von $r = 0,82$ zwischen dem
Grad, in dem Arbeiter von ihren Kollegen akzeptiert werden und
ihrer Arbeitszufriedenheit. Zaleznik, Christensen & Roethlisberger (1958) kamen zu einem vergleichbaren Ergebnis: Sie stellen

fest, daß nur 43% der in den Gruppen Isolierten zufrieden waren, dagegen 75% der gut in die Gruppen Integrierten. Unter dem Aspekt des Leistungsziels der Organisation ist hohe Kohäsion der Gruppen dann wünschenswert, wenn diese das Organisationsziel akzeptieren; im umgekehrten Fall führt die hohe Kohäsion zur Cliquenbildung, wie auch die unter 2.5.2.1 gezeigten Experimente wahrscheinlich machen.

Cartwright & Zander (1960) weisen darauf hin, daß die Gruppen-kohäsion von zwei Bedingungsreihen abhängt:

a) solchen Besonderheiten der Gruppe wie Zielen, Programm, Größe, Organisationsform und Stellung im Gesamtzusammen-hang,

b) den Bedürfnissen des einzelnen nach Kontakt, Anerkennung, Sicherheit und anderen Motivzielen, die mit Hilfe der Gruppe befriedigt werden können.

Der Aspekt der Größe soll hier wegen seiner besonderen Bedeut-samkeit für die Arbeitsgruppe hervorgehoben werden. Die Größe einer Gruppe wird im allgemeinen nicht mit Blick auf die zu erwartende Gruppenkohäsion festgelegt. Hier ist in der Regel die Unterschiedlichkeit und Differenziertheit der in der Arbeitsgruppe auszuführenden Arbeit maßgeblich. Bei hoher Unterschiedlichkeit und Differenziertheit der Arbeit – wie meist in höheren hierarchi-schen Betriebsebenen üblich – wird man daher meist kleine Grup-pen mit etwa 6 Mitgliedern treffen, bei geringerer Unterschiedlich-keit und Differenziertheit der Arbeit und einer entsprechend leich-teren Koordinier- und Kontrollierbarkeit große Gruppen von 30 und mehr Mitgliedern.

Der Einfluß der Größe auf die Gruppenkohäsion ist jedoch nicht zu übersehen. Je größer die Gruppe ist, desto geringer ist die Kohäsion (Seashore, 1954; Hemphill, 1956) mit den damit verbun-denen Symptomen der erhöhten Fehlzeiten und gesteigerten Fluk-tuationsraten (Hewitt & Parfit, 1961; Merrihue & Katzell, 1955). Bei großen Gruppen ist auch die Gefahr gesteigert, daß die Gruppe sich spaltet, Teilgruppen sich ausgliedern und zu Cliquen werden oder einzelne Gruppenmitglieder sich isolieren (vgl. Zaleznik, Christensen & Roethlisberger, 1958).

Kleine Gruppen reagieren auch deutlich anders als große auf innerorganisatorische Einflußgrößen, was an den Beispielen Füh-rung und Entlohnung gezeigt werden soll. Vroom & Mann (1960) verglichen in einer analogen Organisation die Beziehung zwischen autoritärer Persönlichkeitsstruktur der Vorgesetzten und den Ein-stellungen der Mitarbeiter, wie sie zum einen in kleinen, relativ unabhängigen Arbeitsgruppen mit hoher Interaktionsdichte, zum anderen in großen Arbeitsgruppen mit relativ geringer Interaktionsmöglichkeit zwischen den Arbeitern sowie den Arbeitern mit dem Vorgesetzten bestehen. In kleinen Gruppen korrelierte die Einstellung der Arbeiter mit − 0,41 (N = 24) mit der autoritären Persönlichkeitsstruktur des Vorgesetzten: Egalitär führende Vorgesetzte werden hier also vorgezogen. In den großen Gruppen lag die entsprechende Korrelation dagegen bei + 0,41 (N = 28); hier wurde autoritäres Verhalten und Durchgreifen des Vorgesetzten von den Untergebenen offensichtlich nicht nur akzeptiert, sondern auch bevorzugt. Freilich ist die Interpretation nicht auszuschließen, daß autoritär strukturierte Vorgesetzte in kleinen Gruppen ein anderes Führungsverhalten als in großen Gruppen zeigen.

Daß große Gruppen auf Gruppenentlohnung, die unter dem Aspekt der Gruppensolidarität wünschenswert erscheint und interne Gruppenspannungen herabsetzt (Babchuck & Goode, 1951), in geringerem Maße als kleine in ihrem Leistungsverhalten reagieren, zeigten Untersuchungen von Mariott (1949) in zwei englischen Fabriken. In einer der beiden Fabriken (A) wurde ein Gruppenbonus gewährt, in der anderen (B) Gruppen-Stücklohn bezahlt. Die Ergebnisse der Untersuchung zeigt nachstehende Tabelle.

Tabelle 1   Gruppengröße und Leistung bei Gruppenentlohnung

Gruppen-größe	Fabrik A (Gruppenbonus)		Fabrik B (Gruppen-Stücklohn)	
	Anzahl der Gruppen	Durchschn. Prozentsatz der Effektivit.	Anzahl*) der Gruppen	Durchschn. Verdienst bei Gruppen-Stücklohn
bis 10	20	133,8	61,5	36,4
10–19	41	132,2	9,75	35,4
20–29	35	129,5	6,25	33,5
30–39	24	128,8	1,75	31,2
40–49	13	126,1	2,0	31,0
50 und mehr	20	127,1	6,0	31,7

*) Die Dezimalzahlen ergeben sich durch Berücksichtigung von Gruppen, die nicht während der gesamten Beobachtungszeit zur Verfügung standen.

Es liegt – obwohl andere Folgerungen auch denkbar wären – nahe zu interpretieren, daß die Gruppenentlohnung für die einzelnen Gruppenmitglieder in Großgruppen einen nur geringen Anreiz darstellt, da individueller Einsatz bei großer Mitgliederzahl der Gruppe nur zu einem geringen Prozentsatz die Produktivität der

Gesamtgruppe bestimmt. Generell darf gesagt werden, daß – wo es arbeitstechnisch möglich ist – die kleine Gruppe relativ leistungsfähiger ist als die große (vgl. Bass, 1968). Unter mehrerlei Aspekt zeigt sich also – wenn man das dieser Arbeit zugrunde liegende Wertsystem akzeptiert – die Überlegenheit der kleinen Gruppe. Die Gruppengröße sollte daher in der Regel so gering wie vom Arbeitsinhalt her überhaupt möglich sein.

2.6.3 Übertragung eines Aufgabenzusammenhanges

Es sind keineswegs nur interpersonale Belohnungssysteme, durch die der Zusammenhang einer Gruppe gefördert werden kann; die Belohnung kann auch aus der zu erledigenden Aufgabe selbst kommen, wenn diese von ihrer Struktur her die intrinsische Arbeitsmotivation der Gruppenmitglieder (vgl. v. Rosenstiel, 1975) befriedigt. Das Ziel der Aufgabe selbst kann für die Mitglieder einer Gruppe attraktiv werden, und das Erlebnis des gemeinsamen Arbeitens an der Aufgabe kann den Gruppenzusammenhang durchaus erhöhen, was z. B. Back (1951) experimentell nachwies.

Wie müssen Aufgaben aussehen, die diese Funktion erfüllen? Schon vielfach wurde aufgewiesen, daß die Delegation eines Aufgabenzusammenhangs, d. h. mit den dazugehörigen Rechten und Verantwortungen, die Bindung der Arbeitenden an die Aufgabe erhöht (vgl. Stiefel, 1975; v. Rosenstiel, 1975; Wunderer und Grunwald, 1980). Das Prinzip der Delegation wurde daher auch zum Kernstück von Führungsmodellen für die Praxis gemacht, z. B. innerhalb des Harzburger Modelles (vgl. Höhn und Böhme, 1969). Damit Aufgaben überhaupt delegationsfähig sind, sollten sie allerdings (vgl. Ulich et al., 1973) durch ausreichenden

– Tätigkeitsspielraum (Abwechslungsreichtum) und
– Entscheidungs- und Kontrollspielraum

gekennzeichnet sein, woraus sich dann der für die Aufgabe kennzeichnende Handlungsspielraum ergibt, wie es Darstellung 12 zeigt.

Überträgt man Aufgaben mit adäquatem Handlungsspielraum, die den Arbeitenden weder unter- noch überfordern, an einzelne, so kann sich daraus zwar eine starke Bindung an den Aufgabeninhalt ergeben; eine Förderung der angesichts der Arbeitsteilung erforderlichen und angesichts der Kontaktwünsche bei arbeitenden Menschen wünschenswerten Gruppenbeziehungen wird nicht erreicht. Die Kontaktdimension bleibt unberücksichtigt.

Entsprechend sollte neben den Tätigkeits-, den Entscheidungs- und Kontrollspielraum der Kontaktspielraum treten, d. h., die

Darstellung 12   Der Handlungsspielraum

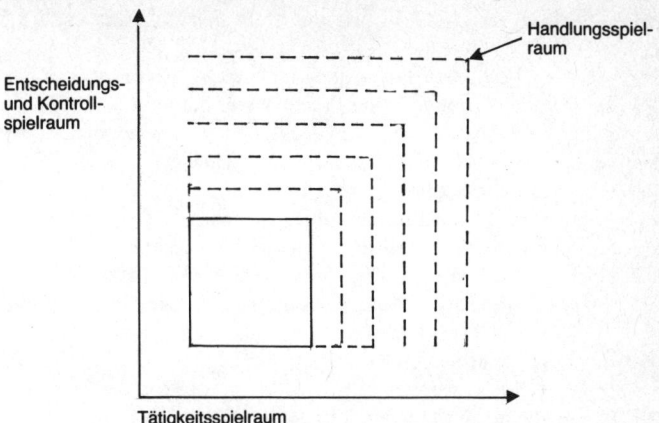

Aufgaben sollten so strukturiert sein, daß aufgabenbezogene Kommunikation mit Kollegen zum wesentlichen Bestandteil der Aufgabenerfüllung wird. Darstellung 13 veranschaulicht dies.

Darstellung 13   Der Handlungs- und Kontaktspielraum

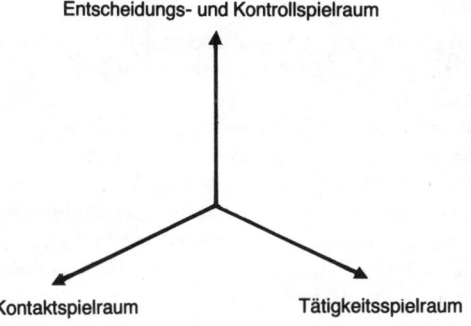

Dieses Konzept wurde weitgehend realisiert durch das Schaffen sog. »teilautonomer Arbeitsgruppen«, die zunächst in Norwegen erprobt und durch ihre Einführung in schwedischen Automobilfabriken weltweit bekannt wurden (vgl. Lattmann, 1972, Davis und Taylor, 1972; Bihl, 1973; Ulich et al., 1973; v. Rosenstiel, 1976; Maier, 1977). Eine teilautonome Arbeitsgruppe kann als Kleingruppe verstanden werden, »der ein Aufgabenzusammenhang übertragen wird, dessen Regelung von ihr selbst vorgenommen wird, so daß alle in ihr vorkommenden Tätigkeiten und Aktivitäten von ihr selbst gesetzten Normen unterstellt sind« (Lattmann, 1972, S. 28).

So weit, wie es diese Definition andeutet, geht der Grad der Autonomie der Gruppen in der Praxis selten. Gullowsen (1972) hat daher einen Kriterienkatalog entwickelt, der es gestattet, den Autonomiegrad empirisch zu erfassen. Er unterscheidet:

A) Kriterien auf der Ebene der Gruppe
   1. Die Gruppe hat Einfluß auf für sie geltende Zielsetzungen
      a) in qualitativer Hinsicht (was wird gemacht?)
      b) in quantitativer Hinsicht (wieviel wird gemacht?)
   2. Innerhalb übergeordneter Rahmenbedingungen kann die Gruppe selbst festlegen
      a) wo sie arbeitet
      b) wann sie arbeitet
      c) welche zusätzlichen Tätigkeiten sie ausübt
   3. Die Gruppe entscheidet über die Produktionsmethode
   4. Die Gruppe regelt die interne Aufgabenverteilung
   5. Die Gruppe entscheidet darüber, wer in ihr Mitglied wird
   6. Die Gruppe entscheidet in den Führungsfragen
      a) ob sie für gruppeninterne Angelegenheiten einen Führer haben will und gegebenenfalls welchen
      b) ob sie zur Regelung von Grenzbedingungen einen Führer haben will und gegebenenfalls welchen
B) Kriterium auf der Ebene des einzelnen Gruppenmitgliedes: Das Gruppenmitglied entscheidet, wie die von ihm auszuführenden Aufgaben bewältigt werden.

Gemessen an dieser Kriterienliste unterscheiden sich Gruppen, die als »autonom« oder »teilautonom« bezeichnet werden, erheblich voneinander. Der Erfolg, der für die Organisation und die jeweils betroffenen Organisationsmitglieder mit der Einführung teilautonomer Arbeitsgruppen verbunden war, sah von Fall zu Fall sehr unterschiedlich aus. Einige Versuche scheiterten, da bei der Vorbereitung nicht sorgfältig genug vorgegangen wurde, organisatorische Rahmenbedingungen nicht in adäquater Weise gegeben waren (vgl. Maier, 1977) oder – das gilt besonders für die Bundesrepublik Deutschland – die gesetzlichen Bestimmungen die Einführung des Konzeptes behinderten (vgl. Pöhler, 1979). Dort allerdings, wo die Einführung des Konzeptes erfolgreich verlief, zeigten sich meist Leistungssteigerungen – insbesondere in qualitativer Hinsicht –, ein Rückgang der Fehlzeiten und der Fluktuation, höhere Arbeitszufriedenheit, besserer Gruppenzusammenhalt und steigende Qualifikation der Betroffenen (vgl. Lattmann, 1979). Allerdings sollte man im Konzept der teilautonomen Arbeitsgruppen keinen statischen Ansatz sehen. Erfolge, die sich zunächst einstellen, können sich nach einiger Zeit wieder abschwächen. Daraus folgt, daß der Ansatz – der steigenden Qualifikation der Betroffenen entsprechend – in Kooperation mit den Betroffenen stetig weiterentwikkelt werden sollte (vgl. Gebert und v. Rosenstiel, 1981).

2.7 Gruppe und Organisation

Arbeitseinheiten oder Abteilungen, die aus zweckrationalen Gründen im Organisationsplan vorgesehen wurden und sodann – durch die Gesetzmäßigkeiten zwischenmenschlichen Zusammenlebens – zu Gruppen wurden, stehen in einem umfassenden sozialen Gefüge, der Organisation. Selbst das Bemühen, diesen Gruppen mehr Autonomie zu geben, ändert in der Regel nichts an der Tatsache, daß die generell für die Organisation geltenden Normen und Vorschriften beachtet werden müssen und Freiräume nur insofern bestehen, als dadurch das Erreichen der übergeordneten Organisationsziele nicht gefährdet wird. Daraus ergibt sich ein potentieller vertikaler Konflikt, was von »oben« vorgegeben wird, kann auf den Widerstand der Gruppe stoßen; was die Gruppe wünscht, kann von den nächsthöheren Ebenen zurückgewiesen werden, da es den Normen und Zielsetzungen der Organisation widerspricht. Man kann sich nun auf den Standpunkt stellen, daß ein solcher Konflikt innerhalb einer kapitalistischen Gesellschaft unumgänglich sei, da von der Organisation die Interessen des Kapitals, von den Arbeitsgruppen dagegen weitgehend die Interessen der Mitarbeiter vertreten würden und der Interessenkonflikt zwischen Kapital und Arbeit eben unüberbrückbar sei. Gegen diese Auffassung spricht der Umstand, daß auch solche Organisationen, die nicht privatwirtschaftlich organisiert sind und auch dem Gewinnziel nicht verpflichtet erscheinen, wie z. B. öffentliche Verwaltungen, Schulen etc. diesen Konflikt kennen und daß er auch in den Organisationen nichtkapitalistischer Gesellschaftsordnungen anzutreffen ist. Es scheint hier also weniger um den Konflikt zwischen Kapital und Arbeit zu gehen, sondern um den wohl grundsätzlicheren zwischen der Organisation und dem Individuum (vgl. Argyris, 1967), der in der Person des Führenden, der ja gleichermaßen die Forderungen der Organisation nach unten und die Wünsche der Gruppe nach oben zu vertreten hat, zum Rollenkonflikt (vgl. Katz und Kahn, 1966) wird.

Um den Wünschen und Bedürfnissen der einzelnen in der Organisation gerecht werden zu können, reicht es nicht aus, lediglich Mitbestimmung am Arbeitsplatz oder innerhalb der Arbeitsgruppe zu gewährleisten. Was dort strukturiert wird, kann sonst allzu leicht durch die übergeordneten Rahmenbedingungen der Organisation unterdrückt werden. Es gilt also, die Mitsprache auch auf der Ebene der Organisation zu gewährleisten, damit dort ein fairer Interessenausgleich zustande kommt. Die Basis dafür kann durch gesetzliche Maßnahmen gelegt werden; die Regelung muß durch organisatorische Maßnahmen erfolgen, die eine adäquate Austragung des Konfliktes zwischen Organisationen und den in ihr tätigen Gruppen erlaubt. Als bekanntes Beispiel einer derartigen Organisationsform sei der Ansatz von Likert (1961, 1967) vorgestellt.

Likert geht von der zentralen Rolle der Arbeitsgruppe aus, die sich gerade daraus ergibt, daß der einzelne Anerkennung, Wertschätzung und Unterstützung bei anderen Gruppenmitgliedern sucht und sich daher den Zielen und Normen seiner Arbeitsgruppe entsprechend verhält.

Ist eine Gruppe in diesem Sinne für die Mitglieder attraktiv und entsprechend integriert, so wirkt sich das auf das Verhalten jedes einzelnen Mitglieds wie folgt aus:

1. Es erkennt Ziele und Entscheidungen der Gruppe an.
2. Es sucht aktiv Einfluß auf Ziele und Entscheidungen der Gruppe zu nehmen.
3. Es tritt mit allen – zumindest möglichst vielen – Gruppenmitgliedern in Kontakt.
4. Es bewertet Kommunikations- und Einflußversuche anderer Gruppenmitglieder positiv.
5. Es arbeitet an der Ausführung der Gruppenentscheidungen – mit denen es sich identifiziert – mit.
6. Es sucht die Anerkennung und Unterstützung statushoher Gruppenmitglieder durch gruppennormentsprechendes Verhalten zu gewinnen.

Likert bezeichnet Gruppen wie die hier gekennzeichneten als effektive und sucht die gesamte Organisation als System sich überlappender effektiver Gruppen zu verstehen; jedes ranghohe Mitglied einer effektiven Gruppe ist – als »linking pin« – rangniedriges Mitglied einer hierarchisch höheren effektiven Gruppe. Darstellung 14 verdeutlicht das Modell. Denkbar ist – wiederum über »linking pins« – auch die horizontale Verbindung zwischen den Gruppen, die jedoch die Darstellung nicht zeigt.

Darstellung 14 Die Organisation als System überlappender Gruppen

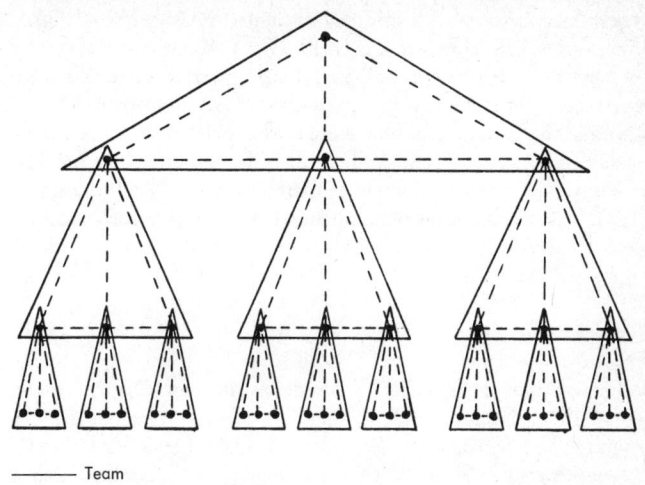

——— Team
— — — Kommunikation

Innerhalb der »Dreiecke« herrscht volle Horizontal- und Vertikal-
kommunikation; hier werden die Entscheidungen gemeinsam gefällt, der Vorgesetzte ist jedoch verpflichtet, dann selbst zu entscheiden, wenn die Gruppe sich nicht einigen kann; er sollte dann
aber die Auffassung jener Gruppenmitglieder spezifisch berücksichtigen, die von den Entscheidungskonsequenzen besonders be-
troffen sind.
Das Modell setzt an die Stelle der traditionellen Mann-zu-Mann-
Beziehungen bei hierarchischer Struktur die Gruppenbeziehung,
bei der auch die Querverbindungen innerhalb der gleichen hierarchischen Ebene eingeplant sind. Es delegiert nicht – wie es etwa,
zumindest schwerpunktmäßig, im sogenannten Harzburger Modell, das innerhalb mitteleuropäischer Organisationen als fort-
schrittlich gilt (Höhn & Böhme, 1969) – Aufgaben an isoliert
gesehene Einzelpersonen, sondern es überträgt Aufgabenbereiche
langfristig an Gruppen.
Das Prinzip der überlappenden Gruppen gewährleistet nach Auffassung Likerts bessere und »ungefilterte« Information über die
hierarchischen Ebenen hinweg, läßt individuelle Initiative in die
relevanten Entscheidungen eingehen, fördert somit Kreativität,
führt zu kooperativer Führung, läßt allen die Stärken und Schwä-

69

chen der Organisation bewußter werden und macht schließlich durch das Prinzip der Partizipation wahrscheinlicher, daß alle Organisationsmitglieder die Organisationsziele, an denen sie mitwirken, akzeptieren, sich mit den relevanten Entscheidungen identifizieren und sich für ihre Durchführung einsetzen.

Wer allerdings hierarchischen Strukturen grundsätzlich ablehnend gegenübersteht und nicht hierarchisch gegliederte größere Organisationen für möglich und leistungsfähig hält, wird von Likerts Ansatz enttäuscht. Grundsätzlich blieb die hierarchische Struktur erhalten; sie wurde lediglich geglättet und für ein Individuum, dessen Selbstverständnis persönlichen Freiheitsraum fordert, weniger frustrierend.

Zusammenfassung

Aufgrund der Arbeitsteilung wurde es in den Organisationen erforderlich, daß mehrere Personen, koordiniert durch einen Vorgesetzten, gemeinsam eine komplexe Aufgabe bewältigen. Je nach Art der Aufgabe kann die erforderliche Zusammenarbeit koagierend, interagierend oder kontraagierend sein. Die Positionen, die zur Aufgabenerfüllung erforderlich sind, werden nach zweckrationalen Gesichtspunkten ermittelt und im Organisationsplan niedergelegt. Die im Plan vorgesehenen Arbeitseinheiten sind keine Gruppen; die beobachtbare soziale Realität weicht häufig erheblich vom Plan ab. Unter Gruppen wird eine Mehrzahl von Personen verstanden, die zeitlich relativ überdauernd in direkter Interaktion stehen, durch Rollendifferenzierung und gemeinsame Normen gekennzeichnet sind und die durch ein Wirgefühl verbunden werden. Derart bestimmte Gruppen bilden sich in der Organisation – mitbedingt durch den Organisationsplan – aufgrund der Häufigkeit arbeitsbedingter Kontakte und aufgrund der wahrgenommenen Ähnlichkeit, die zwischen Personen, die gemeinsam an einer gleichen Aufgabe arbeiten, besteht. Da Gruppen durch gemeinsame Normen gekennzeichnet sind, können die für das Leistungsverhalten bedeutsamen Normen dazu führen, daß eine Gruppe besonders hohe Leistungen erbringt, aber auch, daß die Leistung gebremst wird und Leistungsrestriktion die Folge ist. Gruppennormen und Gruppendruck können auch bewirken, daß in Problemlösungs- und Entscheidungsgruppen originelle Einfälle einzelner unterdrückt werden und Fehlentscheidungen die Folge sind.

Hoher Gruppenzusammenhalt und das Verbleiben der einzelnen in der Gruppe werden meist durch Gruppenkohäsion, d. h. die Attraktivität der Gruppe für die Mitglieder gewährleistet. Es kann aber auch Abhängigkeit, die sog. Dependenz von der Gruppe verantwortlich für das Verbleiben eines einzelnen innerhalb der Gruppe sein.

Der Zusammenhalt einer Arbeitsgruppe kann durch organisatorische Maßnahmen beeinflußt werden; erhöht wird dieser Zusammenhalt, wenn die Kommunikation eines jeden mit jedem ermöglicht wird und diese Kommunikation befriedigenden Charakter hat. Der Gruppenzusammenhalt steigt außerdem, wenn Gruppen möglichst klein gehalten werden. Die Leistungsbereitschaft innerhalb der Arbeitsgruppen steigt an, wenn sich die Gruppenmitglieder mit den Leistungszielen identifizieren oder Bindung an die Aufgabe entwickeln. Dies kann u.a. durch die Einführung des Konzepts »teilautonomer Arbeitsgruppen« erreicht werden.

Zwischen den übergeordneten Organisationszielen und den Zielvorstellungen der einzelnen Arbeitsgruppen bestehen häufig Divergenzen. Ein Organisationsmodell, das ein Austragen dieses Konflikts und somit die Zufriedenheit der Organisationsmitglieder und die Leistung der Organisation fördert, ist Likerts Modell der überlappenden Arbeitsgruppen, bei denen im Regelfall jedes Organisationsmitglied zwei hierarchischen Ebenen angehört und bei dem nicht nur Vertikal-, sondern auch Horizontal-Information vorgesehen ist.

Zur Vertiefung dieses Kapitels sei besonders empfohlen: Sader, M.: Psychologie der Gruppe, München, 1976.

In diesem beispielreichen und geistvoll geschriebenen Buch wird in anschaulicher Weise auf Gruppenstrukturen und verschiedene Gruppenprozesse eingegangen, wobei der Praxisbezug stark betont und auch auf organisationspsychologische Fragen eingegangen wird.

Sowie: Gebert, D. und v. Rosenstiel, L.: Arbeitsgruppe. In: Organisationspsychologie – Person und Organisation. Stuttgart, 1981, S. 115–143. Bei Einschränkung auf spezifisch organisationspsychologische Forschungsergebnisse werden im genannten Abschnitt dieses Lehrbuchs Fragen vertieft, die soeben angesprochen wurden.

Arbeitsteil

A Mehrfachwahlfragen zur Selbstkontrolle

Kontrollieren Sie stichprobenartig Ihr Wissen, indem Sie bei den nachfolgenden Mehrfachwahlfragen M 4–M 6 diejenige (nur eine!) der vorgegebenen Lösungsalternativen anstreichen, die Ihnen die beste zu sein scheint. Blättern Sie bei der Beantwortung bitte nicht in den Text zurück! Die richtige Lösung finden Sie im Anhang auf Seite 203.

M 4

Personen in der Organisation neigen dann dazu, sich zur Gruppe zusammenzuschließen,

a) wenn sie sich als stark unterschiedlich wahrnehmen, weil sie hoffen, dadurch eine Erweiterung ihres geistigen Horizonts zu erfahren;

b) wenn sie sich zur Gruppe zusammenschließen sollen, da normative Vorschriften die stärksten Bestimmungsgrößen sozial-emotionaler Strukturen sind;

c) wenn sie autoritär geführt werden, da autoritäre Führung grundsätzlich abgelehnt wird und somit eine Solidarisierung der Geführten nach sich zieht;

d) wenn sie sich als in der gleichen Situation stehend erleben und der Auffassung sind, diese Situation gemeinsam leichter bewältigen zu können.

M 5

Wenn man erfährt, daß Personen in einer Organisation in verschiedenen jeweils eng zusammenhaltenden Gruppen zusammengeschlossen sind, die jeweils recht unterschiedliche Einstellungen der Unternehmensspitze gegenüber zeigen, so darf man für die Höhe von Leistung und Zufriedenheit insgesamt vermuten,

a) daß die Leistung hoch und die Zufriedenheit hoch ist;

b) daß die Leistung im Durchschnitt mäßig hoch ist, aber stark streut, die Zufriedenheit dagegen hoch ist;

c) daß die Leistung hoch ist, die Zufriedenheit dagegen im Durchschnitt mäßig hoch ist, aber stark streut;

d) daß die Leistung niedrig, die Zufriedenheit aber hoch ist.

M 6

Wenn man erfährt, daß ein Abteilungsleiter mit seinen Mitarbeitern Schwierigkeiten hat, die andere Abteilungsleiter, die mit ihren Mitarbeitern die gleichen Aufgaben bewältigen, nicht haben,

a) so ist dies ein Zeichen dafür, daß der Abteilungsleiter aufgrund seiner Charakterstruktur oder seiner Ausbildung der Aufgabe nicht gewachsen ist;

b) so ist dies ein Zeichen dafür, daß einer der Mitarbeiter de facto, wenn auch nicht de jure zum Führer der Abteilung geworden ist;

c) so ist dies ein Zeichen dafür, daß die tatsächlich auffindbaren Sozialstrukturen in der Organisation dem Organisationsplan nicht entsprechen;

d) so ist das ein Zeichen dafür, daß der Kommunikationsprozeß zwischen dem Vorgesetzten und den Mitarbeitern durch Eigenschaften des Vorgesetzten oder der Mitarbeiter oder aber durch die Sozialstruktur in der Organisation gestört ist.

B Problemfragen

Die nachfolgenden Fragen P 5–P 8 haben keine angebbaren Richtiglösungen. Sie sollen dazu dienen, Sie unter Verwendung des Gelesenen zu selbständigem Denken anzuregen.

P 5
Sind Maßnahmen innerhalb einer Organisation zu rechtfertigen, von denen die Organisationsmitglieder glauben, daß sie ihrem Vorteil dienen, durch die sie deshalb zufriedener und leistungsbereiter werden, obwohl kundige Experten sagen würden, daß die Maßnahmen faktisch den Organisationsmitgliedern keinen Vorteil, allerdings auch keinen erkennbaren Nachteil bringen?

P 6
Kann man erwarten, daß das Gefühl der Entfremdung bei der Arbeit für einen Fließbandarbeiter in einem Großunternehmen deutlich zurückgeht, wenn eine Arbeitnehmerorganisation die Entscheidungen an der Unternehmensspitze fällt und der Gewinn des Unternehmens voll an die Mitglieder ausgezahlt wird?

P 7
Muß in jeder Vorgehensweise, die durch unterschiedliche Machtverhältnisse bestimmte Konflikte zu schlichten und Zielidentität zwischen einer von Privatinteressen bestimmten Leistungsorganisation und den Arbeitsgruppen herzustellen sucht, ein Versuch gesehen werden, die eigentlich bedeutsamen Interessen der Arbeitnehmer zu unterdrücken?

P 8
In einem größeren Unternehmen arbeiten 8 Gruppen relativ unabhängig voneinander an gleichen Aufgaben. Die Leistungen der Gruppen sind trotz gleicher Gruppengrößen stark unterschiedlich.
Entwickeln Sie einen Untersuchungsplan, der geeignet für die Prüfung der Fragestellung erscheint, ob Leistungsrestriktion wesentliche Determinante der Leistungsstreuung zwischen den Gruppen ist!

C Fall

F 1: Unzufriedenheit im Team
Nach der Entscheidung, einen neuen Studiengang an einer Universität zu etablieren, wurde ein junger Professor berufen, der gemeinsam mit 5 Assistenten die Strukturen des Studiengangs ausarbeitete, Lehrinhalte festlegte und Lehrtexte aufbereitete. Diese Arbeit wurde kooperativ geleistet, führte zu heißen Diskussionen und forderte oft Überstunden bis tief in die Nacht hinein. Die Besprechungen waren durch Offenheit und Kollegialität gekennzeichnet und die Zufriedenheit aller Beteiligten trotz der erheblichen Arbeitsbelastung hoch.
Als die Studentenzahlen stiegen, wurde das Team rasch erweitert. Es bestand schließlich aus 4 Professoren und 22 Assistenten. Da die Strukturen des Lehrprogramms und der Forschungsaktivitäten weitgehend festgelegt

waren, sank die Arbeitsbelastung; Überstunden nahmen ab, und gemeinsame Sitzungen wurden seltener als zuvor. Die einzelnen arbeiteten jetzt häufiger allein an den ihnen übertragenen Arbeiten. Dennoch hielt man daran fest, sich als Gesamtgruppe mindestens einmal in der Woche zu treffen, um angefallene Probleme kooperativ zu lösen.

Die Offenheit, die die früheren Sitzungen ausgezeichnet hatte, ging dabei mehr und mehr verloren. Rationalisierungen, Anspielungen und vorgeschobene Argumente beherrschten die Diskussion. Entscheidungsstrategien wurden meist unmittelbar vor den Sitzungen in kleinen Teilgruppen, etwa zwischen den vier Professoren, zwischen einem Professor und den ihm nahestehenden Assistenten, oder zwischen Assistenten, die durch bestimmte Interessenidentität verbunden waren, ausgehandelt.

Obwohl die Mitglieder des Teams anderen Universitätsangehörigen gegenüber immer wieder den kooperativen und demokratischen Stil in ihrer Gruppe betonten und die gemeinsamen Entscheidungssitzungen als Beweis aufführten, herrschten innerhalb des Teams doch wachsende Unzufriedenheit und vielerlei Spannungen, obwohl kaum direkte persönliche Feindschaften oder Aversionsverhältnisse festzustellen waren. Gerade den gemeinsamen Sitzungen sahen fast alle mit Unbehagen entgegen; dennoch plädierte niemand dafür, auf sie zu verzichten. Jene, die bereits in der Anfangszeit im Team tätig gewesen waren, dachten oft wehmütig an die »alten Zeiten« zurück.

1. Wie erklären Sie sich die wachsende Unzufriedenheit im Team?
2. Warum wurde Fremden gegenüber die Unzufriedenheit mit der Lage in der eigenen Gruppe nicht zugegeben?
3. Warum wurde nicht für die Abschaffung der gemeinsamen Sitzungen plädiert?
4. Was würden Sie vorschlagen, um die Zufriedenheit im Team wieder zu erhöhen?

Nach der Beantwortung der Fragen:

vgl. Hare, A. P.: A study of interaction and consensus in different sized groups. Am Soc. Rev. 1952, 17, S. 211–267; sowie: How large should a group be? In: Bass, B. M.: Organizational Psychology, 199 – 204. Boston 1968; und: Hofstätter, P. R.: Gruppendynamik – Kritik der Massenpsychologie. Hamburg 1971.

Kapitel 3

Organisation als Sozialisationsumwelt

Lernziele

Die Bearbeitung des Kapitels »Organisation als Sozialisationsumwelt« soll dazu anregen und (oder) befähigen,
- *die Bedeutung der Organisation für die Persönlichkeitsbildung zu erkennen*
- *die Wechselwirkung zwischen Person und organisatorischen Anforderungen zu analysieren*
- *die Untersuchungsergebnisse der Sozialisationsforschung kritisch zu bewerten*
- *die Sozialisation von Organisationsmitgliedern an konkreten Beispielen zu belegen*
- *Theorien des Sozialisationsprozesses zu beschreiben und beispielhaft anzuwenden*

Orientierungsfragen

1. Ist die Persönlichkeitsbildung nach den ersten Kinderjahren abgeschlossen? Oder finden Veränderungen auch noch im Erwachsenenalter statt?
2. Welche Umwelt hat einen stärkeren Einfluß auf die Persönlichkeit von Erwachsenen, die Familie oder die Arbeit in Organisationen?
3. In einer Untersuchung wurde festgestellt, daß Personen, die in ihrem Beruf komplexe Aufgaben zu bewältigen haben, intellektuell flexibler sind als Personen mit einfachen Aufgaben. Muß dieser Zusammenhang auf Sozialisation zurückgeführt werden?
4. Welche Persönlichkeitsmerkmale sind durch organisatorische Sozialisation beeinflußbar?
5. Wie läßt sich erklären, daß Organisationsmitglieder ihre Werthaltungen an die von mächtigen und kompetenten Vorgesetzten anpassen?
6. Organisationsmitglieder können Erfolge auf ihre eigene Person (z. B. Fähigkeit und/oder Anstrengung) oder die Umwelt (z. B. Glück und/oder Leichtigkeit der Aufgabe) zurückführen. Welchen Einfluß haben solche Ursachenzuschreibungen auf die Leistungsbereitschaft?

3. Organisation als Sozialisationsumwelt

3.1 Begriffsbestimmung und Fragestellungen

Sozialisation ist ein weiter Begriff für die Prozesse, durch die sich eine Person in Auseinandersetzung mit ihrer sozialen Umwelt Fähigkeiten, Fertigkeiten, Motive, Einstellungen und soziale Normen aneignet. Unter organisatorischer Sozialisation läßt sich dementsprechend der Teil dieser Prozesse verstehen, der mit der Mitgliedschaft in Organisationen einhergeht.

Zu dieser Begriffsbestimmung ist zu bemerken, daß sie sehr weit gefaßt ist. Unter sozialer Umwelt sind sowohl Gruppen und andere Personen in Organisationen als auch durch andere Personen vermittelte Tatbestände wie z. B. Aufgaben gemeint. Die Wirkungen dieser Umwelt umfassen die Effekte auf die gesamte Persönlichkeit. Die organisatorische Sozialisation umschreibt also den Einfluß der Organisation auf die Persönlichkeit ihrer Mitglieder.

Die Sozialisation läßt sich unter verschiedenen allgemeinen Aspekten betrachten, von denen einige angeführt werden sollen:

- Fend (1969) unterscheidet zwischen Sozialmachung und Sozialwerdung. Die Sozialmachung bezieht sich auf die gezielt eingesetzten Maßnahmen der Sozialisationsagenten (z. B. Training), während bei der Sozialwerdung nach den Gesetzmäßigkeiten und Mechanismen gefragt wird, durch die beim Sozialisanden gewünschte Veränderungen zustandekommen;
- weiterhin läßt sich zwischen dem Sozialisationsprozeß und dem Sozialisationsergebnis unterscheiden. Der Prozeß bedeutet hier die Auseinandersetzung der lernenden Person mit den sozialisierenden Kräften, die auf sie einwirken, während die Ergebnisse auf die resultierenden Qualifikationen, Motive, Einstellungen und Normen hinweisen;
- in einer verwandten Unterscheidung wird zwischen Inhalt der Sozialisation und der Art des Lernens differenziert;
- die organisatorische Sozialisation läßt sich in einem engeren Sinne daraufhin untersuchen, inwieweit sie für organisatorische Positionen qualifiziert und in einem weiteren Sinne daraufhin, welche Wirkungen sie auf außerorganisatorisches Handeln hat. Im Zusammenhang mit der Positionsqualifizierung stehen viele rollentheoretische Definitionen der Sozialisation. So schreibt z. B. Weinert (1972, S. 866): »Unter beruflicher Sozialisation verstehen wir im folgenden den Inbegriff aller Lernprozesse,

durch welche die vorgeschriebenen, erwarteten oder notwendigen berufs- und positionsspezifischen Orientierungen, Normen und Verhaltensmuster erworben werden.«
– Schließlich läßt sich zwischen einer formalen und einer informellen Sozialisation unterscheiden. Damit soll ausgedrückt werden, daß viele Normen und Einstellungen nicht den formalen Anforderungen der Arbeitsgruppe entsprechen.

3.2 Die Bedeutung von Organisationen für die Sozialisation

Organisationen sind für die Persönlichkeitsentwicklung von großer Bedeutung. Dies ergibt sich schon allein aus der Stellung der Organisationen im Lebensablauf. Es ist sicherlich nicht übertrieben, wenn March und Simon (1958) feststellen, daß der Mensch in der modernen Industriegesellschaft im allgemeinen die Hälfte seiner wachen Lebenszeit in Organisationen verbringt. Um dies zu verdeutlichen, denke man z. B. an Kindergarten, Schule, Hochschule, Betrieb, Verwaltung, Kirche und Freizeitvereine. Wenn in diesem Kapitel auch ausschließlich auf die Sozialisation in Arbeitsorganisationen (Betrieb, Verwaltung etc.) eingegangen wird, so ist doch festzuhalten, daß der überwiegende Teil der Arbeitsplätze in solchen Organisationen angesiedelt ist und daß die Erwachsenen üblicherweise einen Großteil ihres Lebens am Arbeitsplatz verbringen.
An diesen Arbeitsplätzen werden Fähigkeiten und Fertigkeiten neu erworben oder erst voll ausgebildet. Durch die verschiedenen organisatorischen Anreize (Aufstieg, Gehalt etc.) werden Motive angeregt und in der Interaktion mit anderen Organisationsmitgliedern sowie in der Auseinandersetzung mit der Aufgabe wird ein System von Einstellungen und Normen entwickelt. Die Untersuchung dieser Prozesse und ihrer Wirkungen auf den arbeitenden Menschen sind Gegenstand der organisatorischen Sozialisationsforschung (vgl. Groskurth, 1979).
Der Einfluß der Arbeitstätigkeit auf den Menschen ist jedoch nicht auf die Phase der Berufsausübung und die Tätigkeit in Organisationen beschränkt, sondern beeinflußt auch die Sozialisation in anderen Lebensbereichen. Zum einen ist die schulische Sozialisation weitgehend Vorbereitung auf die spätere Berufstätigkeit, zum anderen strukturiert die Arbeitstätigkeit in starkem Maße die anderen Lebensbereiche. Die Arbeitstätigkeit bestimmt z. B., wo jemand wohnt, welcher Schicht er angehört, welche sozialen Kontakte er

pflegt, wann und wie er seine Freizeit verbringt und welche soziale Wertschätzung er genießt (vgl. Schelsky, 1965).

3.3 Bezugssystem zur Analyse organisatorischer Sozialisationseffekte

Bei der Analyse organisatorischer Sozialisationseffekte sind zunächst die organisatorischen Bedingungen als unabhängige Variablen und die Sozialisationseffekte bei den Organisationsmitgliedern als abhängige Variablen zu unterscheiden. Da in den verschiedenen Arbeitsorganisationen sehr unterschiedliche Bedingungen wirksam sind, ist es empfehlenswert, die organisatorischen Bedingungen zunächst allgemein zu klassifizieren. Die drei allgemeinen Organisations-Subsysteme, die auf die Organisationsmitglieder einwirken, sind die Organisationsstruktur (z. B. Kommunikationsstruktur), die Gruppe sowie die Aufgabe (vgl. Gebert, 1978). Diese Subsysteme fordern bestimmte Normen, Einstellungen, Leistungen und Motive und stellen Anreize, Belohnungen und Sanktionen bereit.

Die Anforderungen treffen nicht auf ein passives Organisationsmitglied. Die Sozialisation ist vielmehr als eine Auseinandersetzung der Mitglieder mit ihrer organisatorischen Umwelt aufzufassen. Die Wirkungen der Organisation auf ihre Mitglieder hängen also auch von deren Fähigkeiten, Motiven und Handlungsstrategien ab.

Wie Wheeler (1966) ausführt, sind als weitere moderierende Variablen auf seiten der Organisation die Art und Weise, wie die Anforderungen präsentiert werden und die Möglichkeiten ihrer Mitteilung im offenen Verhalten und ihrer Einübung zu berücksichtigen.

In Anlehnung an Wheeler (1966) lassen sich die Bedingungen und Elemente der organisatorischen Sozialisation in folgendem Modell beschreiben und erklären:

Darstellung 15   Bezugssystem zur Beschreibung organisatorischer Sozialisationseffekte

unabhängige Variablen		intervenierende Variablen		abhängige Variablen
organisatorische Merkmale	Anforderungen in bezug auf:	Organisation	Mitglied	Sozialisationsergebnisse beim Mitglied
Organisationsstruktur, Gruppe, → Aufgabe	Fähigkeitsprofil Neigungsprofil → Normen	Präsentation der Anforderungen, Präsentation der Anreize, Einübungsmöglichkeiten, ↔ Möglichkeiten des Zeigens der Anforderungen im offenen Verhalten	Lernfähigkeit, Motivation Handlungsstrategie	Normen Einstellungen, → Kenntnisse, Motive, Leistungsverhalten

Aus diesem Modell läßt sich eine Fülle von Fragestellungen ableiten: Drei wichtige Fragen lauten:
– Wie groß ist der Einfluß der Organisationen auf die Persönlichkeit ihrer Mitglieder im Verhältnis zu außerorganisatorischen Sozialisationsbedingungen (Familie, Bekanntenkreis, Massenmedien etc.) und wie wirken die verschiedenen Bedingungen zusammen?
– Wie stark ist die Wirkung einzelner organisatorischer Aspekte aus den Bereichen Organisationsstruktur, Gruppe und Aufgabe und wie wirken sie zusammen?
– In welchem Ausmaß und in welche Richtung werden die organisatorischen Einflüsse durch die Persönlichkeitsmerkmale der Organisationsmitglieder moderiert?
Wie diese Probleme zeigen, ist es nicht sinnvoll danach zu fragen, inwieweit die Arbeitstätigkeit in Organisationen allgemein die Organisationsmitglieder beeinflußt. An der Sozialisation sind eine Vielfalt von Faktoren beteiligt, die in den einzelnen Organisationen in unterschiedlicher Weise ausgeprägt sind. Es lassen sich deswegen nur spezifische Effekte beobachten, die sich jeweils aus der Auseinandersetzung bestimmter Personen mit konkreten organisatorischen Bedingungen ergeben.
Es gibt keine Theorie, die diese mannigfaltigen Zusammenhänge in systematischer und umfassender Weise behandelt. Es wurde je-

doch eine Reihe von Studien durchgeführt, in denen die Wirkung
ausgewählter organisatorischer Faktoren auf einige Persönlichkeitsmerkmale untersucht wurden. Sie sollen in folgendem Abschnitt besprochen werden.

3.4 Methodische Probleme der Sozialisationsforschung

Bevor auf einzelne Studien eingegangen wird, sollen einige metho-
dische Probleme der Sozialisationsforschung beschrieben werden.
In vielen Sozialisationsstudien werden korrelative Zusammenhänge
zwischen bestimmten Arbeitsbedingungen und bestimmten Persönlichkeitsmerkmalen untersucht. Das Hauptproblem dieser Un-•
tersuchungen besteht darin, daß ihre Ergebnisse nicht eindeutig
interpretiert werden können. Werden überzufällige Zusammenhänge gefunden, so können diese Effekte nicht nur durch Sozialisation, sondern auch durch Selektion erklärt werden. Nicht bestimmte Arbeitstätigkeiten führen zu typischen Persönlichkeitsveränderungen, sondern bestimmte Personen wählen Arbeitstätigkeiten oder erhalten solche zugewiesen, die ihren Merkmalen entsprechen (vgl. Greif, 1978).
Diese Schwierigkeiten werden auch nicht durch Querschnittsun-
tersuchungen, in denen zum gleichen Zeitpunkt neue Organisationsmitglieder und Personen mit längerer Organisationszugehö-
rigkeit gleichzeitig untersucht werden, ausgeräumt. Auftretende
Unterschiede müssen auch in diesem Falle nicht Sozialisationseffekte sein. Sie können auch durch eine kontinuierliche Selektion
oder Selbstselektion, aber auch durch veränderte organisatorische
Auswahlkritierien, durch veränderte Berufswahlkriterien infolge
eines Wandels der ökonomischen Bedingungen, durch Zugehörigkeit zu unterschiedlichen Generationen oder durch ein unterschiedliches Alter und damit zusammenhängenden unterschiedlichen Veränderungswahrscheinlichkeiten erklärt werden.
Eindeutigere kausale Interpretationen lassen Längsschnittuntersuchungen zu, d. h. Untersuchungen, in denen am gleichen Organi-
sationsjahrgang zu verschiedenen Zeitpunkten Erhebungen durchgeführt werden. Doch können auch hier Selektionseffekte durch
Organisationsaustritte und damit systematische Veränderungen der
Untersuchungsgruppe auftreten. Weiterhin können Unterschiede
zwischen den Erhebungszeitpunkten auch von allgemeinen gesellschaftlichen Veränderungen oder von alterstypischen Veränderungen herrühren. Diese Einflüsse müßten durch geeignete Vergleichsgruppen kontrolliert werden.

Aus den angeführten Gründen sollen nur Längsschnittuntersuchungen referiert werden, wobei jedoch auch hier zu beachten ist, daß es sich bei den meisten Studien nur um einfache Follow-up-Untersuchungen handelt, die keine Kontrollgruppen einbeziehen.

3.5 Empirische Untersuchungen zu spezifischen organisatorischen Sozialisationswirkungen

In sechs Längsschnittstudien wurde der Einfluß von Arbeitserfahrungen in Organisationen auf Werthaltungen (Hinrichs, 1972), auf Kontrollüberzeugungen (Andrisani und Nestel, 1976), auf die intellektuelle Flexibilität (Kohn und Schooler, 1978) auf die aktive Orientierung und das Wohlbefinden (Brousseau, 1978; Brousseau und Price, 1981) sowie auf die Depressivität und psychosomatische Erkrankungen (Holahan und Moos, 1981) untersucht.

Hinrichs (1972) verfolgte die Veränderungen in den Werthaltungen von 244 promovierten Chemikern in ihren ersten acht Berufsjahren. Eine Gruppe von ihnen arbeitete während der gesamten Untersuchungszeit an Universitäten, eine weitere Gruppe in der Industrie, eine dritte Gruppe wechselte in dieser Zeit von der Industrie an Universitäten und eine vierte Gruppe von der Universität in die Industrie. Zu Beginn ihrer Karriere unterschieden sich die Gruppen nur unwesentlich in den untersuchten Werthaltungen. Nach acht Jahren unterschieden sich die Chemiker in der Industrie in typischer Weise von den Chemikern an Universitäten. Sie zeigten eine stärkere Orientierung zu kooperativer und interdependenter Forschung und legten mehr Wert auf hohe Standards und Qualitätskontrolle in der Forschung als ihre akademischen Kollegen. Personen, die von den Universitäten in die Industrie wechselten, paßten ihre Orientierungen an diese vorherrschenden Wertvorstellungen an.

Die Untersuchung zeigte auch deutlich, daß die Veränderungen der Wertvorstellungen nur eine Form der Anpassung an die Arbeitsbedingungen ist. Personen, deren Wertvorstellungen den im akademischen Bereich vorherrschenden Werten nicht entsprachen, wechselten in überzufällig größerer Zahl in den industriellen Bereich als Personen mit konsonanten Werten. Die Untersuchung zeigt damit, daß Entsprechungen zwischen Arbeitsbedingungen und Persönlichkeitsmerkmalen auf zwei Anpassungsmechanismen beruhen, auf (Selbst)Selektion und auf Sozialisation. Die Wirkungen dieser beiden Mechanismen sind voneinander abhängig. Personen, die sich nicht durch einen Arbeitsplatzwechsel an ihre Aufgabe anpassen konnten, veränderten ihre Wertvorstellungen stärker in Richtung einer Konsonanz mit ihrer Umgebung als Personen mit geringen Diskrepanzen.

Andrisani und Nestel (1976) untersuchten den Einfluß von Erfahrungen am Arbeitsplatz auf die Kontrollüberzeugungen von Arbeitern. Die Kontrollüberzeugung (»locus of control«) wird nach Rotter (1966) in internale und externale Überzeugung unterteilt. Personen mit hoher internaler Kontrollüberzeugung sehen ihre Erfolge und Mißerfolge weitgehend abhängig von ihren Handlungen und Persönlichkeitsmerkmalen und fühlen sich für sie verantwortlich, während Personen mit hoher externaler Überzeugung ihre Erfolge und Mißerfolge auf Aspekte ihrer Umwelt, z. B. andere Personen oder günstige bzw. ungünstige Umstände zurückführen. Organisationspsychologisch ist dieses Persönlichkeitsmerkmal vor allem deswegen interessant, weil Personen mit internaler Kontrollüberzeugung eher annehmen, ihre Umwelt und ihre persönliche Situation verändern zu können und eher bereit sind, Initiative zu entwickeln und sich anzustrengen, als Personen mit externalen Erwartungen.

Andrisani und Nestel untersuchten 2972 für die USA repräsentative Arbeiter im Alter von 45–69 Jahren zu zwei Zeitpunkten: 1969 und 1971. Sie fanden eine Wechselwirkung von Arbeitsplatzerfahrungen und Kontrollüberzeugung. Personen mit internaler Überzeugung hatten höhere Jahreseinkommen, mehr Einkommenserhöhungen und eine höhere Arbeitszufriedenheit als Personen mit externaler Kontrollüberzeugung. Umgekehrt entwickelten Personen, die innerhalb der zwei Untersuchungszeitpunkte Verbesserungen im beruflichen Status und im Jahreseinkommen erreichten sowie solche, die einer Gewerkschaft beitraten, eine höhere internale Kontrollüberzeugung.

Die Autoren fanden weiter, daß weiße Arbeiter und Beschäftigte in der freien Wirtschaft ihre Erwartungen stärker in Richtung einer persönlichen Kontrolle veränderten als farbige Arbeiter und Beschäftigte im öffentlichen Dienst. Dieser Befund wird von ihnen darauf zurückgeführt, daß die erwarteten ökonomischen Verbesserungen für die farbigen Arbeiter und den öffentlichen Dienst infolge der Gleichberechtigungsbewegung und der Stärkung der Gewerkschaften im öffentlichen Sektor in der Rezessionszeit von 1969–1971 nicht eintraten.

Die Ergebnisse zeigen, daß Gelegenheiten für Erfolg und der Erfolg selbst wirksame Mittel sind, die internale Kontrollüberzeugung und damit die Initiative für die Erfolge zu erhöhen und daß die eher externalen Überzeugungen der unteren sozioökonomischen Gruppen eher auf unerfüllte Erfolgsüberzeugungen als auf einen Mangel an Initiative zurückgehen. Die Erfahrungen am Arbeitsplatz formen die Kontrollüberzeugungen am Arbeitsplatz und diese Überzeugungen bestimmen die Reaktionen gegenüber der Umwelt. Konkreter: unerfreuliche Erfahrungen bewirken externale Überzeugungen und diese senken die Bereitschaft, Initiative und Anstrengung zu zeigen.

Diese Ergebnisse sind besonders auffallend, weil es sich bei den untersuchten Personen um Männer im mittleren und höheren Alter handelt, deren Überzeugungen auf langen Arbeitserfahrungen beruhen.

Brousseau (1978) sowie Brousseau und Price (1981) untersuchten den Einfluß von Arbeitserfahrungen auf die Orientierungen und das Wohlbefinden von 176 Ingenieuren, Wissenschaftlern und Managern eines Öl-Konzerns. Die Arbeitserfahrungen wurden mit dem Job Diagnostic Survey (JDS) von Hackman und Oldham (1975), die Persönlichkeitsmerkmale mit dem Guilford Zimmerman Temperament Survey (GZTS) von Guilford und Zimmerman (1949) erfaßt. Der GZTS wurde zweimal erhoben, zum ersten Mal individuell beim Firmeneintritt und zum zweiten Mal für alle Personen gleichzeitig im Jahre 1975. Der mittlere Abstand zwischen den beiden Erhebungen war 7,44 Jahre.

Es zeigte sich, daß eine hohe Aufgabenidentität (»task identity«) und eine hohe Aufgabenbedeutung (»task significance«) in überzufälliger Weise Veränderungen in Richtung einer stärkeren aktiven Orientierung und einer geringeren Depressivität bewirkten. Die Aufgabenidentität besagt dabei, daß eher ganzheitliche als Teilaufgaben ausgeführt werden. Die Aufgabenbedeutung drückt aus, daß die Aufgabe für den Beschäftigten eher einen wertvollen Beitrag für das Leben und die Arbeit anderer Menschen innerhalb und außerhalb der untersuchten Organisation hat. Mit aktiver Orientierung und Initiative werden Optimismus und Verantwortungsfreudigkeit umschrieben.

Es zeigte sich weiter, daß die genannten Wirkungen um so stärker waren, je länger eine Person der Organisation angehörte.

In der zweiten Untersuchung wurden die Persönlichkeitsmerkmale anders klassifiziert als in der ersten, doch wurden im allgemeinen die gleichen Zusammenhänge beschrieben.

Kohn und Schooler (1969; 1973) fanden an einer Gruppe von über 3100 männlichen Beschäftigten, daß die Aufgabenkomplexität (»job complexity«) in überzufälliger Weise mit der intellektuellen Flexibilität korreliert. Dieser Zusammenhang scheint plausibel zu sein, da zu vermuten ist, daß die Entwicklung kognitiver Fähigkeiten von den kognitiven Anforderungen am Arbeitsplatz abhängt. Da die Ergebnisse aus einer Querschnittsuntersuchung stammten, blieb der kausale Zusammenhang zwischen den beiden Merkmalen unbestimmt. Um diese Frage zu klären, führten Kohn und Schooler (1978) zehn Jahre nach ihrer ersten Erhebung an 687 Männern der ursprünglichen Untersuchungsgruppe eine zweite Erhebung durch. In dieser Längsschnittsstudie zeigte sich zwar eine überzufällige Wirkung der anfänglichen intellektuellen Flexibilität auf die spätere Aufgabenkomplexität. Nicht nachweisen ließ sich jedoch der im Rahmen der Sozialisationsforschung interessierende Einfluß der ursprünglichen Aufgabenkomplexität auf die spätere intellektuelle Flexibilität. Die intellektuelle Flexibilität erwies sich vielmehr als sehr stabiles Persönlichkeitsmerkmal.

Die Ergebnisse legen somit die Interpretation nahe, daß intelligente Personen komplexe Aufgaben zugewiesen bekommen oder sich solche verschaffen, in ihrer Intelligenz jedoch nicht von der Aufgabe gefördert oder benachteiligt werden.

Zusammenfassend läßt sich sagen: Drei von den vier angeführten Studien berichten von einem überzufälligen Zusammenhang zwischen Arbeitsplatzerfahrungen und Persönlichkeitsveränderungen. Diese Zusammenhänge sind absolut gesehen nur gering (zwischen r = .20 bis .30). Die Autoren mutmaßen deswegen, daß andere Bedingungen wie z. B. die Familie, der Bekanntenkreis oder gesundheitliche Veränderungen einen stärkeren Einfluß auf die Persönlichkeit ausüben als die Organisation. Die Ergebnisse einer Längsschnittstudie von Holahan und Moos (1981) erlauben es nun, an einem Teilaspekt die relative Stärke des familiären und des organisatorischen Einflusses zu vergleichen. Die Autoren untersuchten u. a. die Wirkung von familiärer Unterstützung (»perceived quality of family supportiveness«) und der Unterstützung am Arbeitsplatz (»perceived quality of the work milieu with respect to its supportiveness«) auf die Depressivität und die psychosomatischen Erkrankungen von zufällig ausgewählten 185 beschäftigten Männern und 94 beschäftigten Frauen. Die Unterstützung (»supportiveness«) gibt an, inwieweit die Beschäftigten in der Familie bzw. am Arbeitsplatz Hilfe, Verständnis und Kooperation finden.

Die Autoren fanden, daß eine Abnahme in der Unterstützung am Arbeitsplatz im untersuchten einjährigen Zeitraum in überzufälliger Weise mit einer Zunahme der depressiven Symptome bei den Männern wie den Frauen und der psychosomatischen Symptome bei den Männern verbunden war. Für die familiäre Unterstützung ergab sich ein geringerer Zusammenhang. Ihre Abnahme hing nur mit der Zunahme depressiver Symptome der Männer zusammen, und zwar in geringerem Maße als die Abnahme der Unterstützung am Arbeitsplatz.

Auch die genannten Zusammenhänge sind absolut gesehen nur gering, doch zeigen sie – sofern aus dem Teilbefund dieser Einzelstudie allgemeine Schlüsse gezogen werden können – keinen stärkeren Einfluß der familiären Erfahrungen gegenüber den Erfahrungen am Arbeitsplatz. Die geringen Zusammenhänge beider Teilumwelten mit der Persönlichkeitsentwicklung lassen es eher wahrscheinlich erscheinen, daß die Strategien im Umgang mit geringerer Unterstützung wichtiger sind als die Veränderungen in der Unterstützung selbst oder, allgemein ausgedrückt, daß die Stärke der Umwelteinflüsse weitgehend von der Persönlichkeit der beeinflußten Personen abhängt. Weiterhin ist zu beachten, daß immer nur Teilaspekte der Umwelt berücksichtigt wurden, aus deren Wirkung nicht der Gesamteinfluß der Umwelt abgeschätzt werden kann.

In den bisher angeführten Studien wurde die direkte Wirkung der Arbeitsplatzerfahrungen auf die Persönlichkeit von Organisationsmitgliedern untersucht. Es ist jedoch davon auszugehen, daß der Einfluß dieser Erfahrungen nicht auf den beruflichen Bereich beschränkt bleibt, sondern auch indirekt in nicht-beruflichen Sozialisationsumwelten weiterwirkt. Diese Fragestellung wurde im Rahmen der familiären Sozialisation vor allem in Untersuchungen zum Zusammenhang zwischen Arbeitsplatzerfahrungen und elterlichem Erziehungsverhalten aufgegriffen (vgl. Engfer, 1980).

In einer Arbeit von Lukesch (1975) stuften Eltern die Wahrnehmung ihres Arbeitsplatzes und ihre Einstellung zu ihm in folgenden fünf Dimensionen ein: Abwechslungsreichtum, Zufriedenheit mit der Arbeit, Selbständigkeit bei der Arbeit, Alleinarbeit, manuelle vs. geistige Arbeit. Als einziges auffälliges Ergebnis fand sich ein überzufälliger Zusammenhang zwischen geistiger Arbeit und geringer Überbehütung sowie milder Nachsichtigkeit, und zwar nur bei den Vätern. Bemerkenswert ist vor allem, daß sich im Sinne der Frustrations-Aggressions-Hypothese von Dollard et al. (1939) Arbeitsunzufriedenheit und monotone Arbeit nicht in höherer Feindseligkeit, geringerer Toleranz und stärkeren autoritären Einstellungen der »frustrierten« Eltern ausdrückte.

Ein solcher Zusammenhang ließ sich teilweise in einer Untersuchung von Hoff (1975; vgl. auch Hoff & Grüneisen, 1978) über elterliche Reaktionen in Konflikten mit ihren Kindern bestätigen. Der Autor überprüfte u. a. die Hypothese, daß das Ausmaß der am Arbeitsplatz erfahrenen Restriktivität

- die Häufigkeit der Konflikte zwischen Eltern und Kindern
- die Art der Konfliktthemen (Schularbeiten, Störung elterlicher Aktivitäten, Verhalten der Kinder in der Öffentlichkeit etc.)
- sowie die normativen Erziehungsorientierungen (»Ordnung«, »Gehorsam«, »Beherrschung« etc.) in den Konfliktsituationen

bestimmen.

Es zeigte sich, daß die wahrgenommene Restriktivität keinen Einfluß auf die Art der Konfliktthemen und die absolute Häufigkeit der genannten Konflikte hat. Vergleicht man jedoch die Konflikthäufigkeit in den befragten Themenbereichen mit der Anzahl der Übereinstimmungs-Situationen in diesen Bereichen, so zeigt sich die Tendenz, daß mit höherer Restriktivität mehr Konflikte und weniger Einverständnissituationen genannt werden. Weiterhin finden sich typische Unterschiede in den Normorientierungen. Eltern mit stark restriktivem Arbeitsplatz legen z. B. mehr Wert auf Sauberkeit als Eltern mit geringer Restriktivität am Arbeitsplatz. Allerdings ist dieser korrelative Zusammenhang kausal nicht eindeutig interpretierbar.

Daß die genannten Untersuchungen keinen stärkeren Einfluß der Arbeitsplatzerfahrungen auf die familiären Interaktionen und das Erziehungsverhalten zeigten, liegt nach Grüneisen & Hoff (1978) u. a. daran, daß sich die Vpn dieser Untersuchungen nur wenig in ihren wahrgenommenen Arbeitsplatzbedingungen unterschieden. Darüber hinaus ist zu vermuten, daß die erfaßten familiären Prozesse zu weit von der Arbeitssituation entfernt sind. Engfer (1980) schlägt deswegen vor, zunächst nach den unmittelbaren Auswirkungen der beruflichen Arbeit auf die Stimmungslage (Ärger, Gereiztheit etc.), nach dem Aktivationsniveau (Müdigkeit etc.) und nach der sozialen Wahrnehmung der Familienmitglieder (lästig, unangenehm etc.) zu fragen.

3.6 Theorien des Sozialisationsprozesses

In den meisten empirischen Untersuchungen wird ausführlich die Wirkung spezifischer Arbeitserfahrungen auf ausgewählte Persönlichkeitsmerkmale beschrieben, jedoch nicht oder nur vage ausgeführt, wie diese Wirkung zustande kommt. Darüber hinaus sind die Theorien, die zur Erklärung von Sozialisationsprozessen herangezogen werden, sehr unterschiedlich. Aus dieser Vielfalt sollen im folgenden zwei theoretische Ansätze dargestellt werden, welche die empirische organisatorische Sozialisationsforschung in besonderem

Maße angeregt haben: die Theorie des Beobachtungslernens und die Attributionstheorie.

3.6.1 Beobachtungslernen

Erfahrungen, die zu Verhaltensänderungen führen, können von einer Person selbst gemacht werden (z. B. wenn jemand »durch Schaden klug wird«) oder aber durch die Beobachtung des Verhaltens anderer Menschen gewonnen werden (»der Dumme lernt aus seinen eigenen Fehlern, der Kluge aus den Fehlern anderer«), wobei diese Modelle real anwesend oder symbolisch (in Büchern, Zeitschriften, Filmen, Hörfunksendungen, Mitteilungen etc.) repräsentiert sein können.

Bandura (u. a. 1969; 1977), der das Lernen durch Beobachtung systematisch untersucht hat, spricht von »Beobachtungslernen« oder »Modellernen« dann, wenn eine Person allein durch die Beobachtung des Verhaltens einer Modellperson in die Lage versetzt wird, ihr Verhalten zu ändern.

Durch die Beobachtung kann sehr Unterschiedliches gelernt werden. Bandura unterscheidet vier Haupteffekte:

1. Zunächst kann der Beobachter ein in seinem Verhaltensrepertoire noch nicht oder nur ansatzweise ausgebildetes Verhalten lernen. Auf diese Weise kann z. B. ein Lehrling aus den Vorführungen eines Meisters lernen, wie eine Maschine bedient wird.

2. Der Beobachter nimmt nicht nur das Verhalten der Modellperson wahr, sondern auch die Konsequenzen, die ihm folgen. Durch diese Erfahrung kann sein eigenes Verhalten gehemmt oder enthemmt werden, je nachdem, ob die Konsequenzen des beobachteten Verhaltens positiv (z. B. Zustimmung oder Applaus) oder negativ (z. B. Ablehnung oder Kritik) sind.

3. Weiterhin kann das Verhalten einer Modellperson als auslösender Reiz dafür dienen, daß der Beobachter ein ähnliches Verhalten, das er schon beherrscht, unmittelbar selbst zeigt. Dies geschieht z. B., wenn eine Person bei einer musikalischen Vorführung applaudiert und Beobachter ebenfalls Beifall spenden.

4. Schließlich kann ein Beobachter lernen, daß ein Verhalten unter bestimmten Umständen (z. B. in Anwesenheit einer bestimmten Person) zu angenehmen bzw. unangenehmen Konsequenzen führt. Er lernt also, Situationen danach zu unterscheiden, ob ein bestimmtes Verhalten zu Erfolg oder Mißerfolg führt, d. h., die Erfolgswahrscheinlichkeit bestimmter Handlungen in bestimmten Situationen einzuschätzen.

Die beobachteten Verhaltensweisen müssen nicht unmittelbar nach der Beobachtung ausgeführt werden, sondern können auch erst zu einem späteren Zeitpunkt in Abwesenheit des Modells gezeigt werden. Bandura unterscheidet deswegen zwischen dem Erwerb oder der Aneignung einer Verhaltensmöglichkeit und der Ausführung dieses Verhaltens. Der Erwerb geschieht durch die Aufnahme und Speicherung des beobachteten Verhaltens (vgl. Punkt 1), die Ausführung hängt von Verstärkungs-Prozessen ab (vgl. Punkt 2).

Das Verhalten des Beobachters wird also nicht nur von den Informationen über das Modellverhalten, sondern auch von den Informationen über die Verhaltenskonsequenzen beeinflußt. Teilt man die Konsequenzen in angenehme und unangenehme auf, die entweder eintreten oder aufhören können, dann lassen sich in Anlehnung an Holland & Skinner (1971) vier Kombinationen unterscheiden:

Darstellung 16 Verhaltenskonsequenzen

	Einsetzen	Aufhören
angenehmes Ereignis	positive Verstärkung	Bestrafung
unangenehmes Ereignis	Bestrafung	negative Verstärkung

Bewirkt das Verhalten ein angenehmes Ereignis (positive Verstärkung) oder beendet es einen unangenehmen Reiz (negative Verstärkung), dann wird das beobachtete Verhalten ausgeführt und beibehalten, folgt ihm jedoch ein unangenehmes Ereignis oder führt es zum Entzug angenehmer Reize (Bestrafung), dann wird es nicht gezeigt oder eingestellt.

Verändert die Beobachtung der Konsequenzen, die dem Verhalten des Modells folgen, das Verhalten des Beobachters, spricht Bandura von stellvertretender Verstärkung. Ein Beobachter nimmt also das Verhalten einer Modellperson sowie dessen angenehme bzw. unangenehme Konsequenzen wahr und verhält sich so, wie man es von ihm erwarten würde, wenn ihm selbst diese Konsequenzen widerfahren wären.

Die stellvertretende Verstärkung und Bestrafung haben keinen direkten Einfluß auf den Erwerb des beobachteten Verhaltens, sondern nur auf dessen Ausführung. Der Beobachter erkennt an den beobachteten angenehmen Verhaltenskonsequenzen, daß ein Verhalten erfolgreich ist. Er sucht sich ähnliche Belohnungen zu verschaffen, indem er ein ähnliches Verhalten zeigt. Durch die Wahrnehmung einer Modell-Bestrafung gewinnt er die Information, sich vor ähnlicher Bestrafung zu schützen, indem er dieses Verhalten vermeidet.

Nicht jede Beobachtung führt zu einer Verhaltensänderung. Inwieweit Verhaltensweisen durch Beobachtung gelernt werden, hängt nach Bandura von vier Prozessen ab: der Aufmerksamkeit, dem Behalten, der motorischen Reproduktion und der Verstärkung. Die Vorführung eines Verhaltens kann nur dann zu einem Lernprozeß führen, wenn der Beobachter seine Aufmerksamkeit auf dieses Verhalten richtet und es registriert. Weiterhin muß dies Verhalten gespeichert werden, wenn es später gezeigt werden soll. Die motorische Reproduktion der wahrgenommenen und gespeicherten Verhaltensweisen setzt auch voraus, daß die beobachtende Person über die erforderlichen physischen Fähigkeiten verfügt. Von Verstärkungsprozessen hängt es schließlich ab, ob ein wahrgenommenes, gespeichertes und reproduzierbares Verhalten auch gezeigt wird.

Diese Prozesse werden durch Merkmale der Modellperson, des Beobachters, der Beziehung zwischen Modell und Beobachter, der Art des vorgeführten Verhaltens sowie der beobachteten Verhaltenskonsequenzen gesteuert. Das Verhalten einer Person, der Kompetenz zugeschrieben wird, wird z. B. als bedeutsamer angesehen und zieht eher die Aufmerksamkeit auf sich als das Verhalten einer inkompetenten Person. Ähnliches gilt für eine mächtige Modellperson. Was die gezeigten Verhaltensweisen betrifft, so können z. B. auffällige und abgrenzbare Verhaltensweisen besser aufgenommen und behalten werden als unübersichtliche Verhaltensmuster. Schließlich richtet eine unsichere Person eher ihre Aufmerksamkeit auf das Verhalten anderer Personen als selbstsichere Personen und ist ein intelligenter Beobachter eher in der Lage, vorgeführtes Verhalten korrekt zu erfassen und zu speichern als eine wenig intelligente Person.

Die Bedeutung des Beobachtungslernens für die Sozialisation kann kaum überschätzt werden. Im Rahmen der organisatorischen Sozialisation spielt sie vor allem beim Prozeß der Aneignung organisatorischer Werte und Normen durch Neu-Mitglieder und in der Ausrichtung am Vorgesetzten-Verhalten als Modell-Verhalten eine Rolle. Dies läßt sich z. B. an den Ergebnissen zweier Untersuchungen von Weiss (1977; 1978) zur Veränderung von berufsbezogenen Werthaltungen aufzeigen.

Nach der Theorie von Bandura kann diese Veränderung als Folge der Beobachtung von Modellpersonen, die ihre Wertvorstellungen mitteilen, auftreten. Diese Beobachtungsbeeinflussung hängt u. a. von Merkmalen des Beobachters und der beobachteten Person ab.

Bandura (1977) führt dazu aus, daß der Erfolg, die Kompetenz und die Warmherzigkeit (»nurturance«) des Modells – neben der Aufmerksamkeitssteuerung – Informationen über die Richtigkeit der mitgeteilten Werte bzw. über die Konsequenzen einer Nachahmung dieser Werte enthalten, die die Modellwirkung verstärken und daß vor allem Personen mit geringem Selbstwertgefühl bereit sind, solche Modelle nachzuahmen.

Aus diesen Überlegungen leitete Weiss zwei Hypothesen ab:

– die Ähnlichkeit in den Werthaltungen zwischen einem Organisationsmitglied und seinem Vorgesetzten ist um so größer, je warmherziger, erfolgreicher und kompetenter der Vorgesetzte ist;

– dieser Zusammenhang ist bei Personen mit niedrigem Selbstwertgefühl höher als bei selbstsicheren Organisationsmitgliedern.

Er befragte 141 Organisationsmitglieder und deren unmittelbare Vorgesetzte aus sieben Organisationen nach ihren Berufsorientierungen, z. B. inwieweit die berufliche Arbeit Gelegenheit geben sollte,

– anderen zu helfen (soziale Orientierung)

– viel Geld zu verdienen (extrinsische Belohnungs-Orientierung)

– die eigenen Fähigkeiten und Fertigkeiten einzusetzen (Selbstverwirklichungs-Orientierung).

Die Ergebnisse bestätigten im allgemeinen die Hypothesen. Für alle Paare gilt, daß die Ähnlichkeit um so größer ist, je warmherziger der Vorgesetzte ist. Bei den Paaren mit einem selbstunsicheren Mitarbeiter wuchs die Ähnlichkeit, je mehr Kompetenz und Erfolg (Status) der Vorgesetzte besaß.

3.6.2 Attributionsforschung

Ausgangspunkt der Attributionsforschung ist das im Jahre 1958 von Fritz Heider veröffentlichte Buch »The psychology of interpersonal relations«. Heider bezeichnet seinen Ansatz als »naive Psychologie«, weil er von den psychologischen Annahmen der Laien handelt. In dieser laienhaften Alltagspsychologie spielen die Vermutungen über kausale Beziehungen, die sog. Attributionen, eine grundlegende Rolle. Die Attributionen für beobachtete Handlungen oder Ereignisse, d. h. die Meinungen über ihre Verursachung, bestimmen weitgehend, wie auf sie reagiert wird.

Heider klassifizierte die wahrgenommenen Ursachen in Personen- und Umgebungsfaktoren und unterschied entsprechend zwischen Personen- und Situationsattribuierung. Bei der Personenattribuierung wird ein Ereignis oder eine Handlung auf die handelnde Person zurückgeführt, z. B. ein gutes Examen auf die Begabung des Prüflings oder ein Konflikt mit den Arbeitskollegen auf die Launenhaftigkeit des Organisationsmitglieds. Bei der Situationsattribuierung hingegen werden Aspekte der Umwelt verantwortlich gemacht, z. B. die Leichtigkeit des Faches für das gute Examen und die bürokratische Organisation der Abteilung für den Konflikt.

Als besonders wichtige persönliche Ursachen für Verhaltensergebnisse führt Heider Fähigkeit sowie Anstrengung und als wichtige situative Ursachen Schwierigkeitsgrad und Zufall (Glück oder Pech) an. Eine gute Leistung kann somit persönlich auf Begabung und/oder Fleiß oder situativ auf die Leichtigkeit des Faches und/oder Glück zurückgeführt werden, wobei sich Personen- und Situationsattributionen nicht ausschließen.

Die Einteilung in vier Attributionsfaktoren wurde später von Weiner (1972) aufgegriffen. Nach der Personabhängigkeit unterscheidet er auch analog zu Heider zwischen internaler und externaler Attribuierung, je nachdem, ob die Ursache für ein Handlungsergebnis der handelnden Person oder einem Aspekt der Umwelt zugeschrieben wird. Darüber hinaus führt er als weitere Dimension die zeitliche Stabilität der Ursachen ein und stellt stabile Faktoren variablen Faktoren gegenüber. Im Gegensatz zu den variablen Ursachen ändern sich die stabilen Ursachen in der Zeit wenig oder nicht und sind auch wenig willkürlicher Kontrolle zugänglich.

Die vier wichtigen Faktoren für Handlungsergebnisse lassen sich folgendermaßen klassifizieren:

Darstellung 17   Determinanten von Verhaltensergebnissen

Stabilität über die Zeit   Personabhängigkeit

	internal	external
stabil	Begabung	Aufgabenschwierigkeit
variabel	Anstrengung	Zufall

Wie Weiner ausführt, gibt es charakteristische Wirkungen von Kausalattribuierungen auf die affektiven Reaktionen und auf die Erwartungen in ähnlichen Leistungssituationen. Die affektiven Reaktionen, nämlich Stolz bei Erfolg und Beschämung bei Mißerfolg, sind nach internaler Attribuierung stärker ausgeprägt als nach externaler Attribuierung. Was die Leistungserwartung betrifft, so steigt sie bei stabiler Attribuierung nach Erfolg an, während sie nach Mißerfolg sinkt. Bei variabler Attribuierung hingegen wird die ursprüngliche Erwartung kaum verändert.

Die affektiven Reaktionen und Erfolgserwartungen beeinflussen sehr stark das Leistungsverhalten. Angenommen, ein Organisationsmitglied schreibt seinen beruflichen Erfolg sich selbst zu, dann empfindet es Stolz und hat für die Zukunft eine höhere Erfolgserwartung, weil in der Vergangenheit der Erfolg von seiner eigenen Leistungsfähigkeit abhing. Die wahrgenommene erhöhte Erfolgserwartung sowie die antizipierte Zufriedenheit mit künftigen Erfolgen bewirken, daß sich dieses Mitglied weiter anstrengt oder seine Leistungsbemühungen sogar verstärkt.

Dieser Effekt wird nicht eintreten, wenn ein Mitglied seinen Erfolg external, z. B. auf die Arbeitsgruppe, Vorgesetzte oder technische Einrichtungen zurückführt. Es sieht seinen Erfolg nicht durch seine eigenen Fähigkeiten oder Bemühungen verursacht und wird daher weder stolz sein noch seine Erfolgserwartungen verändern.

Die genannten Zusammenhänge zwischen der Attributionsform für Leistungsergebnisse und affektiven Reaktionen sowie Erfolgserwartungen fanden in mehreren organisations- und wirtschaftspsychologischen Untersuchungen Bestätigung (Anderson, 1977; Kovenkioglu & Greenhaus, 1978; Porac, Nottenburg & Eggert, 1981).

Unter dem Aspekt der organisatorischen Sozialisation interessiert vor allem die Frage, ob es typische interindividuelle Unterschiede in der Art der Attribuierung gibt und ob diese Attribuierungen durch die Erfahrungen am Arbeitsplatz beeinflußt werden.

Die Forschungen von Rotter (1966) und Phares (1976) legen stabile interindividuelle Differenzen in der Attribuierung nahe. Danach unterscheiden sich Personen in dem Ausmaß, in dem sie glauben, die Umwelt zu kontrollieren (internale Kontrolle) oder von der Umwelt kontrolliert zu werden (externale Kontrolle). Personen mit ausgeprägtem externalem Kontrollglauben sehen nur selten einen Zusammenhang zwischen ihrer Fähigkeit oder Anstrengung und ihren Handlungsergebnissen, während Personen mit hoher internaler Überzeugung bevorzugt eine solche Verbindung wahrnehmen.

Phares (1976) hat eine Reihe von Umweltfaktoren angeführt, welche die Kontrollüberzeugung kurz- und langfristig verändern. Solche Faktoren hängen u. a. mit Veränderungen im Alter und in anderen Lebensumständen zusammen.

Es ist davon auszugehen, daß auch die Erfahrungen am Arbeitsplatz einen aktuellen wie überdauernden Einfluß auf die Kontrollüberzeugung haben. Zum einen kann die organisatorische Umwelt so gestaltet sein, daß nur bestimmte Attributionen möglich sind, zum anderen ist zu bedenken, daß die Ursachen von Verhaltensweisen und Verhaltensergebnissen nicht direkt beobachtbar sind und deswegen auffallende Aspekte des Arbeitsplatzes als Hinweisreize für die Attributionsrichtung dienen können.

Aufgaben z. B., die selbständig durchzuführen sind, eine Vielzahl von Fähigkeiten und Fertigkeiten erfordern und eindeutige Erfolgskriterien haben, legen eine internale Attribuierung für Erfolg nahe. Ein Erfolg kann in diesem Fall schlecht auf Glück oder Aufgabenleichtigkeit attribuiert werden.

Umgekehrt legt eine strenge hierarchische Struktur mit genauen Tätigkeits- und Zielvorgaben eine externale Attribuierung auf den Vorgesetzten und die Belohnungen bzw. Bestrafungen, die er kontrolliert, nahe. Erfolge bewirken kein Erfolgsgefühl oder Wachsen des Selbstwertgefühls, weil sie nicht in Abhängigkeit von den eigenen Fähigkeiten und Bemühungen gesehen werden. Es ist im Gegenteil zu erwarten, daß das Selbstwertgefühl sinkt und damit die Neigung zu externaler Attribuierung noch verstärkt wird.

Zusammenfassung

Die Aneignung von Fähigkeiten, Fertigkeiten, Motiven, Einstellungen und Normen durch eine Person in Auseinandersetzung mit ihrer sozialen Umwelt wird Sozialisation genannt. Dieser Prozeß wird als organisatorisch bezeichnet, wenn er mit der Mitgliedschaft in Organisationen einhergeht.

Bei der Analyse der organisatorischen Sozialisation sind neben den aus den organisatorischen Bedingungen abgeleiteten Anforderungen (unabhängige Variable) und den Sozialisationseffekten bei den Organisationsmitgliedern zwei Gruppen von intervenierenden Variablen zu unterscheiden, nämlich die Persönlichkeit der Mitglieder sowie die Präsentation der Anforderungen und die Möglichkeiten, sie einzuüben auf seiten der Organisation.

Sozialisationseffekte sind vor allem von Selektionseffekten zu unterscheiden. Dies ist nur in Längsschnittuntersuchungen möglich. Um bei solchen Studien generations- und altersbedingte Wirkungen zu kontrollieren, müßten geeignete Vergleichsgruppen mituntersucht werden.

In sechs Längsschnittuntersuchungen ließ sich die Wirkung ausgewählter Arbeitsplatzerfahrungen auf Werthaltungen, Kontrollüber-

zeugungen, die aktive Orientierung und das Wohlbefinden sowie die Depressivität und psychosomatische Erkrankungen von Organisationsmitgliedern nachweisen, wobei die beiden zuletzt genannten Merkmale stärker von den untersuchten Arbeitsplatzerfahrungen als von den entsprechenden familiären Bedingungen abhingen. In zwei weiteren Untersuchungen fanden sich Anzeichen für eine Beeinflussung der familiären Sozialisation durch die Erfahrungen am Arbeitsplatz.

Für die Erklärung des Sozialisationsprozesses erwiesen sich vor allem das Modell des Beobachtungslernens sowie attributionstheoretische Ansätze als nützlich. Nach dem Modell des Beobachtungslernens führen Erfahrungen, die aus der Beobachtung des Verhaltens anderer Personen sowie der Konsequenzen auf dieses Verhalten gewonnen werden, zu Verhaltensänderungen der beobachtenden Person. Nach der Attributionsforschung hängen Veränderungen des Leistungsverhaltens von der Kausalattribuierung der Verhaltensergebnisse und den daraus resultierenden affektiven Reaktionen und veränderten Erfolgserwartungen für künftige Verhaltensergebnisse ab.

Zur Vertiefung dieses Kapitels sei besonders empfohlen:
Frese, M., Greif, S. & Semmer, N. (Hrsg.): Industrielle Psychopathologie. Bern, Stuttgart 1978.
In diesem Reader wird aufgezeigt, welche Wirkungen von der Mitgliedschaft in Organisationen unter bestimmten Bedingungen auf den einzelnen ausgehen, wobei u.a. auch die These vom Intelligenzabbau durch Industriearbeit und die Wirkungen der Arbeitslosigkeit besprochen werden.

Arbeitsteil

A Mehrfachwahlfragen zur Selbstkontrolle

Kontrollieren Sie stichprobenartig Ihr Wissen, indem Sie bei den nachfolgenden Mehrfachwahlfragen M 7 bis M 9 diejenige (nur eine!) der vorgegebenen Lösungsalternativen anstreichen, die Ihnen die beste zu sein scheint. Blättern Sie bei der Beantwortung bitte nicht in den Text zurück! Die richtige Lösung finden Sie im Anhang auf Seite 203.

M 7
Unter organisatorischer Sozialisation versteht man:
a) die Gesamtheit der Methoden, mit denen eine Organisation ihre Mitglieder zur Annahme der organisatorischen Anforderungen bringt;

b) den Prozeß, durch den eine Person das Wertsystem und die Normen ihrer Arbeitsgruppe erlernt;

c) den Prozeß, durch den sich eine Person den Mehrheitsmeinungen in einer Organisation anpaßt;

d) den Prozeß, durch den sich eine Person in Auseinandersetzung mit einer organisatorischen Umwelt Fähigkeiten, Fertigkeiten, Motive, Einstellungen und Normen aneignet.

M 8

Aus einer hohen Korrelation zwischen Persönlichkeitsmerkmalen und Merkmalen des Arbeitsplatzes läßt sich folgender Schluß ziehen:

a) die Beziehung zwischen den Merkmalen ist kausal unterschiedlich interpretierbar;

b) die Persönlichkeitsmerkmale hängen von den Arbeitsplatzbedingungen ab;

c) die Persönlichkeitsmerkmale sind auf Selektionseffekte rückführbar;

d) beide Merkmalsgruppen hängen von anderen Merkmalen, z. B. dem sozioökonomischen Status, ab.

M 9

Um die Leistungsbemühungen eines Lehrlings zu fördern, sollte ein Meister Mißerfolge des Lehrlings diesem gegenüber möglichst

a) external und variabel attribuieren;

b) internal und variabel attribuieren;

c) internal und stabil attribuieren;

d) external und stabil attribuieren.

B Problemfragen

Die nachfolgenden Fragen P 9 bis P 12 haben keine angebbaren Richtiglösungen. Sie sollen dazu dienen, Sie unter Verwendung des Gelesenen zu selbständigem Denken anzuregen.

P 9

Inwieweit läßt sich die sog. Midlife-crisis als organisationsabhängige Veränderung der Motivationsstruktur verstehen?

P 10

Personen, die einer Arbeitsorganisation beitreten, unterscheiden sich durch die vorangehende Sozialisation in Elternhaus, Schule und Gruppen Gleichaltriger mehr oder weniger in ihren Persönlichkeitsmerkmalen. Weiterhin dauern außerhalb des Arbeitsplatzes die Einflüsse anderer Sozialisationsumwelten wie Familie, Bekanntenkreis, Massenmedien etc. an. Welche Folgerungen ergeben sich aus diesem Sachverhalt für die Forschungsstrategie zur Untersuchung organisatorischer Sozialisationseffekte?

P 11

Der entwicklungsfördernde oder -hemmende Charakter organisatorischer Umwelten bestimmt sich aus dem Verhältnis von objektiven Anforderungen und den Fähigkeiten und Motiven der Organisationsmitglieder. Kann man unter dieser Voraussetzung von einem allgemeinen Sozialisationspotential einer Organisation oder eines Arbeitsplatzes sprechen?

P 12
Es ist anzunehmen, daß die inhaltliche Komplexität der Arbeitsaufgabe (Komplexität der Verarbeitung von Sachen, der Verarbeitung von Daten und Symbolen sowie des Umgangs mit Menschen) langfristig Auswirkungen auf die Persönlichkeit hat. Für welche spezifische Persönlichkeitsmerkmale könnte dies vor allem gelten?

C Fall

F 2: Qualifikationsniveau und Intelligenzentwicklung
In einer Untersuchung in einem großen Kabelwerk wurde das Niveau der beruflichen Tätigkeit von 468 männlichen Beschäftigten nach der erforderlichen Berufsausbildung und Berufserfahrung in vier Stufen eingeteilt:
– Tätigkeiten mit Fach- und Hochschulniveau
– gelernte Tätigkeiten (Facharbeiterqualifikation)
– angelernte Tätigkeiten
– ungelernte Tätigkeiten.
Gleichzeitig wurde die kognitive Struktur dieser Organisationsmitglieder im Sinne des Intelligenzstrukturtests von Amthauer erhoben. Erfaßt wurden folgende Dimensionen:
– sprachliche Intelligenz (»Wortauswahl«)
– rechnerische Intelligenz (»Zahlenreihen«)
– räumliches Vorstellen (»Figurenauswahl«).
Entwicklungsverläufe wurden durch Mittelwertsvergleiche zwischen vier Altersklassen gemessen:
– unter 20 Jahre
– 20 bis unter 30 Jahre
– 30 bis unter 40 Jahre
– 40 und mehr Jahre.
1. Welcher Zusammenhang besteht zwischen Qualifikationsniveau und dem Gesamtpunktwert im Intelligenztest?
2. Wie entwickelt sich der Gesamtpunktwert mit wachsendem Lebensalter in den vier Qualifikationsniveaus?
3. Ist die Entwicklung für die drei ausgewählten Intelligenzdimensionen gleich?
4. Wie lassen sich auftretende Unterschiede interpretieren?
Nach Beantwortung der Fragen: Vgl. Schleicher, R.: Intelligenzleistung Erwachsener in Abhängigkeit vom Niveau der beruflichen Tätigkeit. Probleme und Ergebnisse der Psychologie, 1973, 44, 25–55.

Kapitel 4

Entscheidung und Konflikt

Lernziele:

Die Bearbeitung des Kapitels »Entscheidung und Konflikt« soll dazu anregen und (oder) befähigen,
- *die wesentlichen Merkmale des Entscheidungsprozesses zu beschreiben;*
- *den Unterschied zwischen präskriptiven und deskriptiven Entscheidungsansätzen zu erkennen;*
- *den Zusammenhang zwischen Entscheidung und sozialem Konflikt zu sehen;*
- *organisatorische Bedingungen sozialer Konflikte zu benennen;*
- *über Formen des Konflikts und ihre Verläufe zu berichten;*
- *Vorschläge zur Konfliktvermeidung und -behandlung zu machen.*

Orientierungsfragen:

1. Welche Bedingungen müssen erfüllt sein, damit der alltägliche Lebensmittelkauf als Entscheidungshandlung bezeichnet werden kann?
2. Ein Vorstandsmitglied soll darüber entscheiden, ob für die Buchhaltung eine EDV-Anlage angeschafft werden soll. Wie kann er die Gründe dafür und dagegen gewichten?
3. Wie läßt es sich erklären, daß man demjenigen, den man sympathisch findet, beim Gruppenentscheidungsprozeß stärker entgegenkommt?
4. Zwei als kooperativ und sachlich bekannte Mitglieder eines Arbeitsteams für Mediaplanung geraten in Konflikt über die Wirkung der Fernsehwerbung. Woran kann das liegen?
5. Eine Firma vertritt den Standpunkt: »Je stärker der Wettbewerb, desto höher die Leistung.« Was spricht für und was gegen diese Behauptung?
6. Die Produktions- und Marketingabteilung einer Unternehmung stehen seit langem in starkem Konflikt. Woran könnte dies liegen? Was könnte man tun, um diesen Konflikt zu mindern?

4. Entscheidung und Konflikt

4.1 Entscheidung

4.1.1 Begriffsbestimmung

In der Literatur wird der Begriff Entscheiden in sehr unterschiedlicher Weise bestimmt. Zum einen wird Entscheiden als Unterklasse des Problemlösens verstanden, wobei Entscheiden vor allem mit der Bewertung von Alternativen und der Auswahl einer Alternative zu tun hat, während Problemlösen den gesamten Prozeß der Problemdefinition, Alternativensuche, Alternativenbewertung und Auswahl umfaßt. Zum anderen wird Problemlösen als Subprozeß des Entscheidens aufgefaßt. Problemlösen betrifft hier einfache Probleme mit richtigen Lösungen, während sich Entscheiden auf komplizierte Probleme bezieht, bei denen unter Unsicherheit oder Risiko zwischen mehreren Alternativen gewählt wird.

Im folgenden wird keine Unterscheidung zwischen Entscheiden und Problemlösen gemacht. Die mit den beiden Begriffen bezeichneten Prozesse verbinden das Denken mit dem Handeln (MacCrimmon, 1973). Sie werden von Problemen ausgelöst und führen zur Auswahl eines Handlungsplans, mit dem die Probleme bewältigt werden sollen.

In einem weiten Sinne führt eine Person dann eine Entscheidung durch, wenn sie mindestens zwei unterschiedliche Handlungsmöglichkeiten sieht und aufgrund angebbarer Kriterien eine dieser Alternativen auswählt und zu realisieren sucht (vgl. Langenheder, 1975). Eine Person entscheidet z. B., wenn sie wahrnimmt, daß sie ein Reiseziel sowohl mit dem Pkw als auch mit der Bundesbahn erreichen kann und aus ökologischen Gründen die Fahrt mit dem Zug wählt.

Entscheidungen sind abzugrenzen von Handlungen, bei denen nur eine Alternative wahrgenommen wird oder bei denen keine Abwägung zwischen den Alternativen stattfindet. Dies sind vor allem:

– Gewohnheitshandlungen (habituelle Handlungen), bei denen in ähnlichen Situationen ohne weitere Überlegung immer nach dem gleichen Schema gehandelt wird, wenn z. B. ein Raucher am gleichen Automaten immer wieder die gleiche Menge der gleichen Marke Zigaretten kauft;

– Impulshandlungen, in denen auf einen Reiz spontan gehandelt wird, wie z. B. bei den sog. Impulskäufen;

- affektive Handlungen, die in Zuständen großer Erregung oder Spannung ausgeführt werden;
- durch Normen festgelegte Handlungen, bei denen z. B. durch Vorschriften der Handlungsspielraum de facto auf eine Alternative eingeschränkt wird.

Im konkreten Einzelfall ist es häufig sehr schwierig, die genannten Handlungsarten von Entscheidungen zu unterscheiden, da die Abwägung der Alternativen so schnell erfolgen kann, daß der Eindruck einer unüberlegten Handlung entsteht. Von manchen Autoren (z. B. Katona, 1960) wurde deswegen der Ausdruck »echte Entscheidung« eingeführt, mit dem Handlungen bezeichnet werden, für welche die Abwägung von Alternativen ein klar hervortretendes Merkmal ist. Während habituelle die üblichen und alltäglichen Handlungsweisen sind, werden echte Entscheidungen nur gelegentlich getroffen, nämlich dann, wenn größere Probleme überlegt bewältigt werden.

Ein Problem wird durch drei Komponenten gebildet:
- durch einen unerwünschten Ausgangs- oder Ist-Zustand
- durch einen erwünschten End- oder Soll-Zustand
- durch eine Barriere, welche die Transformation des unerwünschten Ausgangszustandes in den erwünschten Zielzustand verhindert.

Entsprechend läßt sich die Problemsituation nach Dörner (1976, S. 10) folgendermaßen bestimmen: »Ein Individuum steht einem Problem gegenüber, wenn es sich in einem inneren oder äußeren Zustand befindet, den es aus irgendwelchen Gründen nicht für wünschenswert hält, aber im Moment nicht über die Mittel verfügt, um den unerwünschten Zustand in den wünschenswerten Zielzustand zu überführen.«

Die Barriere, die den Weg zum Ziel behindert, kann darin bestehen, daß
- es schwierig ist, die beste Kombination aus einer großen Anzahl bekannter Handlungsmöglichkeiten zu finden, wie z. B. beim Schachspiel,
- die Handlungsmöglichkeiten zur Erreichung des gewünschten Endzustandes (noch) nicht bekannt sind,
- der Ist-Zustand zwar unbefriedigend ist, der Zielzustand jedoch noch nicht klar ist.

Entscheiden besteht darin, einen Weg vom unbefriedigenden Ausgangszustand zum erwünschten Endzustand zu finden. Dieser Prozeß läßt sich als eine Abfolge mehrerer Phasen darstellen:
1. Problemdefinition (Situations- und Zielanalyse), 2. Alternativensuche, 3. Alternativenbewertung, 4. Entschluß (Auswahl ei-

ner Alternative), 5. Ausführung, 6. Kontrolle. (Zur Phasenabfolge vgl. Kirsch, 1970)

Die Phase »Problemdefinition« soll an einem Beispiel erläutert werden: Jemand möchte schneller von seinem Wohnort zu seinem Arbeitsplatz kommen (Problem). Er durchdenkt seine momentane Situation: Distanz zwischen Wohnort und Arbeitsplatz, Straßenführung, finanzielle Möglichkeiten etc. (Situationsanalyse) und konkretisiert sein Ziel: höchstens eine halbe Stunde Fahrzeit, billigere Fahrt etc. (Zielanalyse).

Die Phasenabfolge besagt nicht, daß tatsächliche Entscheidungen diesem Schema folgen. Es ist jedoch vor allem bei Gruppenentscheidungen häufig vorteilhaft, sich auf einzelne Phasen zu konzentrieren und sie von anderen Phasen abzugrenzen, weil dadurch typische Fehler vermieden werden können.

Diese Fehler sind (vgl. Franke, 1975):

1. Lösungsorientiertheit statt Problemorientiertheit: das Problem (Ist- und Soll-Zustand) wird nicht aufgearbeitet, vielmehr wird sofort nach möglichen Lösungen gesucht. Dadurch werden viele, vor allem originelle Lösungsmöglichkeiten übersehen.

2. Vermengung von Alternativenfindung und -bewertung: dadurch kommt es einerseits zu einer inneren Kontrolle (man schweigt oder sagt nur Dinge, für die man keine Kritik erwartet) und weiterhin zu Machtkämpfen und Prestigediskussionen (Kritik verletzt, man verteidigt sich etc.).

3. Schnelles Drängen auf einen Entschluß, vor allem zu Mehrheitsentscheidungen: auch dadurch entstehen Machtkämpfe und Ressentiments.

Die Entscheidungsforschung konzipierte präskriptive und deskriptive Ansätze. Die präskriptiven Ansätze sind von dem Bestreben geleitet, Empfehlungen für das Handeln in Entscheidungssituationen zu entwickeln. Die deskriptiven Ansätze hingegen versuchen, das beobachtbare Handeln in Entscheidungssituationen zu beschreiben und zu erklären.

Beide Ansätze sind wichtig. Denn zum einen wird Wissen benötigt, wie Entscheidungen tatsächlich ablaufen, und zum anderen, wie diese Entscheidungen verbessert werden können (vgl. ausführlich Jungermann, 1976).

Im folgenden sollen diese beiden Ansätze durch ein Beispiel bzw. Problemfeld illustriert werden.

4.1.2.1 Das SEU-Modell

Erfolgreiches Entscheiden setzt voraus, daß die vorliegenden Alternativen auf ihre Vor- und Nachteile, das heißt auf ihren Nutzen, untersucht werden. Das SEU-Modell (subjective expected utility; »Maximierung des subjektiv erwarteten Nutzens«) versucht, eine solche Analyse der Entscheidungssituation durchzuführen und eine Regel für eine erfolgreiche Entscheidungsfindung zu geben.

Die Elemente dieses Modells, das von Ramsey (1926) vorgeschlagen und von Edwards (1965) weiterentwickelt wurde, sind die Alternativen (A), zwischen denen entschieden wird, die Konsequenzen der Alternativen (K) und der Nutzwert (N) sowie die Auftretenswahrscheinlichkeit (W) der Konsequenzen.

Wenn z. B. ein Abteilungsleiter vor der Entscheidung steht, die Buchhaltung auf EDV umzustellen (A 1) oder nicht (A 2), so kann er zu folgender Analyse kommen:

Tabelle 2 Maximierung des subjektiv erwarteten Nutzens

positive K'n von A 1	W	N	W x N	negative K'n von A 1	W	N	W x N
Einsparung von Kosten	0.3	+2	+0.6	hohe Anschaffungs- und Unterhaltskosten	1.0	−3	−3.0
exaktere Information	0.4	+3	+1.2	Unzufriedenheit unter den Mitarbeitern	0.6	−5	−3.0
schnellere Information	0.8	+2	+1.6	niedrigeres Abteilungsbudget	0.2	−5	−1.0
größere Kapazität	0.8	+3	+2.4	weniger Flexibilität	0.5	−2	−1.0
			$\Sigma = +5.8$				$\Sigma = -8.0$

Da die Produktsumme aus Nutzen und Wahrscheinlichkeit der negativen Konsequenzen von A 1 größer ist als die der positiven, wird sich der Abteilungsleiter gegen den Kauf einer EDV-Anlage entscheiden, wenn er rational handeln will.

(Bei der Berechnung des kombinierten Produkts von Wahrscheinlichkeit und Nutzen mehrerer Konsequenzen müssen alle denkbaren Kombinationen berücksichtigt werden, also auch die Extremfälle, daß keine der Konsequenzen bzw. daß alle Konsequenzen zugleich auftreten. Bei 2 Konsequenzen: K_1 ($W_1 = 0,40$; $N_1 = 2$) und K_2 ($W_2 = 0,70$; $N_2 = 4$) ergäben sich folgende Kombinationen:

$$\text{nur } K_1: [W_1 \times (1 - W_2)] \, N_1 \qquad = 0.24$$
$$\text{nur } K_2: [W_2 \times (1 - W_1)] \, N_2 \qquad = 1.68$$
$$\text{weder } K_1 \text{ noch } K_2: [(1 - W_1)\,(1 - W_2)]\, 0 \qquad = 0$$
$$K_1 \text{ und } \; K_2: (W_1 \times W_2)\,(N_1 + N_2) \qquad \underline{= 1.68}$$
$$\Sigma = 3.60$$

Die Formel dafür lautet also:
$W_1 \,(1 - W_2)\, N_1 + W_2 \,(1 - W_1)\, N_2 + W_1 \times W_2 \,(N_1 + N_2)$. Sie löst sich auf in: $W_1 N_1 + W_2 N_2$.
Setzt man in diesen Ausdruck die Werte des obigen Beispiels ein, so ergibt sich: $0.40 \times 2 + 0.70 \times 4 = 3.60$. Entsprechend wurde die Berechnung der Werte in Tabelle 2 vorgenommen.)

Das beschriebene Modell ist von praktischem Nutzen nicht nur für Einzelentscheidungen, sondern auch für Gruppenentscheidungen. Wenn mehrere Personen zu divergierenden Präferenzen kommen, kann ein Vergleich der individuellen Nutzwert- und Wahrscheinlichkeits-Schätzungen zeigen, wo sich die Gruppenmitglieder unterscheiden. Dies vereinfacht und versachlicht die Diskussion und damit die gemeinsame Entscheidungsfindung.

4.1.2.2 Sozial-emotionale Faktoren beim Entscheidungsprozeß

Der deskriptive Ansatz soll an den Untersuchungen des Augsburger Forschungsprojekts »Gruppenentscheidung« zum Einfluß sozial-emotionaler Faktoren auf den Entscheidungsprozeß illustriert werden.
Die Teilnehmer an Gruppenentscheidungen tauschen u. a. zwei Arten von Informationen aus. Sie teilen zunächst ihre Präferenzen mit und sprechen darüber, für wie wahrscheinlich und für wie erstrebenswert sie die Konsequenzen der vorliegenden Handlungsalternativen halten (sachbezogene Äußerungen). Weiterhin bringen sie ihre Befriedigung bzw. ihren Ärger darüber zum Ausdruck, daß andere ihre Situationsbeurteilung und Handlungspräferenz teilen bzw. zurückweisen (sozialbezogene Äußerungen).
Im Augsburger Forschungsprojekt »Gruppenentscheidung« (vgl. zusammenfassend Brandstätter & Schuler, 1976; Brandstätter, Davis & Schuler, 1978; Brandstätter, Davis & Stocker-Kreichgauer, 1981) wurde untersucht, wie sozialbezogene Äußerungen die Wirkung von Sprechern in Entscheidungssitzungen beeinflussen. Neben den sozialbezogenen Äußerungen wie z. B. freundliche bzw. unfreundliche Argumentation oder Beifalls- bzw. Mißfallenskundgebung wurden auch die sozial-emotionalen Beziehungen, d. h. die Sympathie bzw. Antipathie zwischen den Gruppenmitgliedern, in die Analyse aufgenommen.
Der Entscheidungsprozeß wurde in Feldstudien, in denen die

Teilnehmer frei und spontan agierten sowie in experimentellen Interaktionsstudien, in denen das Verhalten durch Diskussionsregeln und technische Vorkehrungen eingeschränkt war, untersucht. Darüber hinaus wurde auch der Einfluß sozial-emotionaler Faktoren auf die Präferenzen von Diskussions–Beobachtern erhoben. Dies mag zunächst verwundern, doch lassen sich nicht selten Entscheidungen auffinden, in denen viele entscheidende Personen nicht aktiv an der Diskussion teilnehmen, die dem Gruppen-Beschluß vorausgehen. Man denke z. B. an die Übermittlung kontroverser Informationen im Umlaufverfahren, das Mithören von Diskussionen im Telefonschaltverfahren oder die Entscheidungssitzungen großer Gremien, bei denen nur wenige Personen sprechen.

Beobachtungsstudien:

In einigen Untersuchungen (v. Rosenstiel & Rüttinger, 1976, s. Beleg 6; v. Rosenstiel & Stocker-Kreichgauer, 1975; Stocker-Kreichgauer & v. Rosenstiel, 1976) verfolgten Beobachter die Diskussion zwischen zwei Lehrerverbandsfunktionären, die gegensätzliche Positionen vertraten. Die Ergebnisse dieser Studien lassen sich wie folgt zusammenfassen:
– Diskussionsredner, auf deren Argumente Applaus folgt, ziehen die Beobachter viel stärker auf ihre Seite als Redner, die keinen Beifall erhalten oder ausgebuht werden;
– unfreundliche Sprecher, ob gleichgesinnt oder gegnerisch, haben mehr Einfluß auf die Beobachter als freundlich argumentierende Sprecher.

Beleg 6   Pro und Contra

50 Studenten wurde ein Film vorgeführt, der die Diskussion zweier Lehrerverbandsfunktionäre über den Ministerpräsidentenbeschluß zur Einstellung Radikaler in den Öffentlichen Dienst (Radikalenerlaß) wiedergab. Ein Redner argumentierte für den Erlaß und der andere dagegen. Jeder Sprecher hatte zehn gleich lange und gleich gute Beiträge. Die Sprecher argumentierten abwechselnd. Nach jedem Beitrag des Contra-Sprechers folgte ein Beitrag des Pro-Sprechers. Die Studenten stuften vor der Diskussion und anschließend nach jedem Beitrag ihre Präferenz zum Radikalenerlaß ein.
Ein Teil der Studenten, die Versuchsgruppe, sah einen Film, in welchem dem 1., 2., 5., 7. und 10. Argument des Contra-Sprechers

Applaus eines auf den Filmaufnahmen sichtbaren Publikums (etwa 50 Studenten) folgte. Der Beifall bestand aus Klopfen und Händeklatschen. Der Film für die Kontrollgruppe war mit Ausnahme der Applaus-Einblendungen identisch mit dem der Versuchsgruppe.

Es zeigte sich,

- daß die Personen, die den Film mit dem applaudierten Contra-Sprecher sahen, auf der Position dieses Sprechers beharrten oder sich in starkem Maße seiner Position annäherten, während sich die Personen, die den anderen Film sahen, mehr vom Pro-Sprecher beeinflussen ließen. Diese unterschiedliche Wirkung der Sprecher hing nicht von der Beobachter-Position ab, galt also sowohl für die Beobachter, die gegen, als auch für diejenigen, die für den Radikalenerlaß eingestellt waren.

  Erklärung: der größere Einfluß des applaudierten Sprechers läßt sich aus dem Konzept der stellvertretenden Verstärkung ableiten, kann aber auch durch den Konformitätsdruck in Richtung der applaudierten Äußerungen erklärt werden;

- daß der stärkere Einfluß des Sprechers, der Beifall erhielt, im gleichen Maße auf seine applaudierten und seine nichtapplaudierten Argumente zurückging.

  Erklärung: der Beifall erhöhte nicht nur die Wirkung der applaudierten Beiträge, sondern lenkte auch in gleicher Weise die Aufmerksamkeit auf die nachfolgenden Argumente des gleichen Sprechers;

- daß sich die Beobachter des Beifalls-Filmes auf die Argumente beider Sprecher hin durchschnittlich stärker veränderten als die Beobachter, die den Film ohne Applaus-Einblendungen sahen.

  Erklärung: der Beifall erhöhte die Aufmerksamkeit für den Film und steigerte damit die Veränderungsbereitschaft.

v. Rosenstiel, L. und Rüttinger, B.: Die Wirkung von Applaus für Beiträge in Fernsehdiskussionen auf die Einstellungsänderung der Diskussionsteilnehmer. In: Brandstätter, H. & Schuler, H. (Hrsg.), Entscheidungsprozesse in Gruppen. Bern, 1976, 83—104

In einer weiteren Untersuchung (Stocker-Kreichgauer, 1976) sahen die Beobachter die Diskussion zweier Mitarbeiter einer Personalabteilung, die über die Einstellung eines Bewerbers zu entscheiden hatten. Ein Gesprächsleiter favorisierte den einen Mitarbeiter durch anerkennende Bemerkungen. Es zeigte sich,

- daß der Redner, dessen Argumente durch den Gesprächsleiter verbal oder nonverbal anerkannt wurden, die Beobachter mehr anzieht als der Sprecher, auf dessen Beiträge keine Reaktion des Diskussionsleiters erfolgte.

Der erhöhte Einfluß von Sprechern, denen applaudiert wird oder deren Beiträge von einem Diskussionsleiter positiv aufgenommen werden, läßt sich im Rahmen des Konzepts des Beobachtungslernens (vgl. Abschnitt 3.6.1) dadurch erklären, daß sich die Beobachter von der Vertretung dieser Sprecher-Position mehr soziale Anerkennung versprechen. Weiterhin läßt sich vermuten, daß die Beobachter, die wahrnehmen, daß sie von den Präferenzen des applaudierenden Publikums abweichen, versuchen, sich der wahrgenommenen sozialen Norm anzugleichen. Dies gilt vor allem dann, wenn das Publikum positiv bewertet wird.

In zwei Studien (Brandstätter & Rüttinger, 1974; Rüttinger, 1974) beobachteten die Versuchsteilnehmer die Diskussion zwischen drei Jugendverbandsvertretern über den Handel mit leichten Rauschmitteln, wobei einer für die Liberalisierung des Handels, einer für eine verschärfte Kontrolle dieses Handels und einer für den Status quo plädierte. Einer der Sprecher trug in der Versuchsbedingung seine Argumente mit aggressiven, abwertenden Bemerkungen gegen seine Kontrahenten vor. Die Befunde waren nicht eindeutig. Es fand sich die Tendenz,

– daß Beobachter, welche die punitive (Bestrafungs-)Alternative (verschärfte Kontrolle) befürworten, eher einem aggressiven Sprecher, sei er gleichgesinnt oder gegnerisch, entgegenkommen als die Anhänger der anderen Positionen.

Dies könnte dadurch erklärt werden, daß Personen, welche eine punitive, d. h. aggressive, Alternative vertreten, allgemein Aggressionen positiver bewerten und eine positivere Einstellung zu einem aggressiven Sprecher haben als Personen, die punitive Alternativen ablehnen. Die angegriffene Position wird von ihnen deswegen stärker gemieden als von Personen ohne punitive Präferenz.

Interaktionsstudien:

In einer Untersuchung von Schuler (1975) hatten Gruppen von drei Personen über die Einstellung eines Bewerbers zu entscheiden. Die Personen unterschieden sich in ihrer Einstellungspräferenz und in ihrer Sympathie für die jeweils beiden anderen Gruppenmitglieder. Die Ergebnisse waren:

– die Versuchsteilnehmer kamen einem Kontrahenten, den sie sympathisch fanden, stärker entgegen als einem neutralen Kontrahenten;

– die einflußfördernde Wirkung der Sympathie nahm jedoch mit fortschreitender Diskussion ab.

In einer anderen Untersuchung von Peltzer & Schuler (1976) mit Zweier-Gruppen über dasselbe Entscheidungsproblem fand sich u. a.,

– daß ein Kontrahent, der in seine Argumente unfreundliche Bemerkungen einfließen läßt, mehr unfreundliche Reaktionen provoziert als ein freundlicher Kontrahent.

In einer weiteren Studie von Schuler & Peltzer (1978) diskutierte
jeweils ein Versuchsteilnehmer mit einem anderen »Versuchsteilnehmer« (einem eingeweihten und trainierten Helfer des Versuchsleiters) über einen Disziplinargerichtsfall aus dem Schulbereich.
Der Helfer des Versuchsleiters nahm immer die gegensätzliche
Position zum Versuchsteilnehmer ein, wobei er sich in einem Teil
der Versuche nonverbal freundlich und im anderen Teil nonverbal
unfreundlich verhielt. Es zeigte sich u. a.,
– daß freundlich vorgetragene Argumente den Partner öfters zum
Nachgeben veranlassen als unfreundliche Beiträge, welche die
Versuchsteilnehmer eher veranlassen, eine noch entferntere Gegenposition einzunehmen (Bumerang-Effekt).

In einer ähnlichen Untersuchung von Klein-Moddenborg &
Brandstätter (1978) mit verbaler Freundlichkeit bzw. Unfreundlichkeit
– bestätigte sich der Einfluß-Verlust des aggressiven Opponenten.
Auch Personen, die sich von seiner aggressiven Argumentation
einschüchtern ließen und ihm nachgaben, widerriefen in einer
späteren Nachbefragung ihre Einwilligung. Der teilweise aktuelle Erfolg aggressiver Argumentationsweise hält also nicht an,
wenn der Aggressor abwesend ist.

Die unterschiedliche Reaktion von Beobachtern und aktiven Inter-
aktionspartnern auf einen unfreundlichen Kontrahenten ist besonders auffallend. Sie hängt wohl mit zwei Bedingungen zusammen.
Eine aus Distanz beobachtete Unfreundlichkeit löst weniger Ab-
wehr aus als ein direkter Angriff auf die eigene Person. Weiterhin
handelt es sich in der Beobachtungsstudie um einen Bewertungskonflikt (»Radikalenerlaß«), bei dessen Austragung unfreundliche
Bemerkungen eher als angemessen angesehen werden als beim
Beurteilungskonflikt (»Disziplinarfall«) der Interaktionsstudie (zur
Konfliktklassifikation vgl. Abschnitt 4.2.1). Aggressiver Argu-
mentationsstil wird bei Bewertungskonflikten weniger als verlet-
zend denn als kraftvoll und energisch eingestuft.

Die einflußfördernde Wirkung von Sympathie kann auf verschiedene Weise zustande kommen. Zunächst ist man eher bereit, die
Position einer sympathischen Person einzunehmen, weil dies soziale Sicherheit verspricht. Weiterhin gibt man der Beeinflussung
durch eine sympathische Person eher nach, um deren Sympathie
auch in Zukunft zu erhalten. Und schließlich werden die Argumente sympathischer Personen mit mehr Aufmerksamkeit bedacht

und damit stärker gewichtet als die Beiträge unfreundlicher oder neutraler Personen.

Diese Wirkung gilt vor allem für den Beginn einer kontroversen Diskussion. Im Diskussionsverlauf wird die kognitive Dissonanz zwischen Sympathie für den Kontrahenten und dessen gegensätzlicher Position auf verschiedene Weise aufgelöst: Zum einen durch Abwertung des Kontrahenten, zum anderen durch Annäherung an seine Position. Die Diskussion mit einem unsympathischen Kontrahenten dagegen bewirkt keine kognitive Dissonanz und damit auch keine Änderung der eigenen Position.

Felduntersuchung:

In einer Felduntersuchung (Molt, Rüttinger & Brand, 1975; Rüttinger, 1978) wurden die Entscheidungssitzungen von 18 Gremien in Industrie und Verwaltung gefilmt. Der Entscheidungsprozeß war völlig unbeeinflußt, außer daß die Mitglieder der Sitzungen vor und nach der Entscheidung ihre Präferenzen einstuften. Die Beiträge der Sprecher wurden nach der Interaktionsprozeßanalyse von Bales (1970) ausgewertet.

– Es zeigte sich die Tendenz, daß Freundlichkeit die Konsens-Bildung fördert.

Daß diese Wirkung nicht stärker zutage trat, hängt vermutlich damit zusammen, daß unkontrollierte Merkmale wie die Qualität der Argumente, die Redehäufigkeit sowie Status-Differenzen die Wirkung der Freundlichkeit überdeckt haben.

Ein weiteres wichtiges Gebiet des deskriptiven Entscheidungsansatzes, nämlich der Vergleich von Individual- und Gruppenentscheidungen, wurde in Abschnitt 2.5.2.2 besprochen.

Sind an einer Entscheidung mehrere Personen beteiligt und präferieren diese Personen gegensätzliche Alternativen, dann können soziale Konflikte auftreten. Auf sie soll im folgenden Abschnitt eingegangen werden.

4.2 Soziale Konflikte

4.2.1 Definition

Als sozialer Konflikt läßt sich eine soziale Beziehung verstehen, in der zwei oder mehr Parteien, die voneinander abhängig sind, mit Nachdruck versuchen, gegensätzliche Handlungspläne zu verwirklichen und sich dabei ihrer Gegnerschaft bewußt sind (vgl. Rüttinger, 1981).

Beispiel: Zwei Direktoren einer Unternehmung (»zwei oder mehr Parteien«) streiten sich über die Gestaltung eines einzuführenden Personalbeurteilungssystems. Der eine favorisiert ein einheitliches Verfahren für die gesamte Unternehmung, der andere spezielle Verfahren für die einzelnen Unternehmensbereiche (»gegensätzliche Handlungspläne«). Sie versuchen, sich gegenseitig zu überzeugen und tauschen Argumente aus. Sie beginnen, andere wichtige Personen für ihren Plan zu gewinnen, um mit deren Hilfe den Gegenplan zu blockieren (»sie versuchen mit Nachdruck, gegensätzliche Handlungspläne zu verwirklichen und sind sich dabei ihrer Gegnerschaft bewußt«). Die eine Partei kann ihr Ziel nur erreichen, wenn die andere ihr Ziel nicht (voll) erreicht (sie sind voneinander abhängig).

In Anlehnung an die Entscheidungstheorie lassen sich Konflikte in Beurteilungs-, Bewertungs- und Verteilungskonflikte einteilen. Von einem Bewertungskonflikt soll dann gesprochen werden, wenn die Parteien unvereinbare Handlungspläne realisieren wollen, weil sie den Konsequenzen der Handlungspläne einen unterschiedlichen Wert beimessen.

Gesetzt den Fall, der Produktionsleiter einer Unternehmung und der Leiter der Personalabteilung sind sich darüber einig, daß mit der Einführung einer Stechuhr zur Anwesenheitskontrolle die Produktivität gesteigert, die Zufriedenheit der Arbeitnehmer aber abnehmen wird. Sie geraten in einen Bewertungskonflikt um die Einführung der Stechuhr, wenn der eine mehr Wert auf die Erhöhung der Produktivität, der andere mehr Wert auf die Arbeitszufriedenheit legt.

Ein Beurteilungskonflikt ist hingegen dann gegeben, wenn die Kontrahenten unvereinbare Handlungspläne verwirklichen wollen, weil sie die Auftretenswahrscheinlichkeit gleich bewerteter Handlungsergebnisse unterschiedlich beurteilen. Nehmen wir also an, beide im zuvor angeführten Beispiel genannten Parteien bewerten die Produktivitätssteigerung höher als die Zufriedenheit der Arbeitnehmer. Zwischen ihnen entsteht ein Beurteilungskonflikt, wenn die eine Partei meint, die Einführung der Stechuhr steigere die Produktivität, während die andere der Ansicht ist, daß durch diese Maßnahme die Produktivität sinke, weil sie zu einer Erhöhung der krankheitsbedingten Fehlzeiten führe.

Ein Verteilungskonflikt schließlich liegt dann vor, wenn die Kontrahenten den Nutzen und die Auftretenswahrscheinlichkeit der Ergebnisse eines Handlungsplans gleich beurteilen, sie ihn aber nicht gleichzeitig realisieren können, weil die Kontrolle über die angestrebten Güter nicht im gewünschten Sinne auf sie verteilt werden kann.

Nehmen wir an, zwei stellvertretende Meister schätzen die Position des Meisters und die Beförderung auf eine solche Stelle gleich hoch ein. Sie erwarten von ihr hoch bewertete Konsequenzen: mehr Macht, Einfluß, Ansehen und Bezahlung. Zwischen ihnen kommt es zu einem Verteilungskonflikt, wenn nur eine Stelle zur Besetzung ansteht und beide diese Position einnehmen möchten.

4.2.2 Konflikt als Phasenabfolge

Der Konflikt ist ein dynamischer Prozeß. In der zeitlichen Abfolge lassen sich folgende Phasen unterscheiden (vgl. Thomas, 1976):
1. Wahrnehmung einer Frustration durch eine andere Partei
2. Bestimmung der frustrierenden Situation
3. Erleben und Verhalten als Reaktion auf diese Situation
4. Interaktion mit der anderen Partei
5. Interaktionsergebnis

Zu 1:
Ein Konflikt beginnt, wenn eine Partei wahrnimmt, daß eine andere Partei einen ihrer Handlungspläne behindert oder blockiert.

Zu 2:
Die Bestimmung der frustrierenden Situation kann sich auf verschiedene Aspekte richten:
– welchen Handlungsplan möchte die andere Partei durchsetzen? Wie wichtig ist er ihr? Welche Absichten verfolgt sie damit?
– wie mächtig ist der Kontrahent? In welchem Ausmaß werden ich und mein Kontrahent durch die möglichen Konfliktergebnisse zufriedengestellt?
In dem »wahrgenommenen Ergebnisraum« (Galtung, 1965) lassen sich vier typische Alternativen-Konstellationen unterscheiden:

Darstellung 18 Gemeinsamer Ergebnis-Raum

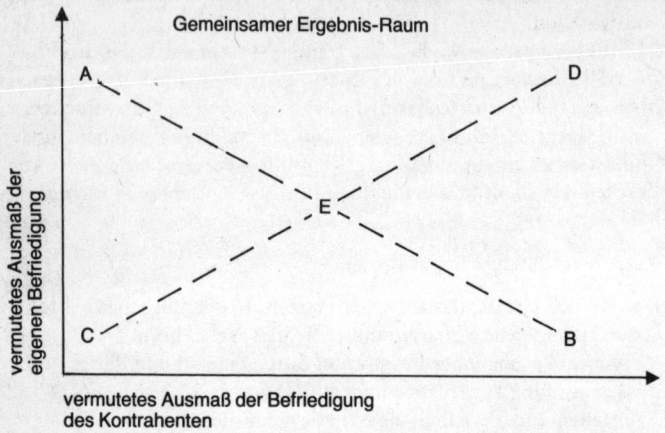

- »Entweder-Oder«-Alternativen sind Handlungspläne, die jeweils die eine Partei völlig befriedigen und die andere Partei völlig leer ausgehen lassen (Alternativen A und B). Diese Situation wird von Blake u. a. (1964) als »Sieg-Niederlage«-Situation bezeichnet. Der zuvor genannte Konflikt um eine Meister-Position ist ein Beispiel für eine solche Situation;
- werden die möglichen Lösungen auf einem Kontinuum gesehen, auf dem ein Zuwachs in der Befriedigung einer Partei auf Kosten der Kontrahenten geht, so liegt eine »Nullsummensituation« vor (A – E – B). Eine solche Situation liegt z. B. vor, wenn ein fester Geldbetrag auf zwei Parteien verteilt werden soll;
- eine »unlösbare« Situation liegt vor, wenn nur Alternative C wahrgenommen wird. Obwohl keine Partei auf Kosten der anderen gewinnen kann, liegt ein Konflikt vor, da die andere Partei jeweils die eigene Zielerreichung blockiert;
- bei der »offenen« Situation schließlich werden (noch) keine spezifischen Lösungsmöglichkeiten gesehen.
Zu 3:
Die Phase Konflikterleben und -verhalten betrifft vor allem die allgemeine Orientierung, d. h. die Bereitschaft einer Konfliktpartei, eine bestimmte Alternative des »wahrgenommenen Ergebnis-Raumes« anzustreben. Nach McClintock (1972) lassen sich drei typische Orientierungen unterscheiden:
- Personen mit individualistischer Orientierung streben Lösungen

an, die ihnen am meisten nützen, ohne Rücksicht darauf, welchen Nutzen der Kontrahent hat.

– Kompetitiv (wettbewerbsmäßig) eingestellte Personen verfolgen Lösungen, die ihren relativen Nutzen maximieren, die also für sie selbst möglichst nützlich und gleichzeitig für den Kontrahenten möglichst schädlich sind.

– Hingegen suchen kooperative Personen Handlungspläne zu verwirklichen, die möglichst beide Konfliktparteien zufriedenstellen.

Hinzufügen läßt sich die soziale Orientierung.

– Sozial motivierte Personen suchen Kompromisse, wobei sie sich bestehenden Normen oder Konventionen verpflichtet fühlen (Crott & Müller, 1978). Dies geschieht z. B., wenn Gewinne leistungsbezogen aufgeteilt werden.

Die Orientierungen bestimmen weitgehend die Handlungen der Konfliktparteien, z. B. ob eine offene Aussprache gesucht wird oder Informationen zurückgehalten werden.

Zu 4:

Die Interaktionsphase betrifft die Art und Weise, wie Konfliktparteien aufeinander reagieren. Wird z. B. versucht, einen Konflikt durch Verhandeln beizulegen, so geht es um Fragen: Wie wirken sich Drohungen oder Versprechungen aus? Welche Folgen haben Kompromißbereitschaft oder Unnachgiebigkeit? Wann kommt es zu einer Eskalation etc.?

Zu 5:

Nur wenige Konflikte werden durch eine integrative Lösung zur Zufriedenheit aller Beteiligten beendet. Handelt es sich um Konflikte zwischen Personen in dauerhaften Beziehungen, dann tragen andere Ergebnisse – wie Kompromisse oder Niederlagen einer Partei – den Keim eines neuen Konfliktes in sich.

4.2.3 Konfliktursachen

Die Frage nach den Konfliktursachen ist die Frage nach den Bedingungen, die zur Frustration einer Partei durch eine andere Partei führen.

Im konkreten Falle können sehr viele Aspekte der Umwelt und der Persönlichkeit zur Konfliktverursachung beitragen. Einige Bedingungen lösen zwar nicht unmittelbar Konflikte aus, tragen aber dadurch zum Konfliktpotential einer Organisation bei, daß sie die Auftretenswahrscheinlichkeit von Faktoren erhöhen, die direkt

Handlungsbehinderungen bewirken. Eine solche Bedingung ist vor allem die wechselseitige Abhängigkeit von Organisationsmitgliedern, die u. a. auf der arbeitsteiligen Durchführung von Aufgaben und der Knappheit an Mitteln beruht. Die Parteien können ihre Handlungspläne nicht unabhängig von anderen Organisationsmitgliedern durchführen, sondern müssen sie mit den Plänen anderer Parteien abstimmen. Dies bedeutet, daß abgesehen von einer totalen Interessengleichheit, Abstriche an den eigenen Vorhaben gemacht werden oder sie völlig zurückgestellt werden müssen.

Euler (1977) hat die Abhängigkeiten von Arbeitern eines großindustriellen Montagewerkes beschrieben und den Zusammenhang zwischen Abhängigkeit und Konflikt aufgezeigt. Er unterscheidet vier Arten der Abhängigkeit:

– gemeinsame Durchführung einer Arbeitsaufgabe;
– an das Tempo einer Gruppe oder einer technischen Anlage gebundene Arbeitsgeschwindigkeit;
– zeitliche und sachliche Abhängigkeit von Arbeitskräften mit anderen Aufgaben (Arbeitsverkettung);
– Abhängigkeit von der Güte einer vorgelagerten Tätigkeit (qualitative Arbeitsabhängigkeit).

Ein wichtiges Ergebnis ist, daß durch die Abhängigkeiten, vor allem die Arbeitsverkettung und die Arbeit im Team, ein hohes Konfliktpotential entsteht. Konfliktanlässe sind vor allem:

– gegenseitige Behinderungen bei der Arbeit;
– Schwierigkeiten bei der gemeinsamen Benutzung von Werkzeugen und Maschinen;
– schlechte oder falsche Arbeitsausführungen bei vorgelagerten Tätigkeiten;
– verweigerte Aushilfe und Unterstützung;
– Wartezeiten durch verzögerte Arbeiten von Kollegen.

Eine weitere Gruppe von Bedingungen führt unmittelbar zu Konflikten. Diese Bedingungen lassen sich teilweise den oben klassifizierten Konflikten zuordnen. So gehen Beurteilungskonflikte auf eine unterschiedliche Informiertheit der Parteien über die anstehende Streitfrage zurück. Sie kann auf verschiedene Erfahrungen sowie unterschiedlicher Zugänglichkeit, Suche und Verarbeitung von Informationen beruhen. Ein Gewerkschaftsfunktionär beispielsweise hat häufig einen ganz anderen Erfahrungshintergrund und gewinnt seine Informationen aus anderen Quellen als ein Unternehmer.

Gegensätzliche Ziele, Rollenanforderungen, Werte und Normen führen zu Bewertungskonflikten. Von besonderer Bedeutung sind die »eingebauten« oder sozialen Rollenkonflikte. Sie entstehen aus (teilweise) gegensätzlichen Anforderungen an verschiedene Organisationsmitglieder. So sind z. B. die Ziele zwischen dem kaufmännischen Leiter eines technischen Kundendienstes, der dafür sorgen soll, daß die Reparaturen möglichst kostengünstig durchgeführt werden, und dem technischen Leiter, dessen Ziel es ist, möglichst gute Reparaturen zu gewährleisten, teilweise unvereinbar. Beide kommen in einen sozialen Rollenkonflikt, wenn es darum geht, die Dauer von bestimmten Reparaturen festzulegen. Eine kurze Zeit z. B. führt zwar zu einer Kostenminderung, birgt jedoch die Gefahr, daß eine fehlerhafte oder unvollständige Arbeit durchgeführt wird.

Solche sozialen Rollenkonflikte werden vor allem durch ein Belohnungssystem, nach dem die Gratifikation und das Prestige von der individuellen Zielerreichung abhängen, verschärft.

Verteilungskonflikte entstehen, wenn die Ansprüche der Parteien die zur Verfügung stehenden Mittel oder Anreize einer Organisation übersteigen. Das Anreizsystem einer Organisation umfaßt dabei mehr als die Bezahlung. Andere wichtige Anreize sind die Höhe der zugewiesenen Betriebsmittel, die hierarchische Position, die Position im Kommunikationsnetz, die Art der Tätigkeit, die Zuwendung des Vorgesetzten, die Sympathie der Kollegen etc. Verteilungskonflikte treten vor allem dann auf, wenn keine klaren und allgemein akzeptierten Verteilungskriterien (z. B. Beförderung nach Dienstalter) vorliegen. Häufig beruhen die Kriterien auf der Verteilung der Macht, die selbst Gegenstand von Verteilungskonflikten ist.

4.2.4 Konfliktverlauf

Der Konfliktverlauf (Phasen Konflikterleben und -verhalten, Interaktion) hängt vor allem von den wahrgenommenen Lösungsmöglichkeiten ab. Meinen zwei Parteien, nur auf Kosten der jeweils anderen Partei gewinnen zu können (Nullsummen-Situation), dann zeigen sie gewöhnlich ein Verhalten, das sich auf typische Weise vom Verhalten in kooperativen Situationen, in denen sie nur gemeinsam ihr Ziel erreichen können, unterscheidet (vgl. Sherif, 1970):

- die Einstellung zum Kontrahenten ist feindselig;
- es werden vor allem solche Handlungsweisen wahrgenommen, welche die negative Einstellung bestätigen;
- es kommt zu Aggressionen, z. B. Beschimpfungen;
- Informationen werden zurückgehalten, damit der Kontrahent keinen Vorteil gewinnt;

- Informationen des Kontrahenten werden mit Mißtrauen aufgenommen. Ihm wird unterstellt, immer auf den eigenen Vorteil bedacht zu sein;
- die eigene Leistung wird überschätzt und die des Kontrahenten unterschätzt.

Handelt es sich um eine kompetitive Beziehung zwischen Gruppen, kommen noch typische Gruppen-Effekte hinzu (vgl. auch Abschnitt 2.5.2.2):

- der Zusammenhalt der Gruppe wird enger; abweichende Meinungen werden nicht geduldet;
- die Gruppe strukturiert sich aufgabenorientiert (feste Aufgabenverteilung) um den anstehenden Konflikt besser bewältigen zu können;
- ein autoritärer Führungsstil wird eher geduldet;
- nicht-autorisierte Kontakte zur anderen Gruppe werden nicht toleriert.

Beleg 7   Kompetitive Beziehungen

Ein Unternehmen, das vor allem Fenster, Fensterrahmen und Türen herstellte, umfaßte mehr als ein Dutzend Filialen, die relativ selbständig ihre Aufgabe für einen bestimmten geographischen Distrikt erfüllten. Jeder Distrikt beinhaltete eine Produktionsstätte und ein Vertriebsgebiet. Der Produktionsleiter und der Leiter des Vertriebs eines Distrikts waren gleichrangig und hatten im Distrikt keinen gemeinsamen Vorgesetzten mehr über sich. Die Koordination zwischen beiden Abteilungen war ein Arrangement, das von den beiden Abteilungen festgelegt wurde und das von Distrikt zu Distrikt variierte. Beide Abteilungen waren natürlich wechselseitig abhängig, und zwar vor allem in der Annahme neuer Aufträge, in der Reihenfolge, in der die Eingänge produziert wurden, und in der Qualitätskontrolle. Es konnte in diesen Bereichen also leicht zu Konflikten kommen.

Annahme der Aufträge: Der Vertrieb, der die Aufträge annahm, war daran interessiert, möglichst viele Aufträge zu akzeptieren und möglichst weit auf die besonderen Kundenwünsche einzugehen. Dies bedeutete einen großen Auftragsbestand und mögliche Nachfolgeaufträge. Die Produktion hingegen hatte vor allem Interesse an Aufträgen, die technisch leicht durchführbar und kostengünstig waren. Was für die eine Abteilung also vorteilhaft war, war in manchen Fällen für die andere Abteilung von Nachteil. Das gleiche galt für die Reihenfolge der Auftragsdurchführung. Der Vertrieb hatte Interesse daran, daß die Prioritäten der Kundschaft berücksichtigt wurden. Die Produktion hingegen ging von den technischen Möglichkeiten und der Auslastung ihrer Arbeitsgruppen und Maschinen aus. Hinsichtlich der Qualität hatten beide ein großes Interesse an einem annehmbaren Qualitätsniveau. Der Verlust durch Ausführungsfehler konnte jedoch beiden Abteilungen zugeschrieben werden, dem Vertrieb wegen mangelhafter Auftragserhebung und der Produktion wegen fehlerhafter Durchführung.

Die Beziehungen zwischen den beiden Abteilungen waren also unter den genannten Aspekten kompetitiv: das Ansehen und die Gratifikation des Vertriebs hingen mehr vom Volumen, die der Produktion mehr von der Höhe der Produktionskosten ab. In einer der Filialen, der »Elgin-Filiale«, reagierten die Abteilungen auf diese Situation auf typisch kompetitive Weise. Die beiden Abteilungen betonten sehr stark ihre eigenen Aufgaben und deren Wichtigkeit und sahen beim jeweiligen Kontrahenten vor allem die gegensätzlichen Ziele, also bei der Produktion die Tendenz zu kostengünstiger Fertigung und beim Vertrieb die Ausrichtung auf ein möglichst großes Auftragsvolumen.

Man verstand die Probleme der jeweils anderen Abteilung nicht und erkannte ihre Forderungen nicht als berechtigt an. Entsprechend wurden die Informationen als Irreführungen und Taktik interpretiert, der man mit lückenhaften und irreführenden Informationen begegnete, um die eigenen Forderungen besser durchzusetzen und den anderen zu »erpressen«. So verlangte der Vertrieb überhöhte Qualitätsanforderungen, während die Fertigung diese Anforderungen nicht annahm. Um der anderen Abteilung den Einblick in die tatsächliche Lage zu verwehren, wurden die Kontakte möglichst eingeschränkt.

Verschiedene Strategien wurden eingesetzt, um möglichst viel Spielraum zu gewinnen und gleichzeitig die Freiheitsgrade der anderen Abteilung einzuschränken:

– Versuche, die formal vorgeschriebenen Kompetenzen zu umgehen, wenn es vorteilhaft war. So bestellte der Vertrieb manchmal Material, wenn die Produktion angab, sie habe für einen Auftrag kein Material mehr.

– Betonung rechtlicher Vorschriften bei gemeinsamen Entscheidungen: Es wurde genau festgelegt, wer für was verantwortlich ist.

– Versuche, Verpflichtungen für die zukünftige Leistung der anderen Abteilung zu fixieren.

– Versuche, die Interaktionen einzuschränken.

– Anwendung von Druckmitteln: Appelle an die Vorgesetzten in der Zentrale und Einwilligungstaktiken wie Verhandeln in der Anwesenheit des Kunden.

– Beschimpfungen wegen zurückliegender Fehler.

Die Beziehungen waren gekennzeichnet durch Drohungen und Feindseligkeit. Die Kontakte wurden auf einige formale Kanäle eingeschränkt und innerhalb dieser Kanäle durch enge Vorschriften festgelegt. Für viele gemeinsame Probleme gab es schriftliche Protokolle, in denen festgelegt war, wer mit wem Kontakt aufzunehmen hatte und nach welchen Kriterien das Problem zu beurteilen war, wie z. B. die Aufträge zeitlich abgewickelt werden sollten.

Jede Abteilung entwickelte Einstellungen, die ihre Verhandlungsstrategie und ihre Taktiken unterstützte. Man hielt die andere Abteilung für schlecht, inkompetent, rachsüchtig und hinterhältig. Versuche, durch informelle Kontakte wie Arbeitssessen diese Einstellungen zu ändern, scheiterten. Solche Kontakte trugen eher dazu bei, daß die Atmosphäre noch vergifteter und gespannter wurde.

Dutton, J. M. & Walton, R. E., Interdepartmental conflict and cooperation: two contrasting studies. In: J.W. Lorsch & P.R. Lawrence (eds.), Managing group and intergroup relations. Homewood, Illinois, 1972, 285–309.

Auch wenn eine Partei zunächst nicht bereit ist, einen Konflikt kompetitiv auszutragen, so kann sie durch ein solches Verhalten des Kontrahenten dazu provoziert werden. Vorurteile, Mißtrauen und Unterstellungen einer Partei bewirken bei der Gegenpartei Handlungen, welche diese Erwartungen bestätigen. Hält z. B. die eine Partei wichtige Informationen zurück, dann wird auch die andere Partei ihre Informationen einschränken. Daraus kann ein Verlauf entstehen, bei dem es nicht mehr um die Beilegung der ursprünglichen Streitfrage geht, sondern nur noch um die Frage, wer sich durchsetzt.

In diesem Zusammenhang ist hervorzuheben, daß Kontakte zwischen Kontrahenten in einer kompetitiven Beziehung nicht automatisch zur Beilegung oder Entschärfung von Konflikten führen, sondern häufig zur Täuschung und Bedrohung benutzt werden.

4.2.5 Konfliktkontrolle

Wie das oben skizzierte Phasenmodell verdeutlicht, kann die Kontrolle an verschiedenen Phasen ansetzen. Durch die Verminderung des Konfliktpotentials, die Manipulation der Frustrations-Wahrnehmung sowie den Einsatz von Macht kann verhindert werden, daß Parteien Konfliktverhalten zeigen. Durch Training der Konfliktparteien, die Einführung von Regeln sowie direkte Interventionen kann der Konfliktverlauf beeinflußt werden. Diese Maßnahmen lassen sich in Konfliktvermeidung und Konfliktsteuerung einteilen, die wiederum in Verhaltens- und strukturelle Maßnahmen gegliedert werden können (Oechsler, 1979).

Ein konfliktfreier Zustand in einer Organisation ist wegen der unterschiedlichen Werte, Normen und Ziele der Mitglieder, ihrer unterschiedlichen Beurteilung von Handlungsplänen und ihrer divergierenden Vorstellungen über die Verteilung von Anreizen nicht möglich. Ein konfliktfreier Zustand ist auch nicht wünschenswert. Seine Nachteile sind offensichtlich: die Organisation erstarrt, ihre

Kreativität und Anpassungsfähigkeit nehmen ab, die Zufriedenheit vieler Mitarbeiter sinkt. Aus dieser Überlegung folgt jedoch nicht, daß jeder auftretende Konflikt positiv zu bewerten ist. Es ist vielmehr zu beachten, daß unter einem qualitativen Aspekt Konflikte einen destruktiven Verlauf nehmen können und daß unter einem quantitativen Aspekt eine große Konflikthäufigkeit zur Handlungsunfähigkeit einer Organisation führen kann. Es ist deswegen sinnvoll, nach Möglichkeiten zu suchen, wie die Interaktionen und Beziehungen zwischen den Organisationsmitgliedern so gestaltet werden können, daß destruktive oder unproduktive Konflikte nicht oder seltener auftreten.

Eine systematische Konfliktvermeidung muß vor allem von den verschiedenen Konfliktursachen ausgehen und versuchen, die Wirksamkeit dieser Bedingungen zu mindern. Unter diesem Aspekt ist der einfachste Weg der Konfliktvermeidung eine Verminderung der gegenseitigen Abhängigkeit. Im konkreten Fall kann koordiniertes Handeln bei der Aufteilung beschränkter Mittel oder Service-Leistungen dadurch aufgehoben werden, daß z. B. statt einer Gesamtbibliothek Teilbibliotheken, statt eines Zentral-Rechners Bereichsrechner oder statt einer Ganztags-Schreibstelle zwei Halbtags-Stellen eingerichtet werden. Oder: die zeitliche Abstimmung isolierter Arbeitsabläufe kann dadurch gemindert werden, daß die betroffenen Personen jeweils mehrere Teilvorgänge ausführen. Allerdings lassen sich solche Maßnahmen nur in einem beschränkten Maße durchführen. Die gegenseitige Abhängigkeit ist ein unaufhebbares Merkmal von Organisationen.

Weitere Maßnahmen zur Minderung des Konfliktpotentials lassen sich auf die drei genannten Konfliktarten beziehen:

- bei Beurteilungskonflikten gilt es vor allem, die Kommunikationsbarrieren abzubauen. Es ist also dafür zu sorgen, daß alle Personen, die an gemeinsamen Aufgaben beteiligt sind, freien Zugang zu allen nötigen Informationen erhalten;
- zur Vermeidung von Bewertungskonflikten ist es wichtig, die Aufgaben und Ziele der Stelleninhaber möglichst übereinstimmend zu konzipieren und eindeutig festzulegen. Konflikte aufgrund unterschiedlicher Werte und Normen können durch Auswahlkriterien bei der Personaleinstellung und Beförderung gemindert werden;
- eine wichtige Maßnahme zur Verringerung von Verteilungskonflikten ist die Gestaltung des Belohnungssystems. Werden nur die individuellen Leistungen belohnt, treten mehr Konflikte auf, als wenn die Erfüllung gemeinsamer übergeordneter Ziele honoriert wird (vgl. Sherif, 1970).

Die genannten Vorschläge sind strukturelle Maßnahmen. Verhaltens-Maßnahmen umfassen das Training der Organisationsmitglieder, in dem vor allem die Wirkung persönlicher (z. B. Wettbewerbshaltung, Informationsverhalten) und gruppenspezifischer Merkmale auf das Konfliktverhalten und -erleben aufgezeigt wird und Verhaltens- und Einstellungsänderungen angestrebt werden.

Die Konfliktsteuerung und Intervention sollte vor allem dem Ziel dienen, den Konflikt als Problem zu sehen, das sachlich richtig und möglichst zur Zufriedenheit der Kontrahenten gelöst wird. Dies bedeutet: die Effekte kompetitiver Orientierung, also Vorurteile, Mißtrauen, Motiv-Unterstellungen, Kommunikationsbarrieren, Anreize zur Machtmotivation, feindselige Einstellungen etc. werden abgebaut und vermieden. Dadurch können die sachliche Diagnose von Problemen sowie das Finden und Bewerten von integrativen Lösungsmöglichkeiten erleichtert werden. Eine solche Konfliktlösung hat in beispielhafter Weise Lewin (1968) dargestellt.

Beleg 8   Die Lösung eines chronischen Konflikts

In einem Konfektionsbetrieb, der etwa 170 Arbeiterinnen, 5 Vorarbeiterinnen, eine Directrice und einen Mechaniker beschäftigt, entstehen zwischen der Directrice, dem Mechaniker und mehreren Arbeiterinnen immer wieder Konflikte, in welcher Reihenfolge gestörte Maschinen repariert werden sollen.
Der Mechaniker ist mit der Reparatur der 170 Maschinen überlastet. Wegen der Kriegszeit ist es nicht möglich, einen zweiten Mechaniker einzustellen. Wenn mehrere Maschinen gleichzeitig ausfallen, müssen einige Arbeiterinnen lange auf die Reparaturen warten, wodurch sie einen Verdienstausfall erleiden. Sie sind in dieser Lage auf den Mechaniker schlecht zu sprechen und beschweren sich bei der Directrice. Diese setzt sich für »ihre« Arbeiterinnen ein und beschwert sich nun ihrerseits bei dem Mechaniker. Beide sind verärgert und zeigen eine immer größere gegenseitige Abneigung. Einige Arbeiterinnen spielen diese Feindschaft aus, indem sie bei dem einen über den anderen klatschen und unwahre Behauptungen ausstreuen, die die Feindschaft noch vertiefen.
Zwischen der Directrice und dem gleichrangigen Mechaniker kommt es laufend zu Mißverständnissen und Streitigkeiten über die Reihenfolge der durchzuführenden Reparaturen, die Ursache der Störungen und die Qualität des Technikers. Die Streitigkeiten konzentrieren sich auf die Prestigefrage: Wer hat mit seiner Ansicht recht und wer unrecht? Die Beziehungen zwischen den beiden Kontrahenten sind schließlich so

vergiftet, daß sowohl die Directrice als auch der Mechaniker kündigen wollen.

Die Lösung des Konflikts wurde im Auftrag des Betriebsleiters von Bavelas, einem Psychologen, der in dem Betrieb zufällig ein Forschungsprojekt betreute, herbeigeführt. Einige Aspekte seiner Vorgehensweise sollen kurz skizziert werden:

- Die Kommunikation zwischen den beiden Hauptkontrahenten ist in dem typisch kompetitiven Konfliktverlauf zusammengebrochen. Sie beschuldigen und verteidigen sich nur noch. Der Vermittler muß deswegen zunächst indirekt über Einzelgespräche Kommunikationshilfen geben.
- In diesen Gesprächen nimmt der Vermittler von sich aus keine Stellung zur Schuldfrage und zur Lösung des Konflikts. Er hört sich zunächst die Beteiligten an und sammelt Informationen.
- Er erkennt die Gefühle der Beteiligten, ihren Zorn und ihre Enttäuschung an. Diese Emotionen baut er indirekt durch eine sachliche oder positive Schilderung der jeweiligen Gegenpartei ab.
- Er richtet die Aufmerksamkeit weg von Frage »Recht oder Unrecht« hin auf die konfliktauslösende Situation.
- Er erklärt die Situation nicht selbst, sondern stellt Fragen, welche die Kontrahenten zur Entdeckung der Konfliktursachen führen, und ermuntert sie, diese Realitäten zu akzeptieren.
- Die Umorientierung führt zu einer schrittweisen Annäherung der Sichtweisen – nämlich der Betrachtung der tatsächlichen Produktionsschwierigkeiten – und damit auch der Verhaltensbereitschaften, die durch die Sichtweisen bestimmt werden.
- Erst danach setzt die eigentliche Tatsachenfindung ein. Sie beginnt bei der Gruppe, die dem Problem am nächsten steht: den Arbeiterinnen.
- Im Rahmen der »Selbstfindung der Lösung« werden alle am Konflikt Beteiligten von Anfang an in die Planung der Lösung miteinbezogen.
- Der Vermittler strebt eine dauerhafte Regelung an. Der Konflikt beruht vor allem darauf, daß sich im Bereich der Reparatur die Kompetenzen überschneiden. Es muß eine Regelung gefunden werden, durch die die Verantwortlichkeit eindeutig festgelegt wird. Diese kommt der Directrice zu, da es in ihrer Verantwortung liegt, die Produktionsmenge zu sichern.
- Die Lösung sieht vor:
  (1) Wenn die gestörten Maschinen der Bedeutung nach gleich sind, soll die Regel gelten: »Wer zuerst kommt, wird zuerst bedient.«
  (2) Sind die Maschinen von unterschiedlicher Wichtigkeit, soll die wichtigere Maschine zuerst repariert werden.
  (3) Die Directrice entscheidet über die Wichtigkeit der Maschinen.
- Um die Einwilligung des Mechanikers zu erreichen, knüpft der Vermittler an dessen Motive an. Durch die Lösung wird er von den Spannungen mit den Arbeiterinnen entlastet. Der Verlust an Verantwortung betrifft nur die Reihenfolge der Reparaturen, über die er

informiert wird, nicht aber die Art und Weise, in der die Reparaturen durchgeführt werden.

Lewin, K., Die Lösung eines chronischen Konflikts in der Industrie. In Lewin, K., Die Lösung sozialer Konflikte, Bad Nauheim, 1968³, 181 bis 202.

Zusammenfassung:

In einem weiten Sinne führt eine Person oder eine Gruppe eine Entscheidung durch, wenn sie aus mehreren unterschiedlichen Handlungsplänen überlegt einen Plan auswählt und zu realisieren sucht. Entscheidungen sind abzugrenzen von Gewohnheitshandlungen, Impulshandlungen, affektiven Handlungen und durch Normen festgelegte Handlungen. Entscheidungen werden von Problemen ausgelöst, deren Lösung als Abfolge mehrerer Phasen dargestellt werden kann.
Die Entscheidungsforschung läßt sich in präskriptive und deskriptive Ansätze einteilen. Nach dem präskriptiven SEU-Modell soll man sich für die Alternative entscheiden, für deren Konsequenzen die Produktsumme aus Nutzen und Wahrscheinlichkeit am größten ist. Die Bewertung der Alternativen ist eine subjektive Schätzung.
In der deskriptiven Forschung wird versucht, das beobachtbare Handeln in Entscheidungssituationen zu beschreiben und zu erklären. Diese Forschung zeigte, daß bei Gruppenentscheidungen neben sachbezogenen Informationen auch sozial-emotionale Äußerungen und Beziehungen die Entscheidungspräferenzen beeinflussen.
Setzen sich mehrere Personen oder Gruppen mit Nachdruck für unvereinbare Handlungspläne ein, entsteht ein sozialer Konflikt. Er kann auf einer unterschiedlichen Nutzenbewertung der Alternativenkonsequenzen (Bewertungskonflikt), einer unterschiedlichen Beurteilung der Auftretenswahrscheinlichkeit der Konsequenzen (Beurteilungskonflikt) oder der Knappheit angestrebter Güter (Verteilungskonflikt) beruhen.
Soziale Konflikte lassen sich als Phasenabfolge darstellen. Die 1. Phase, die Wahrnehmung einer Frustration durch eine andere Partei, betrifft die Konfliktursachen, die sich in unspezifische und spezifische Bedingungen unterscheiden lassen. Eine wichtige unspezifische Bedingung ist die wechselseitige Abhängigkeit. Spezifische Ursachen sind unterschiedliche Informiertheit, gegensätzliche Ziele, Rollenanforderungen und Werte sowie die Größe und Verteilung von Mitteln und Anreizen.
Bei der 2. Phase, der Bestimmung der frustrierenden Situation, sind

*vor allem die Alternativen-Konstellationen im wahrgenommenen
Ergebnisraum zu beachten. Sie beeinflussen stark den Konfliktverlauf (3. und 4. Phase), der durch kooperative oder durch kompetitive Reaktionen und Interaktionen gekennzeichnet sein kann.
Die Maßnahmen der Konfliktkontrolle lassen sich in Konfliktvermeidung und Konfliktsteuerung einteilen, die wiederum in Verhaltens- und strukturelle Maßnahmen gegliedert werden können.
Konfliktvermeidende Maßnahmen versuchen vor allem, die Konfliktursachen zu begrenzen. Die Konfliktsteuerung kann als Machtkampf oder als Problemlösung charakterisiert sein.*

Arbeitsteil

A Mehrfachwahlfragen zur Selbstkontrolle

Kontrollieren Sie stichprobenartig Ihr Wissen, indem Sie bei den nachfolgenden Mehrfachwahlfragen M 10—12 diejenige (nur eine!) der vorgesehenen Lösungsalternativen anstreichen, die Ihnen die beste zu sein scheint. Blättern Sie bei der Beantwortung bitte nicht in den Text zurück! Die richtige Lösung finden Sie im Anhang auf Seite 203.

M 10
Nach dem SEU-Modell soll die Alternative gewählt werden,
a) bei welcher der objektiv erwartete Nutzen am größten ist;
b) für deren Konsequenzen die Produktsumme von subjektiven Nutzens- und Wahrscheinlichkeitswerten am größten ist;
c) für deren Konsequenzen die Produktsumme von subjektiven Nutzens- und objektiven Wahrscheinlichkeitswerten am größten ist;
d) die eine Resultante von subjektiven Nutzens- und Wahrscheinlichkeitsurteilen ist.

M 11
Gruppen, zwischen denen kompetitive Beziehungen bestehen, neigen dazu,
a) mehr Kontakt miteinander zu pflegen, um den Konflikt beizulegen;
b) die Spannungen durch Konflikte und abweichende Meinungen innerhalb der Gruppen abzureagieren;
c) sich gegenseitig böswillige Motive zu unterstellen und bevorzugt das wahrzunehmen, was diese Unterschiebungen bestätigt;
d) einen demokratischen Führungsstil zu tolerieren, um Konflikte innerhalb der Gruppen zu vermeiden.

M 12
Was versteht man unter einem Bewertungskonflikt?
a) 2 Kontrahenten richten ihr Verhalten nach unterschiedlichen Wertsystemen aus.

b) 2 Kontrahenten verfolgen dasselbe Ziel, schätzen seinen Nutzen aber unterschiedlich ein.

c) 2 Kontrahenten wollen verschiedene Handlungsalternativen realisieren, weil sie den Nutzen ihrer Konsequenzen gegensätzlich bewerten.

d) 2 Kontrahenten setzen sich für die Realisierung gegensätzlicher Handlungsalternativen ein, weil sie die Auftretenswahrscheinlichkeit des Nutzens der Konsequenzen verschieden beurteilen.

Zur Vertiefung dieses Kapitels sei besonders empfohlen:

Brandstätter, H. & Schuler, H. (Hrsg.): Entscheidungsprozesse in Gruppen. Zeitschrift für Sozialpsychologie Beiheft 2, Bern 1976
Dieses Sonderheft der Zeitschrift für Sozialpsychologie enthält neben der Diskussion theoretischer Ansätze, eine größere Zahl experimenteller Arbeiten zum Gruppenentscheidungsprozeß, sowie
Rüttinger, B.: Konflikt und Konfliktlösen. Goch 1981
In diesem leicht geschriebenen anwendungsorientierten Buch findet sich eine Einführung in die Psychologie des zwischenmenschlichen Konfliktes sowie eine beispielsreiche Darlegung verschiedener Arten des Umgangs mit sozialen Konflikten

B Problemfragen

Die nachfolgenden Fragen P 13—16 haben keine angebbaren Richtiglösungen. Sie sollen dazu dienen, Sie unter Verwendung des Gelesenen zu selbständigem Denken anzuregen.

P 13
Bei bestimmten Entscheidungstechniken werden Alternativensuche und Alternativenbewertung getrennt. Was spricht für eine solche Trennung unter den Aspekten der Zeitökonomie, der Gruppendynamik und des Lernens?

P 14
Sind Konflikte in einer Organisation nützlich oder schädlich? Wem würde ein konfliktloser Zustand nützen, wem schaden? Wie würde eine konfliktfreie Organisation aussehen?

P 15
In der Psychologie gibt es eine Richtung, die behauptet, Aggressivität sei vor allem angeboren, und eine andere, die meint, Aggressionen seien erlernt. Welche unterschiedlichen Konsequenzen ergeben sich aus diesen Theorien für Konfliktentstehung, -lösung und -vermeidung?

P 16
Zwischen Mitgliedern verschiedener organisatorischer Rangebenen können starke Unterschiede in der Wahrnehmung und Interpretation organisatorischer Vorgänge bestehen, die leicht zu Konflikten führen können. Schlagen Sie Strategien vor, wie diese Unterschiede möglichst gering gehalten werden können!

F 3: Konflikt zwischen 2 Gruppen

An einem Gymnasium verlangt der Elternbeirat vom Direktor energisch die Entlassung eines Schülers, weil er angeblich unter seinen Mitschülern Rauschmittel verteilt. Die Schülerselbstverwaltung hält diese Behauptung für weit übertrieben und fordert vom Direktor, daß der Schüler weiterhin die Schule besuchen darf. Der Direktor bittet beide Gruppen zu einer Diskussion. 2 Sprecher tragen die Argumente der beiden Parteien vor.

Es kommt zu einer erregten Diskussion. Obwohl die Angelegenheit nicht ganz geklärt werden kann, entscheidet sich der Direktor schließlich für die Entlassung des Schülers.

1. Was geschieht während der Debatte innerhalb der beiden Gruppen?
2. Was geschieht während der Debatte zwischen den beiden Gruppen?
3. Was geschieht in der siegreichen Gruppe?
4. Was geschieht in der unterlegenen Gruppe?
5. Was geschieht dem entscheidenden Direktor?
6. Was geschieht den Sprechern der beiden Gruppen?

Nach der Beantwortung der Fragen: vgl. Kolb, D. A., Rubin, I. M. & McIntyre, J. M. Organizational psychology. An experiential approach. London etc. 1971, S. 217–225.

Kapitel 5

Führung in Organisationen

Lernziele:

Die Bearbeitung des Kapitels »Führung in Organisationen« soll dazu anregen und (oder) befähigen
- *den Begriff der Führung zu definieren*
- *Fragen zu nennen, die vermutlich an die angewandte Führungsforschung gestellt werden*
- *verschiedene Kriterien des Führungserfolgs anzugeben*
- *Forschungsbeispiele zu beschreiben und zu kritisieren, deren Ziel darin besteht, befähigten Führungsnachwuchs auswählen zu können*
- *anzugeben, nach welchem Konzept die experimentelle Führungsstilforschung durchgeführt wurde und welche wichtigen Ergebnisse sie erbrachte*
- *einige Führungstheorien darzustellen, die auf den beiden Führungsdimensionen »Mitarbeiterorientiertheit« und »Aufgabenorientiertheit« aufbauen*
- *aufzuzeigen, warum Führungsschulung so selten ein verändertes Führungsverhalten zur Folge hat*
- *darzulegen, was der Grundgedanke von Situationstheorien der Führung ist*
- *zu erkennen, daß das Führungsverhalten und der Führungserfolg personal und situational bedingt sind.*

Orientierungsfragen:

1. Wenn ein Betriebspraktiker einen Psychologen trifft, der sich mit Führungsforschung beschäftigt – was wird er diesen wohl fragen?
2. Hat – bei sonst gleichen Bedingungen – der intelligente Aktive die größte Chance, in jeder Arbeitsgruppe als Vorgesetzter akzeptiert zu werden?
3. Personen in Führungspositionen haben überdurchschnittlich häufig Väter, die auch in Führungspositionen stehen oder standen. Ist also Führung durch Eigenschaften bedingt, die vererbt werden?
4. Sie werden aufgefordert, aus einer größeren Zahl von Bewerbern Nachwuchsführungskräfte auszulesen. Wie würden Sie vorgehen?

5. Vorgesetzte, die ihren Mitarbeitern gegenüber sehr rücksichtsvoll sind und auf die Bedürfnisse der Mitarbeiter eingehen, sind der Unternehmensspitze häufig verdächtig, weil man vermutet, daß sie durch ihr Führungsverhalten nicht in der Lage sind, die Geführten zur Leistung anzuregen. Ist dieser Verdacht berechtigt?

6. Manche Menschen werden auch heute noch streng und autoritär erzogen. Werden sie, wenn sie das Elternhaus verlassen haben, glücklich die Fesseln abstreifen und sich unter eine Führung begeben, die Mitbestimmung zuläßt oder werden sie lieber weiterhin unter dem „Sklavenjoch" einer autoritären Führung marschieren?

7. Denken Sie sich eine Situation, in der Sie einem Vorgesetzten raten würden, allein zu entscheiden. Dann stellen Sie diese Situation einer anderen Situation gegenüber, in der Sie ihm zu einer Gruppenentscheidung raten würden!

8. Ein Vorgesetzter war drei Wochen lang bei einem Führungsseminar und zeigte bei den dort durchgeführten Übungen, daß er in der Lage ist, nondirektive Mitarbeitergespräche zu führen, angemessen Anerkennung und Kritik auszusprechen, Ziele mit seinen Mitarbeitern zu vereinbaren etc. Nach der Rückkehr in seine Abteilung verhält er sich wie vor dem Training und nutzt seine neu erworbene Verhaltenskompetenz nicht. Woran liegt das?

9. Soll alles an der »Basis« beginnen? Soll man bei der Einführung eines neuen Führungsstiles oben oder unten in der Hierarchie ansetzen? Differenzieren und begründen Sie Ihre Antwort!

5. Führung in Organisationen

5.1 Zum Begriff der Führung

Auch in der fernen Vergangenheit findet man wissenschaftliches Schrifttum, daß sich kritisch analysierend und praxisbezogene Ratschläge erteilend mit Führungsphänomenen auseinandersetzt. Das legendäre Werk »il principe« des Niccolo Macchiavelli von 1514 mag als prominentes Beispiel dafür dienen. Die moderne akademische Psychologie dagegen wandte sich Fragen der Führung erst relativ spät – intensiv erst seit den 30er Jahren dieses Jahrhunderts – zu. Der Anstoß dafür kam wohl kaum aus der stringenten Entwicklung der psychologischen Theorienbildung, sondern von außen: Die Krise der politischen Führung in den zwanziger und dreißiger Jahren rief persönlich davon betroffene Forscher (Lewin et al., 1939) zu einschlägigen Aktivitäten auf; der Verlust an Selbstverständlichkeit in der Führung von Organisationen der Wirtschaft brachte es mit sich, eine Neuorientierung auch mit Hilfe psychologischer Forschung zu suchen (vgl. z. B. Coch und French, 1948; French et al., 1960).

Entsprechend gehört die Führungsforschung schwerpunktmäßig dem Gebiet der angewandten Psychologie (vgl. Gebert und v. Rosenstiel, 1981) an: Es werden Fragestellungen, die aus der Praxis kommen, aufgegriffen und mit theoretischen Konzepten und Forschungsmethoden, wie sie auch in der psychologischen Grundlagenforschung üblich sind, zu beantworten gesucht. Die intensive anwendungsorientierte psychologische Führungsforschung (vgl. Stogdill, 1974) brachte es allerdings mit sich, daß auch die psychologische Grundlagenforschung – insbesondere in ihrer sozialpsychologischen Ausrichtung – sich eingehend mit Fragen der Führung auseinandersetzte (vgl. Bastine, 1972; Irle, 1975, S. 490).

5.1.1 Führung als Gegenstand der Psychologie

Führung ist ein vielschichtiges gesellschaftliches Phänomen, das sich unter sehr verschiedenen Aspekten analysieren läßt. Es kann daher nicht überraschen, daß es innerhalb vieler Wissenschaften Führungsforschung gibt, z. B. innerhalb der Politologie, der Soziologie, der Geschichtswissenschaft, der Kommunikationswissenschaft, der Volkswirtschaftslehre oder der Betriebswirtschaftslehre. Ein besonders wichtiger Aspekt ist fraglos der des menschlichen

Erlebens und Verhaltens und damit der Gesichtspunkt der Psychologie. Sie versteht häufig in einem sehr weiten Sinn Führung als eine unmittelbare, absichtliche und zielbezogene Einflußnahme von Personen auf andere (vgl. z. B. Baumgarten, 1977; Neuberger, 1978). Beispiele für derartige weite Definitionen: »Wenn es das Ziel eines Mitglieds A ist, ein anderes Mitglied B zu verändern, oder wenn A B's Verhaltensänderung belohnt oder sein Verhalten verstärkt, dann ist A's Bemühen, dieses Ziel zu erreichen, Führung« (Bass, 1960, S. 89). Ein weiteres Beispiel: »Wir werden jene Gruppenmitglieder als Führer definieren, die die Aktivitäten der Gruppe beeinflussen« (Krech et al., 1962, S. 423).

Bei derartig weiten Definitionen wird mit Führung eine Verhaltensdimension angesprochen, die fast mit Kommunikation (vgl. Piontowski, 1976) gleichgesetzt werden kann und die immer dort zu beobachten ist, wo Menschen miteinander in Interaktion stehen. In sozialen Situationen beeinflußt ja – wenn auch in unterschiedlichem Ausmaß (Cattell, 1951) – ein jeder jeden, so daß in Gruppensituationen nur noch wenig Verhalten als »Nichtführungsverhalten« (vgl. Sader, 1976, S. 164) übrigbliebe. Entsprechend hat es auch in der Sozialpsychologie an Vorschlägen nicht gemangelt, das Führungsverhalten allgemeineren Begriffen wie z. B. Macht und Abhängigkeit (Irle, 1975) oder Lernen (z. B. Thibaut und Kelley, 1959; Nieder, 1975) zuzurechnen und keine eigenständige Führungsforschung, die ja tatsächlich durch ein »außerwissenschaftliches« Wort nahegelegt wird, zu installieren.

5.1.2 Führung als Gegenstand der Organisationspsychologie

In der Organisationspsychologie wird man kaum dem Versuch begegnen, Führungsforschung unter einer anderen Bezeichnung zu betreiben. Dies überrascht nicht. Die Organisationspsychologie ist ein Teilgebiet der angewandten Psychologie; sie versucht mit wissenschaftlichen Methoden Fragen zu beantworten, die aus der Praxis der Organisationen in Wirtschaft und Verwaltung kommen – und dort wird eben meist sehr konkret danach gefragt, was man zur Verbesserung des Führungsgeschehens, insbesondere zur Sicherstellung des Führungserfolgs tun kann. Allerdings ist die Fragestellung dadurch eingeengt. Es geht nicht im allgemeinen Sinne um Einflußphänomene in Organisationen, sondern darum, wie eine Person, der eine Vorgesetztenposition übertragen wurde, ihre Führungsaufgaben meistert. Entsprechend beziehen sich Führungsdefinitionen innerhalb der Organisationspsychologie auch meist auf Rolleninhaber innerhalb geplanter sozialer Einheiten und bezeichnen jene Verhaltensweisen dieser Personen als Führung, die im Sinne ihrer Intention das Verhalten formal unterstellter Mitglieder der Arbeitseinheit zu beeinflussen suchen.

5.2 Kriterien des Führungserfolgs

Die Anwendungsorientierung der organisationspsychologischen Führungsforschung brachte es mit sich, daß es dort nicht so sehr um eine begriffliche Klärung oder theoretische Durchdringung des Führungsphänomens ging, sondern – gelegentlich etwas »kurzatmig« – um die Suche nach Antworten auf Fragen eines Auftraggebers, z. B. einer Organisation aus dem Bereich des Militärs, der Industrie, der öffentlichen Verwaltung oder der Erziehung. Damit war zugleich eine pragmatische Orientierung gegeben. Die Psychologie sollte im Sinne einer Sozialtechnologie (vgl. Irle, 1975; Herrmann, 1979) dazu beitragen, den Führungserfolg sicherzustellen.
Obwohl die Frage nach den Bedingungen des Führungserfolgs zunächst prägnant gestellt zu sein scheint, erweist sie sich bei näherem Zusehen als Leerformel (vgl. v. Rosenstiel, 1981). Was als Führungserfolg zu gelten hat, muß ja von Fall zu Fall inhaltlich ganz konkret bestimmt werden und ist eine politische – wohl kaum allein unternehmenspolitische – Aufgabe. So überrascht es denn auch nicht, daß von Organisation zu Organisation bzw. von Situation zu Situation andere Kriterien des Führungserfolgs benannt werden, und daß andererseits von empirischer Untersuchung zu empirischer Untersuchung andere Kriterien des Führungserfolgs entweder genannt oder durch die Meßvorschriften operational definiert werden. Dies spiegelt einerseits die Komplexität des Problems wieder und bringt es andererseits mit sich, daß es kaum möglich ist, verschiedene empirische Untersuchungen in einem strengen Sinne miteinander zu vergleichen (vgl. Neuberger, 1972; Seidel, 1978).
Das hier angesprochene Problem ließ Smith (1967, S. 73) beinahe verzweifeln: Die Autorin listete in der Literatur genannte Kriterien auf und schrieb dann: »nachdem ich drei eng beschriebene Seiten gefüllt hatte, ohne auch nur annähernd die Literatur ausgeschöpft zu haben, fand ich, daß dieser Ansatz nur Schlaf oder Verzweiflung hervorrufen würde«. Lent et al. (1971) stießen bei einer Literaturanalyse von Arbeiten aus dem Zeitraum von 1954 bis 1966 auf 1506 verschiedene Kriterien. In der Tat: führt derjenige besonders erfolgreich, der rasch in der Organisation aufsteigt? Und läßt sich dies am besten dadurch bestimmen, daß er in relativ kurzer Zeit

eine hohe Position erreicht hat? Oder besser an der Zahl derjenigen, die ihm unterstellt sind? Oder besser noch am Gehalt? Oder
ist der ein besonders guter Vorgesetzter, dessen Mitarbeiter zufrieden sind, selten kündigen, kaum krank werden? Oder führt derjenige eine Arbeitsgruppe besonders erfolgreich, wenn diese – langfristig oder kurzfristig?, quantitativ oder qualitativ?, innovativ
oder in ausgefahrenen Bahnen? – besonders gute Leistungen erbringt? Oder sollte man besser jenen als erfolgreich bezeichnen,
dessen Mitarbeiter sich in auffallendem Maße fachlich qualifizieren
oder doch besser jenen, der gemeinsam mit den ihm Unterstellten
den nachweislich höchsten Beitrag zum Gewinn des Unternehmens
beisteuert? Aber was ist Gewinn? Gewinn für wen? Gewinn
wann? (vgl. Katona, 1951). Ist denn der Gewinn das einzig rele-
vante Unternehmensziel; gibt es denn nicht auch andere sehr
bedeutsame (vgl. Heinen, 1971)? Was sind die Ziele, die es in der
Organisation zu erreichen gilt, die nicht der Wirtschaft angehört
wie z. B. ein kommunales Krankenhaus, eine Schule, ein Gefäng-
nis? Und wie kann man den Beitrag eines dort tätigen Vorgesetzten
zum »Erfolg« der Organisation bemessen?
Kriterien des Führungserfolgs können kaum ohne Willkür genannt
werden. Und ob die Kriterien, die innerhalb der empirischen
Forschung schließlich messend erfaßt werden, die gemeinten und
begrifflich festgelegten dann auch objektiv, reliabel und valide
erfassen (vgl. Neuberger, 1976), ist eine weitere Frage. Man darf
davon ausgehen, daß die in der Forschung erfaßten Kriterien häufig
wenig relevant und nicht kontaminationsfrei sind. Auch die Kombination einer größeren Zahl von Kriterien zu einem »multiplen
Kriterium« (vgl. Weinert, 1981) bringt keine grundsätzliche Lösung der genannten Schwierigkeiten.
Obwohl also in der Regel kaum eindeutig angegeben werden kann,
was inhaltlich als Kriterium des Führungserfolgs gilt, wird dennoch von den Ergebnissen der organisationspsychologischen Führungsforschung erwartet, daß sie einen wesentlichen Beitrag zur
Sicherung des Führungserfolges erbringt.

5.3 Die Förderung des Führungserfolgs

Wie immer man den Führungserfolg auch definieren mag, er ist
auch, aber keineswegs nur, vom Verhalten des Vorgesetzten abhängig. Der Führungserfolg wird im mehr oder minder großen
Maße durch die Gestaltung der Bedingungen in der Organisation
z. B. durch die Technologie, durch Normen und Vorschriften,

z. B. durch Einführung des Harzburger Modelles (vgl. Höhn und Böhme, 1969), durch Führungsgrundsätze (vgl. Albach, 1982) oder durch Zielsetzungssysteme (vgl. Neuberger, 1977; Lattmann, 1982) sichergestellt werden. Gelegentlich wird die Determination des Führungserfolgs durch derartige strukturale Maßnahmen als so stark angenommen, daß man von persönlichen Eigenheiten und Verhaltensbesonderheiten der Führenden glaubt ganz absehen zu können, wie es z. B. grundsätzlich für das sog. bürokratische Modell der Organisation (vgl. Weber, 1922) gilt.

Strukturale Bedingungen, die zwar meist die Folge von Verhalten – Entscheidungsverhalten – sind, aber nicht mehr unmittelbar auf das Verhalten der Führenden einwirken, sollen hier – da sie kaum als Gegenstand der Psychologie bezeichnet werden können – nicht weiter besprochen werden. Nicht ausgespart können dagegen jene strukturalen situationalen Komponenten werden, die als unmittelbare Determinanten des Verhaltens (vgl. v. Rosenstiel, 1975; Campbell und Pritchard, 1976) und somit auch des Führungsverhaltens gelten können. Ihre Wirkung auf den Führungserfolg zeigt Darstellung 19.

Darstellung 19 Bedingtheit des Führungserfolgs durch Person und Situation

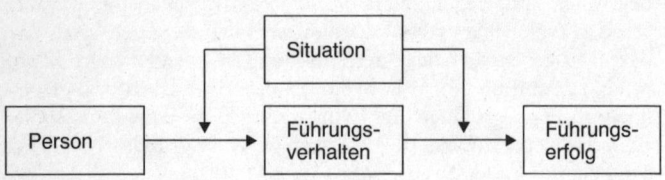

Darstellung 19 verdeutlicht, daß ein durch ganz bestimmte Persönlichkeitsmerkmale gekennzeichneter Vorgesetzter je nach Situation ein anderes Führungsverhalten zeigt und daß dieses Führungsverhalten – wiederum je nach Situation – andere Arten und andere Ausprägungen des Führungserfolgs nach sich zieht.

Es ist kennzeichnend für die Arbeitsweise der Psychologie, daß sie bei ihrem Bemühen um die Sicherung des Führungserfolgs fast nur von der Person und kaum von der Situation ausging, obwohl beide Einflußgrößen für den Führungserfolg hoch bedeutsam erscheinen. Vernachlässigt man den Einfluß der Situation und geht nur von der Person aus, so ist der Führungserfolg durch das Führungsverhalten, das Führungsverhalten durch Merkmale motivationaler und kognitiver Art (vgl. v. Rosenstiel, 1979; Brandstätter, 1979) der

Person determiniert. Entsprechend kann man versuchen, den Führungserfolg dadurch zu sichern, daß man entweder

– Personen mit solchen Eigenschaften auswählt, deren Führungsverhalten den Erfolg sicherzustellen verspricht oder

– Personen in ihren überdauernden Verhaltensbereitschaften durch Trainingsprogramme so zu beeinflussen sucht, daß der Führungserfolg mit höherer Wahrscheinlichkeit eintritt.

Ob eine Organisation in stärkerem Maße die Selektions- oder die Verhaltensmodifikations-Strategien bevorzugt, wird einmal von wirtschaftlichen und gesellschaftlichen Gegebenheiten abhängen (wenn viele potentielle Führungskräfte zur Wahl stehen, »lohnt« die Auswahl; wenn der Arbeitsmarkt eine solche Auswahl nicht zuläßt, wird man das Training bevorzugen); es spielen aber auch Grundüberzeugungen eine nicht zu unterschätzende Rolle: Glauben die Verantwortlichen, daß der Mensch in seinem Verhalten weitgehend determiniert und durch seine Anlagen bestimmt ist oder daß er beliebig prägsam ist und nahezu alle Verhaltensweisen erlernen kann? Die Anlage-Umweltkontroverse schwelt hier also im Hintergrund (vgl. Merz und Stelzl, 1977; v. Rosenstiel, 1980, S. 53–57).

5.3.1 Selektion

Psychologisch begründete Selektion von Führungskräften kann als Unterform personeller Entscheidungen (vgl. Brandstätter, 1982) betrachtet werden, die das Ziel verfolgt, zum Zeitpunkt der Entscheidung beim potentiellen Vorgesetzten solche Persönlichkeitsmerkmale festzustellen, die zu einem späteren Zeitpunkt – in der Anforderungssituation – »das erwünschte Führungsverhalten« wahrscheinlich machen. Erwünscht ist jenes Führungsverhalten, von dem man annimmt oder aufgrund systematischer Analysen weiß, daß es den Führungserfolg – wie er auch immer definiert sein mag – wahrscheinlich macht. Als Beispiele entsprechender Forschungsansätze werden wir die Eigenschaftentheorie der Führung (5.4.1) und den Assessment-Center-Ansatz (5.4.2) vorstellen.

5.3.2 Verhaltensmodifikation

Die Anpassung der Person an die Anforderungen der Führungsaufgabe kann durch gezielte Selektion, sie kann aber auch dadurch erfolgen, daß der Bewerber oder Stelleninhaber jene Verhaltensweisen erlernt, die die Aufgabe fordert. Es ist dabei notwendig, die Anforderungen zu analysieren (vgl. zusammenfassend Stocker-

Kreichgauer, 1978), daraus Lernziele abzuleiten und auf lerntheo-
retischer Grundlage sodann ein Veränderungswissen (vgl. Kaminski, 1970) zu entwickeln; – es wird meist die Form eines verhaltens-
orientierten Trainingskonzepts, eines umfangreichen Curriculums
oder eines Trainee-Programmes annehmen, mit dessen Hilfe die
trainierte Person die Bereitschaft entwickelt und die Verhaltenskompetenz erwirbt, das geforderte Verhalten in der künftigen
Aufgabensituation zu zeigen.

5.4 Selektionsorientierte Ansätze

Die Auswahl des Führungsnachwuchses und die Besetzung höherer Führungspositionen machen in den Organisationen der Wirtschaft und Verwaltung vielfältige personelle Entscheidungen erforderlich, deren Bedeutung von der Unternehmensführung auch
meist hoch eingestuft wird. Die Personalabteilungen greifen daher
nicht selten auf den Rat externer Experten, nicht selten auf den von
Organisationspsychologen zurück. Tatsächlich hat sich die frühere
Betriebs- und heutige Organisationspsychologie auch darum bemüht, durch einschlägige Forschungsarbeiten zur Verbesserung
derartiger Entscheidungen beizutragen. Die Erarbeitung einer empirisch fundierten Eigenschaftentheorie der Führung und die Entwicklung des sog. Assessment-Center-Ansatzes mögen als besonders prominente Beispiele dafür gelten. Ob diese Forschungsarbeiten erfolgreich waren, d. h. ob sie zum gewünschten Ergebnis
führten, soll nachfolgend geprüft werden.

5.4.1 Die Eigenschaftentheorie der Führung

Sieht man – wie in Darstellung 19 veranschaulicht – den Führungserfolg bedingt durch das Führungsverhalten, das Führungsverhalten bedingt durch die Eigenschaften der Person und sieht man
dabei von situativen Einflüssen ab, so ist es schlüssig, in den
Eigenschaften der Person die entscheidenden, wenn nicht gar die
einzigen Determinanten des Führungserfolges zu sehen. Da die
Psychologie – ihrer Tradition und ihrem Selbstverständnis gemäß –
dazu neigt, personale Determinanten des Verhaltens zu über- und
situative Determinanten zu unterschätzen, überrascht es nicht, daß
sich die Führungsforschung über lange Jahre einem entsprechenden
Ansatz verschrieb. In vielen empirischen Untersuchungen richtete
sie ihr Hauptaugenmerk darauf, jene Persönlichkeitsvariablen zu
ermitteln, die die Wahrscheinlichkeit erhöhen, daß ein Individuum

eine Führungsposition innerhalb einer Gruppe oder innerhalb einer Organisationseinheit einnimmt. Dieser Ansatz war – beurteilt man ihn psychologieintern – stärker charakterologischer und persönlichkeitspsychologischer als sozialpsychologischer Art (vgl. Irle, 1970). Seine Intention war – beurteilt man sie von außen her – auf Selektion gerichtet, was das zugrundeliegende dreistufige Arbeitsprogramm verdeutlicht:

1. Es sollte zunächst analysiert werden, welche Eigenschaften kennzeichnend für Personen in Führungspositionen bzw. für erfolgreich Führende sind.
2. Testverfahren sollten entwickelt werden, die sich zur Messung der genannten Eigenschaften eignen.
3. Bewerber für Führungspositionen werden mit dem genannten Testverfahren untersucht; diejenigen, die die besten Testwerte erreichen, haben künftig mit der größten Wahrscheinlichkeit Führungserfolg.

In der Regel sah der Versuchsaufbau zu Punkt 1 so aus, daß man Inhaber von Führungspositionen oder aber an bestimmten, meist leistungsbezogenen, Kriterien als erfolgreich zu bezeichnende Vorgesetzte mit psychodiagnostischen Verfahren untersuchte und ihre so ermittelten Persönlichkeitsmerkmale mit den entsprechenden von Personen aus einer Kontrast- oder Kontrollgruppe verglich.

Es wurden weit über 100 empirische Untersuchungen, die sich an das genannte Design anlehnen, publiziert. Fast alle erbrachten einige signifikante und plausibel zu interpretierende Ergebnisse, z. B. daß der Grad der Intelligenz, der Dominanz oder der Verantwortungsbereitschaft mit dem Erreichen einer Führungsposition bzw. dem Führungserfolg korreliert.

Man dachte nun daran, den Ertrag dieser Forschung zu sichten, die Ergebnisse zusammenzustellen, was Stogdill (1948, 1974), Mann (1959), Korman (1968) und im deutschsprachigen Raum Neuberger (1976) sowie Wunderer und Grunwald (1980) getan haben. Das Problem derartiger Sammelreferate ist offensichtlich: Kaum Vergleichbares wird verglichen.

In den einzelnen der einbezogenen empirischen Studien wurden meist unterschiedliche Eigenschaften auf unterschiedliche Weise gemessen und mit verschiedenen Kriterien für Führung oder Führungserfolg verglichen; die Untersuchungen wurden keineswegs nur in Leistungsorganisationen der verschiedensten Art durchgeführt, sondern auch in Schulen, Freizeitorganisationen oder gar in Kleinkindergruppen. Sieht man von diesen fraglos gravierenden Problemen ab, so läßt sich sagen, daß zwischen Führung und den folgenden Persönlichkeitsmerkmalen mit überdurchschnittlicher

Wahrscheinlichkeit korrelative Beziehungen bestehen: Alter, Körpergröße, Körpergewicht, körperliche Verfassung, Aussehen, Wortgewandtheit, Intelligenz, Schulerfolg, Wissen, Urteils- und Entscheidungsfähigkeit, Einsicht, Originalität, Anpassungsfähigkeit, Introversion, Dominanz, Initiative und Ehrgeiz, Verantwortungsgefühl, Verläßlichkeit, Integrität, Überzeugungsstärke, Selbstvertrauen, Selbstbeherrschung, Gefühlskontrolle und -stabilität, sozioökonomischer Status, soziale Aktivität, biosoziale Aktivität, soziales Geschick, Beliebtheit, Kooperationsbereitschaft.

Stogdill (1948) strukturiert in seinem Bemühen, die Ergebnisse überschaubar zu machen, wie folgt:

1. Befähigung (Intelligenz, Wachsamkeit, verbale Gewandtheit, Originalität, Urteilskraft)
2. Leistung (Schulleistung, Wissen, sportliche Leistung)
3. Verantwortlichkeit (Zuverlässigkeit, Initiative, Ausdauer, Aggressivität, Selbstvertrauen, Wunsch sich auszuzeichnen)
4. Teilnahme (Aktivität, Soziabilität, Kooperationsbereitschaft, Anpassungsfähigkeit, Humor)
5. Status (sozioökonomische Position, Popularität).

Was aber helfen diese Listen von Eigenschaften bei der Selektion von Führungskräften? Ist überhaupt eine Person durch überdurchschnittliche Ausprägungen in allen diesen Merkmalen ausgezeichnet? Müssen sie in einer bestimmten Kombination oder Konfiguration auftreten, um den Führungserfolg (welchen?) sicherzustellen? Gelten die Beziehungen generell? Darf man die Korrelationen so interpretieren, daß die Eigenschaften die Ursache des Führungserfolges sind oder könnte nicht auch eine umgekehrte Beziehung gelten?

Die Bedenken, die hinter diesen Fragen stehen, sind zum Teil berechtigt, was an einigen Beispielen (differenziertere Information geben Wunderer und Grunwald, 1980, S. 113f.) gezeigt sein soll (vgl. Tabelle 3).

Was fällt in der Tabelle auf? Die korrelative Beziehung zwischen Persönlichkeitsmerkmalen und Führung wurden jeweils in recht unterschiedlichen Anzahlen von Studien überprüft, wobei die erbrachte durchschnittliche Korrelation – von wenigen Ausnahmen abgesehen – meist gering ist und weniger als 10% gemeinsamer Varianz ausmacht. Schon von daher ist die Bedeutung der Ergebnisse für die Praxis mager. Weit bedenklicher aber stimmt, daß die Streubreite der gefundenen Korrelationen ungewöhnlich groß ist; im Falle der Intelligenz reicht sie beispielsweise von + .90 bis −.14. Die an sich schon mageren Ergebnisse sind also nicht generalisierbar. Und dies ist ja eigentlich auch nicht zu erwarten. Die

Tabelle 3 Korrelationen zwischen Persönlichkeitsmerkmalen und Führung (Beispiele)

Persönlichkeits- merkmal	Anzahl der Studien	durchschnitt- liche Korrelation	höchste Korre- lation	niedrigste Korre- lation	Quelle
Alter	10	.32	.71	−.32	Stogdill
Anpassung	22	.13	.53	−	Mann
Beliebtheit	5	.60	.82	.23	Stogdill
Dominanz	12	.20	.42	−	Mann
Extraversion	22	.15	.42	−	Mann
Gewicht	6	.26	.52	−.04	Stogdill
Größe	7	.35	.71	−.13	Stogdill
Intelligenz	15	.26	.90	−.14	Stogdill
Soziales Geschick	8	.50	.98	.10	Stogdill
Schulleistung	8	.16	.39	−.27	Stogdill

Anforderungen, die man an einen Vorgesetzten stellt, sind ja von Position zu Position sehr unterschiedlich (vgl. Frieling, 1980). Es ist ja etwas anderes, in einem Industrieunternehmen oder in einer Verwaltungsbehörde zu führen, die Arbeit an einem Fließband zu kontrollieren oder ein Forschungsteam zu gemeinsamer Arbeit zu koordinieren, in einer kleinen flexiblen Organisation tätig zu sein oder seine Aufgaben in einer großen, stark bürokratisierten Organisation wahrzunehmen etc. Die Aufgaben, die bewältigt werden müssen, die Eigenart der Geführten, die es zu leiten gilt, die Anzahl der Personen, die geführt werden soll, die Struktur der Organisation, in der dies geschieht, das gesellschaftliche Umfeld, das Forderungen stellt und Selbstverständlichkeiten bedingt – all diese Einflußgrößen bedingen von Führungsposition zu Führungsposition ein anderes Verhalten und damit wohl auch andere diesem Verhalten zugrundeliegende Konstellationen von Persönlichkeitsmerkmalen. Die Situation darf also nicht vernachlässigt werden, wie das bei der Entwicklung der Eigenschaftentheorie weitgehend der Fall war.

Wenn aber unter bestimmten Bedingungen doch deutliche Korrelationen zwischen Eigenschaft und Führung gefunden wurden, darf dann die Eigenschaft wenigstens als Ursache des Führungserfolges interpretiert werden? Auch dies ist zweifelhaft: man denke sich einen erfolgreichen Vorgesetzten. Ist es nicht wahrscheinlich, daß er aufgrund seines Erfolges schließlich dominant und selbstsicher wird? Das alte Sprichwort: »Wem Gott ein Amt gibt, dem gibt er auch Verstand« könnte auch hier wirken. Korman (1968) hat diesen Aspekt besonders berücksichtigt und in seiner Studie nur solche Eigenschaften zur Differenzierung herangezogen, die vor

Erreichen der Führungsposition schon erfaßt worden waren. Es zeigte sich dabei, daß einige Eigenschaften auch bei dieser Untersuchungsstrategie zwischen späteren Führern und Nichtführern differenzierten. Die Unterschiede sind allerdings so gering, daß es nicht sinnvoll erscheint, auf ihrer Grundlage Prognoseinstrumente zu entwickeln. Korman konnte also die These, daß die Eigenschaften in bestimmten Fällen den Führungserfolg determinieren, nicht zurückweisen; seine Daten machen aber wahrscheinlich, daß es auch gegenläufige Wirkungen gibt.

Anders stellt sich das Problem, wenn man als Eigenschaften nicht nur Dispositionen im Sinne herkömmlicher Charakterologie sieht, sondern auch sozioökonomische Merkmale der Person. Ihnen kommt in unserer Gesellschaft ein erheblicher prognostischer Wert zu. So fanden etwa Pross und Boetticher (1971), daß 45% der Väter befragter Manager der Oberschicht oder oberen Mittelschicht, die nur 4,6% der Gesamtbevölkerung ausmachen, entstammen, während 5,1% dieser Väter der Unterschicht, der 51,9% der Bevölkerung angehören, zuzuzählen sind. Gewiß, soziale Herkunft, die mit Schulbildung, sprachlicher Kompetenz, sozialer Sicherheit und auch »persönlichen Beziehungen« korreliert ist, wirkt mittelbar oder unmittelbar bei Auswahlentscheidungen mit. Die Schichtzugehörigkeit allerdings bewußt zum Prognosekriterium zu wählen hieße, die Chancenungleichheit noch zu verstärken und soziale Ungerechtigkeit zu verfestigen.

Kehren wir aber zur Eigenschaftentheorie im engeren psychologischen Sinne zurück. Ist sie gescheitert? Für die Form dieser Theorie, wie sie hier dargestellt wurde, darf man dies wohl bejahen. Falsch wäre es zu folgern, daß persönliche Eigenschaften für das Erreichen einer Führungsposition oder für den Führungserfolg nicht relevant seien. Modifizierte Forschungsansätze könnten auf diesem Gebiet sehr wohl brauchbarere Information liefern; Forschung etwa, die die von Irle (1970) gegen die Eigenschaftentheorie ins Feld geführten Argumente berücksichtigt:

1. Mangelnde Zuverlässigkeit und/oder Gültigkeit der Instrumente zur Messung der Eigenschaften.
2. Irrelevanz der untersuchten Eigenschaften für die Differenzierung, wobei die Möglichkeit offenbleibt, daß es besser differenzierende Eigenschaften gibt.
3. Die Eigenschaften wurden isoliert untersucht; möglicherweise erbringt erst die Interaktion spezifischer Eigenschaften die Differenzierung.
4. Die abhängige Variable, das »Führer bzw. Nichtführer sein«, wurde nicht zuverlässig und/oder gültig gemessen.

5. Es wurde meist zwischen Führungsposition und Nichtführungsposition unterschieden, nur selten zwischen hohem und niedrigem Führungserfolg.
6. Persönlichkeitseigenschaften sind schichtspezifisch; differenzierende Eigenschaften sind somit unter Umständen nicht spezifisch für Unterschiede zwischen Führenden und Geführten.
7. Je nach Aufgaben- und Rollenstrukturen können jeweils andere Eigenschaften für die Unterscheidung zwischen Führern und Geführten relevant sein.
8. Führung und Nichtführung wurden in der Regel dichotom gesehen, obwohl hier fließende Übergänge bestehen.

Obwohl empirische Forschung, die derartige Kritikpunkte berücksichtigt, weitgehend aussteht und die Ergebnisse der bislang vorliegenden eigenschaftstheoretisch orientierten Führungsforschung sehr enttäuschend sind, hat dies der allgemeinen Hochschätzung dieses Ansatzes außerhalb des Faches kaum Abbruch tun können. Der Grund dafür dürfte darin zu sehen sein, daß die Theorie einfach und leicht verstehbar ist, herkömmlichen Denkgewohnheiten entspricht (»Friedrich der Große schlug Österreich . . .«, »Bismarck schuf das Deutsche Reich . . .«, »Nordhoff baute das Volkswagenwerk auf . . .«) und bestehende hierarchische Organisations- und Gesellschaftsstrukturen rechtfertigt.

5.4.2 Der Assessment-Center-Ansatz

Bei der Entwicklung der Eigenschaftentheorie der Führung wurden die Persönlichkeitsmerkmale wie z. B. Intelligenz, Dominanz, Extraversion mit Hilfe psychologischer Testverfahren gemessen, d. h. mit Hilfe wissenschaftlicher Routineverfahren, die dem Ziel dienen, möglichst quantitative Aussagen über den Grad der individuellen Merkmalsausprägung eines oder mehrerer empirisch abgrenzbarer Persönlichkeitsmerkmale zuzulassen (vgl. Lienert, 1969). Besonderes Kennzeichen derartiger Testverfahren ist die Standardisierung der Untersuchungssituation, d. h. die Situation soll für alle, die sich dem Test unterziehen, gleich sein. Die interindividuelle Varianz der Ergebnisse kann dann – so folgert man – ausschließlich auf Unterschiede zwischen den Personen zurückgeführt werden, da ja die zweite denkbare Varianzquelle, die Situation, konstant gehalten wurde. Die Bedeutung der Situation für das Zustandekommen des (Test-)Verhaltens wird also keineswegs geleugnet, durch die Standardisierung der Testsituation aber als Einflußquelle ausgeschaltet. Dennoch schließt man vom Verhalten in der Testsituation dann auf Verhaltensweisen in ganz andersartigen Situationen, z. B. in der späteren Bewährungssituation im Rahmen der Bewältigung von Führungsaufgaben: Wer die Testfragen »intelligent« beantwortete, wird auch seinen Aufgabenbereich »intelligent« strukturieren und »intelligent« mit den von ihm Geführten umgehen. Es ist offensichtlich, daß hier zum Teil gewagte Schlüsse (vgl. Goldfried und Kent, 1976) vorgenommen werden. Daß sie häufig irrig sind, ist im Rahmen der Kritik an der psychologischen Diagnostik oft gezeigt worden: Die Anregungsbedingungen der Testsituation sind z. B. häufig ganz anders als diejenigen der späteren Bewährungssituation.

Um so bedingte personelle Fehlentscheidungen weniger wahrscheinlich zu machen, hat man in der Forschung, aber auch in der Praxis zunehmend versucht, die Prognosesituation an die spätere Bewährungssituation anzugleichen, hier also möglichst große strukturelle Ähnlichkeit zu gewährleisten. Ein besonders bekanntes Beispiel aus der Praxis ist die Probezeit: unter Bedingungen, die denen der späteren Bewährungssituation fast gleichen, wird das Verhalten beobachtet und von diesem auf das künftige Verfahren bei der Bewältigung der Aufgaben geschlossen.

Auch beim sog. Assessment-Center ist man bemüht, die Prognosesituation der künftigen Anforderungssituation strukturell anzugleichen und dennoch die kontrollierten Bedingungen weitgehend zu wahren, die in der herkömmlichen Testdiagnostik üblich sind. So ist man z. B. bemüht, für ganz spezifische künftige Aufgaben situative Tests zu entwickeln, die für die zukünftige Tätigkeit in ihren Anforderungen repräsentativ erscheinen.

Beim Assessment-Center handelt es sich um eine diagnostische Prozedur, die dadurch gekennzeichnet ist, daß mehrere Bewerber über mehrere Tage mit mehreren Verfahren – insbesondere Situationssimulationen – untersucht werden und dabei von mehreren Beurteilern – meist betriebsinternen geschulten Linienvorgesetzten – hinsichtlich ihrer Eignung für bestimmte Positionen – meist Führungspositionen – beurteilt werden (vgl. Gebert, v. Rosenstiel, 1981).

Konkret sieht die Vorgehensweise meist so aus, daß 10 oder weniger Bewerber für bestimmte Führungspositionen für eine zwei- bis fünftägige Untersuchung eingeladen werden. Dabei werden sie von in Beobachtungsmethoden geschulten Linienvorgesetzten des Unternehmens, in dem sie tätig werden wollen, nach bestimmten Kategorien beobachtet und schließlich beurteilt. Die Verfahren, die zur Anwendung kommen, sind höchst unterschiedlich und umfassen Interviews, Leistungstests, biographische Fragebögen, projektive Testverfahren, Einstellungsskalen, führerlose

Gruppendiskussionen, Postkorbverfahren, simulierte Managementscheidungen,spezifische Arbeitsproben, den Entwurf von Reden oder Stellungnahmen zu Organisationsveränderungen etc. (vgl. Moses und Byham, 1977; Neubauer, 1980).

Die Assessment-Center-Technik wurde letztlich schon in den dreißiger Jahren von der deutschen Heerespsychologie (vgl. Farago et al., 1941) und von der amerikanischen Persönlichkeitspsychologie (vgl. Murray, 1938) entwickelt, jedoch erst in den fünfziger und sechziger Jahren von großen amerikanischen Unternehmungen wie AT&T, IBM, New England-Bell-Company, Michigan-Bell und vielen anderen mehr (vgl. Kraut, 1973) zur heutigen Reife gebracht.

Für ein Assessment-Center besonders kennzeichnend und auch für seine prognostische Qualität überdurchschnittlich wichtig (vgl. Neuberger, 1976) sind die sog. situativen Verfahren, für die als Beispiel hier der »Postkorb« vorgestellt werden soll. Die Technik geht auf Frederikson et al. (1957) zurück. Der Bewerber wird mit einem Postkorb mit bis zu 40 Schriftstücken, die repräsentativ für die Post in der vorgesehenen Position sind, konfrontiert. Er hat nun die Schriftstücke durchzuarbeiten, die mit der Information verbundenen Probleme zu identifizieren, Prioritäten zu setzen und Entscheidungen zu treffen. Die beurteilenden Linienvorgesetzten schließen daraus nach bestimmten Regeln auf die Befähigung in den Bereichen Überblick, Entscheiden, Organisieren, konzeptionelles Arbeiten, Delegation, Leistungskontrolle, Belastbarkeit (vgl. Neubauer, 1980).

Die prognostische Validität des Assessment-Centers wurde häufig so überprüft, daß alle Kandidaten – ohne Rucksicht auf ihr Abschneiden bei der Untersuchung – eingestellt wurden. Nach einigen Jahren – 5, in manchen Fällen sogar 10 oder mehr – wurde überprüft, welche hierarchische Positionen sie in der Zwischenzeit erklommen hatten und ob dies der während des Assessment-Centers getroffenen Prognose entsprach (vgl. Huck, 1973; Neuberger, 1976; Moses und Byham, 1977; Neubauer, 1980; Thornton und Byham, 1983; Stehle, 1982).

Selbstverständlich war darauf geachtet worden, daß diejenigen Linienvorgesetzten der Organisation, die während der Untersuchung die Beurteilung vorzunehmen hatten, auf die Aufstiegsentscheidungen, die die Kandidaten betrafen, keinerlei Einfluß hatten. Die prognostische Validität erwies sich bei derartigen Untersuchungen als zufriedenstellend. Die Korrelationskoeffizienten lagen meist zwischen .40 und .70; gegenüber der herkömmlichen Vorgehensweise, Führungskräfte in der Organisation durch einen Vorschlag des Vorgesetzten bestimmen zu lassen, wird die Chance, einen leistungsfähigen Vorgesetzten auszuwählen, durch die Assessment-Center-Technik mehr als verdoppelt (vgl. Huck, 1973). Ein Beispiel für eine Validitätsuntersuchung zeigt Beleg 9.

Beleg 9 Die Validität des Assessment-Centers

In der US-amerikanischen Firma Bell wurde die Validität des dort entwickelten Assessment-Center-Ansatzes überprüft. Es wurden 5963 Personen daraufhin untersucht, ob sie dafür geeignet schienen, in die erste Führungsebene befördert zu werden, wobei das zusammenfassende Urteil vierfach aufgegliedert worden war in
– gut beförderbar
– beförderbar
– fraglich
– nicht beförderbar.
Als Kriterium wurde dann allerdings nach einigen Jahren nicht das Erreichen der ersten Führungsebene verwendet, sondern der zweimalige oder häufigere Aufstieg. Die Ergebnisse zeigt Tabelle 4.

Tabelle 4 Bewährungskontrolle bei Bell

Prognose (bezogen auf die erste Ebene)	N	Realität: 2× und häufiger befördert	in Prozent
gut beförderbar	410	166	40,5
beförderbar	1466	321	21,9
fraglich	1901	220	11,5
nicht beförderbar	2159	91	4,2
Total	5936	798	13,4

Es zeigt sich also deutlich, daß diejenigen Personen, die als gut beförderbar eingestuft worden waren, auch zu einem sehr viel größeren Prozentsatz zweimal oder häufiger befördert werden konnten als diejenigen, die nur als beförderbar, fraglich oder gar nicht beförderbar eingestuft worden waren.

Huck, J. R.: Assessment-Center: A review of the external and internal validities. Personnel Psychol. 1973, 26/2, S. 191–212.

Obwohl also die Assessment-Center-Technik für die Auswahl von Führungskräften geeigneter erscheint als die herkömmliche Eignungsdiagnostik, sollte man sich trotz der relativ hohen Korrelationskoeffizienten zwischen Prognose und Bewährung den kritischen Blick nicht verstellen. Erhebliche Probleme sind auch mit dem Assessment-Center-Ansatz verbunden. Einige von ihnen sollen abschließend in Anlehnung an Neuberger (1976, 1979), Neubauer (1980) und Gebert und v. Rosenstiel (1981) angesprochen werden:

– Die Urteile über die Bewerber stammen von den Vorgesetzten der Organisation. Man kann annehmen, daß »Erfolgstypen« dabei bevorzugt werden, die sich als »Vielredner mit eindrucksvollem Auftreten und Durchsetzungsvermögen« (Neubauer, 1980) kennzeichnen lassen. Dieser Typ setzt sich dann auch innerhalb der Organisation durch, d. h., der Aufstieg ist wahrscheinlich, obwohl man nicht weiß, ob sein Verhaltensstil faktisch dem Erreichen von Zielen der Organisation dient.

– Assessment-Center-Techniken werden organisationsspezifisch entwickelt und sodann auf die jeweilige Organisation beschränkt. Damit ist eine relativ hohe Homogenität der situativen Bedingungen gegeben, was wiederum heißt, daß interindividuelle Unterschiedlichkeiten besonders bedeutsam werden. Andererseits bedeutet dies, daß die positive Prognose für die Anforderungen einer Organisation an Wert verlieren, wenn ein Stellenwechsel vorgenommen wird: die Prognose darf für andere Organisationen nicht generalisiert werden.

– Da die Prognosen von Kennern der Organisation stammen, die auch mit der Beförderungspraxis des Unternehmens vertraut sind, wissen sie, worauf »es ankommt«. Sie urteilen unter Umständen nicht danach, welche faktischen Fähigkeiten der Bewerber hat, oder danach, ob sein Verhalten den Unternehmenszielen dient, sondern nach den Vermutungen, die sie hinsichtlich der Frage haben, welches Bild die für Personalentscheidungen Verantwortlichen vom »guten Mann« haben.

– Es können bei der Assessment-Center-Technik »überspezifische Filtereffekte« auftreten. Dies gilt z. B. dann, wenn sich ein Bewerber bei der Gruppendiskussion oder bei Problemlösungsaufgaben nicht klar auszudrücken vermag: er wird dann bereits ausgeschlossen, obwohl seine kognitiven Möglichkeiten, die für die spätere Aufgabenerfüllung wichtig erscheinen, durchaus befriedigend sein können.

– Ablehnende Bescheide können – dies ist besonders problematisch bei hausinternen Bewerbungen – für die davon Betroffenen ausgesprochen demotivierende Effekte haben. Die Eröffnung der Beurteilungen sollte also – ob sie nun positiv oder negativ ausfällt – mit einem Personalberatungsgespräch verbunden werden.

Insgesamt sollte an dieser Stelle vermerkt werden, daß die Assessment-Center-Technik keineswegs nur für die Auswahl von Führungskräften geeignet erscheint. Inhaltlich andere, aber strukturell ähnlich aufgebaute Verfahren sind auch für die Auswahl von Bewerbern für andere Positionen denkbar. Es muß weiterhin darauf verwiesen werden, daß die Assessment-Center-Technik keineswegs nur für Einstellungs- oder Aufstiegsentscheidungen geeignet ist; sie kann auch der Kontrolle von Weiterbildungsmaßnahmen dienen, Grundlage für Personalförderungsprogramme sein etc.

5.5 Trainingsorientierte Ansätze

Ein Unternehmen hat, wenn es darum bemüht ist, die Qualifikation der Führungskräfte zu verbessern, häufig nur begrenzt die Möglichkeit, Führungskräfte neu auszuwählen oder einige der vorhandenen Vorgesetzten in höhere Positionen aufsteigen zu lassen. Meist sind fast alle Stellen besetzt, Änderungen nicht zu erwarten, so daß es darum geht, die Verhaltensweisen der Vorgesetzten so zu trainieren, daß sie ihren Aufgaben künftig besser gerecht werden. Tatsächlich spielt das Training von Vorgesetzten daher heute in den meisten großen Organisationen der Wirtschaft und Verwaltung eine erhebliche Rolle (vgl. Campbell, 1971; Gebert, 1972, 1976; Goldstein, 1980). Derartige Trainingsmaßnahmen werden nicht selten ad hoc konzipiert und theoriefrei entwikkelt. Wenn gründlicher vorgeplant wird, ist theoretische und empirische Vorarbeit unumgänglich. Diese kann zum einen – und das gilt für andere Aus- und Weiterbildungsmaßnahmen auch – in der Analyse des Bildungsbedarfs (vgl. Gassner, 1980) bestehen, auf deren Grundlage dann das Curriculum entwickelt wird. Die Vorgehensweise kann aber auch ergänzend darin bestehen, daß verschiedene Formen oder Dimensionen des in der Praxis beobachtbaren Führungsverhaltens analysiert werden, daß geprüft wird, ob diese Verhaltensweisen zum Führungserfolg beitragen und sodann jene Verhaltensweisen im Rahmen des Trainings besonders gefördert werden, die mit höherer Wahrscheinlichkeit zum gewünschten Erfolg beitragen. Im Anschluß an diese Überlegung soll nun geprüft werden, welche Führungsstile bzw. welche Dimensionen des Führungsverhaltens man in der empirischen Forschung gefunden hat und welche Wirkungen sie auf die Geführten haben. Danach soll gefragt werden, inwieweit das Führungsverhalten im

Rahmen von Trainingskonzepten zielbezogen modifiziert werden kann.

5.5.1 Die experimentelle Führungsstilforschung

Unter Führungsstil kann man im Sinne Baumgartens (1977, S. 16) ein »einheitliches, durch die spezifische Ausprägung einer Reihe von Einzelmerkmalen beschreibbares Führungsverhalten« verstehen. Daß allerdings der Begriff auch anderes definiert werden kann, zeigt Seidel (1978), der 70 verschiedene Führungsstildefinitionen gefunden und analysiert hat.

Die klassischen Untersuchungen zum Führungsstil stammen von Lewin und seinen Schülern. Lewin stand als Emigrant dabei unter dem Eindruck der Krise der Führung in Mitteleuropa, insbesondere in Deutschland; seine Experimente hatten eine durchaus politische Zielsetzung. Deutlich wird dies in der Arbeit von Lewin, Lippitt und White (1939), die in ihrem Experiment mit Jugendlichen zwischen »autoritärem«, »demokratischem« und »laissez-faire«-Stil unterschieden.

Beim demokratischen Führungsstil wurde der Führer zwar nicht gewählt, doch hatte die Gruppe durch Gruppendiskussion die Möglichkeit, das Was und Wie der Tätigkeit innerhalb eines bestimmten Rahmens selbst zu bestimmen. Die Partizipationsmöglichkeit war also groß. Beim autoritären Führungsstil wurden Ziel und Weg der Aufgabenerfüllung allein vom Führer festgelegt und die Ausführung beständig von ihm kontrolliert. Beim Laissez-faire-Führungsstil – soweit man hier überhaupt von Führungsstil sprechen kann – nannte der Führer die Aufgabe, ohne sich dann weiter um die Gruppe oder die Ausführung der Aufgabe zu kümmern.

Als wichtigste Ergebnisse, deren statistische Absicherung freilich dem heutigen üblichen Anspruchsniveau nicht entspricht, zeigten sich:

a) die Mehrzahl der Schüler – jedoch nicht alle – zogen den demokratischen Führungsstil vor, waren mit ihm zufriedener;

b) in den autoritär geführten Gruppen entwickelten sich vergleichsweise mehr Apathie und Abhängigkeit, Frustration und nachfolgende Aggression – als Spannung innerhalb der Gruppe –, die sich jedoch gelegentlich auch gegen den Führer richtete;

c) bei Anwesenheit des Führers lag die Leistung in den autoritär geführten Gruppen geringfügig über der der demokratisch geführten Gruppe. Verließ der Führende dagegen den Raum, so sank die Leistung in den autoritär geführten Gruppen stark ab, während sie sich bei dieser Bedingungsvariation in den demokratisch geführten Gruppen kaum änderte.

Dieses letztgenannte Ergebnis dürfte sich spezifisch dadurch erklären lassen, daß sich die Gruppenmitglieder in autoritär geführten Gruppen als fremdbestimmt erlebten und daher bei Wegfall der Kontrolle von ihrer Tätigkeit abließen, während bei demokratischer Führung die Gruppenmitglieder das Ziel als selbstgesetzt erlebten, sich mit ihm identifizierten und es entsprechend auch ohne Kontrolle von außen anzustreben suchten.

Die historische Bedeutung dieses klassischen Experimentes ist unbestritten. Vor allzu rascher Generalisierung der Ergebnisse auf die betriebliche Situation – die etwa im Rahmen von Führungsschulungen häufig anzutreffen ist – sei gewarnt. Dafür seien drei Gründe genannt:

1. Untersucht wurden von Lewin und seinen Mitarbeitern amerikanische Schüler vor Ausbruch des zweiten Weltkriegs. Die Schüler waren kurzfristig für Bastelarbeiten beieinander und verdienten mit dieser Tätigkeit keineswegs ihren Lebensunterhalt. Sie waren auch weder an überlieferte Gruppen- oder Organisationsnormen gebunden noch mit formellen Arbeitsplatzbeschreibungen konfrontiert. Die Situations- und Erlebnisrepräsentanz (vgl. Holzkamp, 1964) des Experimentes für die Praxis in bundesdeutschen Unternehmen der achtziger Jahre erscheint also gering und der Analogieschluß allzu gewagt.

2. Das Experiment von Lewin und seinen Mitarbeitern steht nicht allein. Neuberger (1972) analysierte 30 experimentelle Laboruntersuchungen, in denen allerdings nur zwei meist als autoritär und kooperativ (vgl. auch Seidel, 1978; Wunderer und Grunwald, 1980) bezeichnete Führungsstile verglichen wurden (Laissez-faire-Führung wurde nicht weiter berücksichtigt). All diese Experimente waren dadurch gekennzeichnet, daß der Führungsstil als unabhängige Variable variiert wurde, allerdings in höchst unterschiedlicher Weise. So wurde z. B. die Unterscheidung zwischen kooperativem und autoritärem Führungsstil daran festgemacht, ob Partizipation möglich war, inwieweit die Aufgaben vorstrukturiert wurden, nach welcher Art die Kontrolle ausgeübt wurde, wie die Verteilung der Entscheidungsgewalt aussah, wie die Arbeitsmotivation hergestellt wurde etc. Als abhängige Variable wurden Verhaltensweisen und Einstellungen der Gruppenmitglieder – wenn auch auf jeweils unterschiedliche Weise – gemessen; insbesondere spielten hier Leistungsmaße und Zufriedenheitsmaße eine Rolle.

Die Vergleichbarkeit der verschiedenen Experimente wird durch die jeweils unterschiedliche Operationalisierung der unabhängigen und der abhängigen Variablen sowie durch die sonst unterschiedlichen Experimentierbedingungen stark erschwert. Setzt man sich darüber hinweg, so fällt die Uneinheitlichkeit der Ergebnisse auf, wie Tabelle 5 zeigt.

Tabelle 5 Wirkungen des autoritären und des kooperativen Führungsstils in Laborexperimenten

	Überlegenheit des autor. kooperat. Führungsstils		Keine eindeutige Überlegenheit eines Führungsstils
Leistung	9	8	6
Einstellungen	6	17	5

Man darf wohl folgern, daß – zumindest angesichts der bei uns geltenden gesellschaftlichen Selbstverständlichkeiten – der kooperative Führungsstil zu positiveren Einstellungen und damit zu größerer Zufriedenheit der Mitarbeiter führt; von einer generellen Leistungsüberlegenheit des autoritären oder aber des kooperativen Führungsstils kann nicht gesprochen werden, wenn man sich auf die laborexperimentelle Forschung beruft.

3. In der experimentellen Führungsstilforschung wurde das Führungsverhalten als unabhängige Variable manipuliert. Eine Versuchsperson übernahm die Rolle des Vorgesetzten und zeigte ein vorgeschriebenes Verhalten als Rollenspiel. Ob ein entsprechendes Verhalten in der Praxis überhaupt vorkommt, da dort flexibel von Situation zu Situation meist unterschiedlich gehandelt wird (vgl. Wilpert, 1977), mag bezweifelt werden.

Seidel (1978), der sich nicht auf Laborexperimente beschränkte, sondern Felduntersuchungen mit einbezog und die verschiedenen Führungsstile – trotz ihrer Unterschiedlichkeit – entweder als kooperativ oder als direktiv bezeichnete, bestätigte im wesentlichen die von Neuberger (1972) dargestellten Befunde. Obwohl sich eine geringfügige Überlegenheit der kooperativen Führungsform fand, kann von einer generellen Überlegenheit nicht gesprochen werden; diese Überlegenheit gilt zwar bei kreativen bzw. innovativen Aufgaben, nicht aber für die Lösung von Routineaufgaben. Auch Stogdill (1974) folgert aufgrund der von ihm vorgenommenen Analysen, daß die Leistungsüberlegenheit des kooperativen bzw. autoritären Führungsstiles nicht gegeben sei, daß aber durch die kooperative Führung die Zufriedenheit der Geführten in der Regel positiv beeinflußt wird.

Man sollte allerdings den kooperativen Führungsstil nicht allein nach seiner Wirkung auf die Leistung der Geführten beurteilen, sondern auch andere Kriterien – durchaus solche politischer und ethischer Art (vgl. Wunderer und Grunwald, 1980) – heranziehen, wenn man in einer Unternehmung beschließt, die Mitarbeiter in kooperativem Führungsverhalten zu schulen. Fragt man allerdings darüber hinaus nach den Leistungserfolgen – und fast jeder leistungsorientierte Betrieb wird diese Frage stellen –, so kann die Antwort nicht generell gegeben werden. Die Wirkung hängt von den situativen Bedingungen ab und auch davon, wie der kooperative bzw. autoritäre Führungsstil definiert und realisiert wird. Ist kooperativer Führungsstil dann gegeben, wenn der Vorgesetzte von den Geführten gewählt wird, wenn große Möglichkeiten für Partizipation bestehen, wenn man besonders freundlich zueinander ist etc.?

In Übereinstimmung mit dem ursprünglichen Ansatz von Lewin wird zumeist (vgl. Neuberger, 1972) in der Möglichkeit zur Partizipation der entscheidende Bestandteil kooperativer Führung gesehen (vgl. auch Wunderer und Grunwald, 1980). Lewin selbst (1958) hat verschiedene Hinweise dafür geliefert, daß Partizipation, das »Prinzip der gemeinsamen Tatsachenfindung« eine Identifikation mit dem Ziel erleichtert und somit bessere Ergebnisse insbesondere dann verspricht, wenn Widerstand überwunden werden muß.

Auf diese Bedeutung der Partizipation für die Realisierung von Entscheidungen in Unternehmungen wies eine frühe Felduntersuchung von Coch und French (1948) hin, in der gezeigt werden konnte, daß die Einführung einer Änderung ohne Partizipation der Gruppe zu Leistungsabfall und Kündigung führte, während diese Effekte bei Partizipation vermieden werden konnten (vgl. Beleg 10).

Beleg 10 Widerstand und Partizipation

Coch und French stellten die unter dem Aspekt der Unternehmensführung wichtigen Fragen:
1. Warum stellen Personen einer Änderung so starken Widerstand entgegen?
2. Was kann man tun, um diesen Widerstand abzubauen?
Die Untersuchung fand in einer Schlafanzugfabrik mit etwa 600 Arbeitern (500 weibl.; 100 männl.) statt. Bezahlung erfolgte nach einem individuellen Anreizplan: 60 Einheiten pro Stunde bildeten den Stan-

dard, aus dem sich der Grundlohn ergab. In dem Maße, in dem diese Standardleistung überboten wurde, stieg auch der Lohn.

Bei jeder Umstellung, die zu Leistungsrückgang führte, wurde zum Ausgleich ein Bonus gezahlt. Erfahrungsgemäß erreichten 38% der Arbeiter nach der Umstellung die Norm wieder, während 62% chronisch unter der Norm blieben oder kündigten. Gründe für die Kündigungen, die unmittelbar nach der Umstellung und kurz vor Erreichen der alten Leistung besonders wichtig sind, scheinen in der Frustration der Arbeiter zu liegen. Diese Frustration dürfte unmittelbar nach der Umstellung, wo die Leistungsdistanz zur Norm besonders groß ist, und kurz vor Erreichen der Norm, wo eine weitere Leistungserhöhung besonders schwer ist, am stärksten sein.

Experimentell wurde geprüft, ob durch Bildung von Arbeitsgruppen, denen Teilnahme an der Planung der Veränderung eingeräumt wurde, der Widerstand gegen Änderungen abgebaut werden konnte. Einer Kontrollgruppe, bestehend aus 18 Personen, wurde wie bisher kein Recht auf Teilnahme eingeräumt. Eine aus 13 Personen bestehende Gruppe nahm durch Delegierte an der Planung teil; zwei Gruppen – bestehend aus 8 bzw. 7 Mitgliedern – konnten voll an der Planung teilnehmen. Die Gruppen leisteten unterschiedliche Arbeit, doch war das Ausmaß der Änderung (zwischen 8% und 9,4%) vergleichbar. Den positiven Einfluß der Teilnahme, besonders der vollständigen, auf die Leistung zeigt folgende Darstellung:

Darstellung 20 Einfluß der Teilnahme an der Planung auf die Leistung

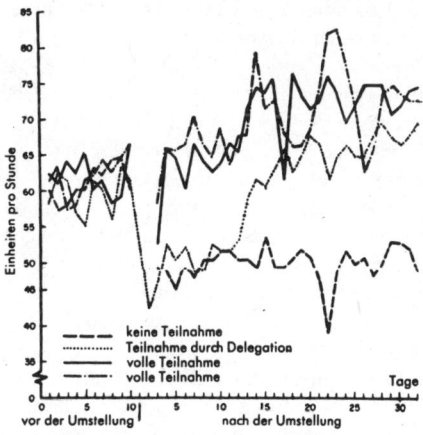

2½ Monate nach diesem Experiment erhielten die 13 restlichen Mitglieder der Kontrollgruppe (die übrigen hatten gekündigt) die Möglichkeit, durch volle Teilnahme eine weitere ihre Gruppe betreffende Änderung mitzuplanen. In diesem zweiten Experiment erhöhten sich die Leistun-

gen der Gruppenmitglieder deutlich; sie verhielten sich wie jene der Versuchsgruppen im ersten Experiment.
Die Gruppenarbeit führte außerdem bei allen Mitgliedern zu einem Rückgang der Leistungsstreuung; die individuelle Leistung richtete sich an einer Gruppennorm aus.

Coch, L. & French, J. P. R.: Overcoming resistance to change. Hum. Rel. 1948, 1, 512–532

French, Israel & Ås (1960) konnten dieses Ergebnis in einer Nachfolgeuntersuchung nicht bestätigen, sie differenzierten es jedoch, indem sie durch ihre Felduntersuchung in Norwegen die Interpretation nahelegten, daß Partizipation nur dann die Leistung steigert, wenn die Betroffenen die Entscheidung, an der sie beteiligt werden, für wichtig halten, diese Entscheidung in direktem Bezug zur Arbeitsleistung steht, die Mitbestimmung innerhalb der kulturellen Normen als legitim erachtet wird und die Vorgehensweise der Gruppenentscheidung ihnen ernsthaft und glaubhaft erscheint. Wickert (1951) fand innerhalb der Elektrobranche, daß Personen, die gekündigt hatten, sich von jenen, die nicht gekündigt hatten, vor allem in der Frage nach dem Einfluß, den sie auf ihre Arbeit ausüben, unterscheiden. Personen, die blieben, gaben häufiger an, Einfluß auf ihre Arbeit zu haben und zum Erfolg der Firma beitragen zu können.
Da die nach der Kündigung erfaßten Antworten möglicherweise Rationalisierungen jener Personen sind, die die Firma verlassen haben, wählten Ross & Zander (1957) einen anderen methodischen Weg. Sie erhoben Fragebogen von 2680 weiblichen Arbeitern einer großen Unternehmung und verglichen die Beantwortungen jener 169 Arbeiterinnen, die nach Ablauf von 4 Monaten gekündigt hatten, mit denen einer parallelisierten Stichprobe der übrigen. Jene, die später gekündigt hatten, beklagten vor allem den geringen Grad an Autonomie bei der Arbeit und die unzureichende Anerkennung, die sie fänden.
Lawrence & Smith (1955) gingen der Frage nach, ob es das Formale der Gruppendiskussion ist, das zu positiven Leistungseffekten führt, oder der Inhalt der auf die Leistung bezogenen Entscheidung. Die Autoren untersuchten zwei Versuchsgruppen, die in Gruppendiskussionen – neben anderen betriebsrelevanten Fragen – Leistungsziele setzten, während zwei Kontrollgruppen sich ausschließlich in der Gruppendiskussion mit anderen betriebsrelevanten Fragen auseinandersetzten, ohne sich mit Leistungszielen zu befassen. Jene Gruppen, die sich Leistungsziele setzten, zeigten erwartungsgemäß auch den höheren Leistungsanstieg. Es scheint

für den Leistungsgewinn wesentlich, daß der Inhalt der Gruppenentscheidung sich auch auf die Leistung bezieht. In diesem Punkt deckt sich das Ergebnis von Lawrence & Smith (1955) mit dem bereits zitierten von French, Israel & Ås (1960).

Die vielleicht umfangreichste Untersuchung zur Partizipation in einer Unternehmung stammt von Morse & Reimer (1956). Aus einer großen amerikanischen Versicherungsgesellschaft, in der bislang kein eindeutiger Führungsstil, sondern eine »Mischform« überwog, wurden zwei »Ausschnitte« gewählt, innerhalb derer zwei unterschiedliche, zuvor geplante Organisations- und Führungsstrukturen eingeführt und beobachtet wurden. Die Untersuchung betraf etwa 500 Personen, die vier unterschiedlichen hierarchischen Ebenen angehörten und die für die Dauer der Untersuchung voll ihre betrieblichen Funktionen erfüllten.

Erprobt wurden ein

a) hierarchisches Programm, in dem Anweisungen streng von oben erfolgten und deren Ausführung eng kontrolliert wurde,

b) Autonomie-Programm, in dem Gruppenentscheidungen zugelassen waren und in dem die höheren hierarchischen Ebenen in starkem Maße delegierten, also Rechte, Pflichten und Verantwortung an Unterstellte übertrugen.

Nach ca. 2 Jahren fanden sich folgende Ergebnisse:

a) die Leistung stieg bei beiden Programmen; beim Autonomie-Programm um 20%, beim hierarchischen Programm um 25%,

b) der Führungsstil des Autonomie-Programms kennzeichnete sich gegenüber jenem im hierarchischen Programm dadurch, daß er stärker (1) informell, (2) mitarbeiterorientiert, (3) aufgeschlossen gegenüber Vorschlägen der Mitarbeiter, (4) weniger eng in der Kontrolle war,

c) die Einstellungen der Geführten änderten sich in beiden Programmen in einer Weise, wie es Tabelle 6 nach Tannenbaum (1969) zeigt.

Die Ergebnisse sprechen – bedenkt man den Effekt auf die Einstellungen – für das Autonomie-Programm, obwohl nicht übersehen sein soll, daß auch dieses Konzept bei einer größeren Zahl Unzufriedenheit erzeugte, was wohl einmal – des nicht sehr langen Untersuchungszeitraums wegen – in der noch ungewohnten und nicht eingespielten neuen Situation der Autonomie liegt, zum anderen darin – bedenkt man das bereits zitierte Ergebnis von Vroom (1960) –, daß Personen mit autoritärer und unselbständiger Persönlichkeitsstruktur, die durch Elternhaus, Schule und Beruf an hierarchische Strukturen angepaßt wurden, in ihren Erwartungshaltungen vom Autonomie-Programm frustriert wurden.

Tabelle 6 Als besonders bemerkenswert gaben am Ende des Experiments die Geführten folgende Änderungen an:

Veränderung	Autonomie- Programm	Hierarchisches Programm
größere Bereitschaft, den Standpunkt anderer zu sehen; mehr Freundlichkeit	28 %	0 %
mehr und bessere Zusammenarbeit	25 %	0 %
mehr Spannung, Nervosität und Streit; weniger Freundlichkeit	16 %	35 %
mehr Unzufriedenheit und Reibung; schlechtere Zusammenarbeit	31 %	65 %
	100 %	100 %

Die Motivation, die hinter der Leistungssteigerung stand, dürfte in beiden Programmen unterschiedlich gewesen sein. Technisch wurde sie zwar in beiden Fällen durch Verkleinerung der Arbeitsgruppen bei gleichem Leistungsziel erreicht, doch wurde dieses Ziel beim Autonomie-Programm gemeinsam festgelegt, beim hierarchischen Programm von oben befohlen. Im ersten Fall wurde die Leistung daher vermutlich erbracht, weil sie gewünscht war, im zweiten, weil sie befohlen war. Man darf daher langfristig wohl auch für das Autonomie-Programm ein Leistungsplus prognostizieren, da es mit weniger Kontrolle arbeiten kann und weniger durch Fehlzeiten und Fluktuation belastet sein dürfte, was spezifisch in Situationen geringer Arbeitslosigkeit eine gewichtige Variable sein dürfte.

Insgesamt dürfte Partizipation – orientiert man sich am Bild eines auf Selbstverwirklichung angelegten Menschen – ein entscheidender Schritt zu humaneren Organisationsformen sein. Dies gilt allerdings nur dann, wenn die in der Partizipation angesprochene Möglichkeit zur Mitbestimmung und Selbständigkeit nicht nur als subjektives Phänomen, sondern als objektiver Tatbestand existiert. Läßt etwa die Unternehmensspitze unter Ausnutzung ihres Informationsvorsprungs die Betroffenen über ein Problem so entscheiden, daß durch vorausgewählte Information die Entscheidung schon in bestimmter Richtung vorprogrammiert ist, so ist die »Partizipation«, die in diesem Fall diesen Namen nicht mehr verdient, ein Manipulationsinstrument, das Abhängigkeit und Unterdrückung erfolgreich praktiziert, weil es sie verschleiert (vgl. v. Rosenstiel, 1970).

5.5.2 Dimensionen des Führungsverhaltens

Der Führungsstil war als ein einheitliches, durch eine spezifische Ausprägung einer Reihe von Einzelheiten beschreibbares Führungsverhalten definiert worden. Man kann jedoch die Frage aufwerfen, ob konkret beobachtbares Führungsverhalten nicht in verschiedene, voneinander unabhängige Führungsdimensionen aufgliederbar ist. Es wäre denkbar, daß mit der unterschiedlichen Ausprägung in der einen oder anderen Dimension andere Führungserfolge bzw. -mißerfolge eintreten. Je nach Ergebnis dieser Forschungsbemühungen könnten dann spezifische Trainingsprogramme konzipiert werden, die die Verhaltenskompetenz innerhalb der einzelnen für wichtig erachteten Führungsdimensionen steigern.

Mit entsprechenden Fragen haben sich die Autoren der sog. Ohio-Schule Ende der vierziger und Anfang der fünfziger Jahre auseinandergesetzt (Hemphill, 1950, Shartle und Stogdill, 1952; Hemphill und Coons, 1957; Fleishman, 1953; Halpin und Winer, 1957).

Die Forscher sammelten zunächst annähernd 1800 verschiedene Statements zu beobachtbaren Führungsverhaltensweisen, die als Fragebogenitems formuliert wurden. Im Zuge des empirischen Forschungsprozesses wurde die Anzahl der Items reduziert und die verbleibenden Items auf eine geringe Anzahl von Führungsdimensionen zurückgeführt, wodurch der Fragebogen handlich, interpretierbar und schließlich auch erfolgreich gemacht wurde.

Das Meßinstrument wird den Geführten mit der Bitte vorgegeben, das Verhalten ihrer unmittelbaren Vorgesetzten zu beschreiben – gewissermaßen als eine »Personalbeurteilung von unten«. Die gemittelten Werte sollen zu erkennen geben, wie die Ausprägung des Führungsverhaltens der Vorgesetzten in den einzelnen Führungsdimensionen aussieht.

Wie kamen die Forscher zu diesen Führungsdimensionen? Was bedeuten sie?

Die Autoren teilten die zuvor genannten annähernd 1800 Aussagen neun inhaltlichen Klassen zu und wählten aus diesen im Zuge der Forschungsarbeit eine kleinere Zahl für die verschiedenen Fragebogenversionen aus – ca. 150 für den »leader-behavior-description-questionnaire« (LBDQ) und ca. 50 für den »supervisor-behavior-description-questionnaire« (SBDQ). Die Fragebogen kamen in verschiedenen Organisationen – insbesondere beim Militär und innerhalb der Industrie – zur Anwendung. Die Ergebnisse wurden sodann einer Faktorenanalyse unterzogen.

Halpin und Winer (1957) fanden dabei die folgenden vier Faktoren:

1. Praktische Besorgtheit (»consideration«)
2. Strukturierung (»initiating structure«)
3. Produktion (»production emphasis«)
4. Soziales Gespür (»sensitivity«).

Eine deutsche Version dieses Fragebogens (Fragebogen zur Vorgesetzten-Verhaltens-Beschreibung, FVVB) wurde von Fittkau-Garthe (1970) einer Faktorenanalyse unterzogen, wobei sich fünf interpretierbare Verhaltensdimensionen ergaben:

1. Freundliche Zuwendung und Respektierung
2. Mitbeteiligung
3. Arbeitsstimulierende Aktivität
4. »Laissez-faire«
5. Kontrolle und äußerer Druck

Ähnliche Analysen wurden mit verschiedenartigen Frageformulierungen, unterschiedlichen Itemzahlen (zwischen 7 und 390) in unterschiedlichen Organisationen durchgeführt (vgl. zusammenfassend Neuberger, 1976). Zwei Faktoren zeigten sich durchgehend:

1. „Consideration", häufig als Mitarbeiterorientierung bezeichnet und
2. „Initiating structure", häufig als Aufgabenorientierung bezeichnet.

Ein typisches Fragebogenitem für Consideration lautet etwa: »Der Vorgesetzte macht es seinen Leuten leicht, unbefangen mit ihm zu reden«, während Initiating structure durch Items gekennzeichnet ist, wie: »Der Vorgesetzte legt auf die Arbeitsmenge besonderen Wert.«

Initiating structure und Consideration sind faktorenanalytisch ermittelte, statistisch voneinander unabhängige Verhaltensdimensionen, wie Darstellung 21 zeigt.

Darstellung 21 Die Verhaltensdimensionen der Ohio-Schule

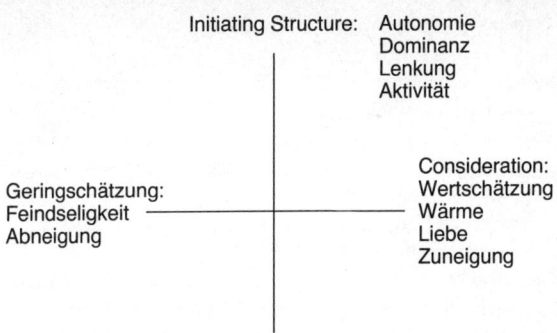

Es kann also ein Vorgesetzter hohe Werte in beiden Verhaltensdimensionen, in keiner der beiden, oder auch in jeweils nur einer der beiden erreichen. Damit widerlegt die Forschung der Ohio-Gruppe die Auffassung der Autoren der Michigan-Schule (z. B. Likert, 1961, 1967; Katz, 1969), die davon ausgingen, daß sich leistungsorientiertes Führungsverhalten und mitarbeiterorientiertes Führungsverhalten wechselseitig ausschließen.

Die Ergebnisse der Ohio-Forschung und die darauf zurückzuführenden Führungsverhaltensfragebögen haben allerdings vielfältige Kritik gefunden (vgl. Lennerlöff, 1966; Neuberger, 1976/77; Allerbeck, 1977; Nachreiner, 1978). Die Kritiker bezweifeln, ob dadurch das Verhalten des Vorgesetzten tatsächlich erfaßt wird. Sie stützen sich dabei insbesondere auf den Befund, daß verschiedene Unterstellte den gleichen Vorgesetzten sehr unterschiedlich beschreiben, und folgern, daß die Beantwortungen möglicherweise mehr über den Antwortenden als über den Vorgesetzten aussagen. Obwohl diese Interpretation schwer auszuschließen ist (vgl. jedoch Krömicke, 1981), muß doch auf ein grundsätzliches Problem der Argumentation aufmerksam gemacht werden. Man erwartet meist, daß die Beschreibungen eines Vorgesetzten durch seine Mitarbeiter übereinstimmen und ist bereit, dies als Hinweis für die Objektivität, wenn nicht gar für die Validität der Beschreibung anzusehen. Es scheint nun aber sehr wohl denkbar und möglich, daß ein Vorgesetzter sich keineswegs allen Mitarbeitern gegenüber gleich verhält. Wenn Verhalten ein Interaktionsphänomen aus Person und Situation ist und der jeweilige Mitarbeiter für den Vorgesetzten als Teil dieser Situation erscheint, so ist ein jeweils unterschied-

153

liches Führungsverhalten einem jeden Mitarbeiter gegenüber zu erwarten. Allerdings wäre dann die Verhaltensdiagnostik, die man am Vorgesetzten vornimmt, nicht generalisierbar; sie müßte situationsbezogen erfolgen.

Die Dimensionen Consideration und Initiating structure sind statistisch voneinander unabhängig, schließen sich – folgt man der Argumentation der Ohio-Forscher – wechselseitig nicht aus. Sollte man also Vorgesetzte sowohl in der Mitarbeiter- als auch in der Aufgabenorientierung trainieren?

Bevor man diese Frage bejaht, sollte man prüfen, wie sich diese Verhaltensweisen auf verschiedene Kriterien des Führungserfolges auswirken, ob durch eine Intensivierung des entsprechenden Verhaltens Erwünschtes eintritt. Entsprechende Untersuchungen sind vielfach vorgenommen und in Sammelreferaten dargestellt worden (Korman, 1966; Fittkau-Garthe, 1970; Yukl, 1971; Kerr u.a., 1974; Stogdill, 1974; Neuberger, 1976; Gebert und v. Rosenstiel, 1981). Danach läßt sich – sieht man von feineren Differenzierungen ab – sagen, daß zwischen Initiating structure und verschiedenen Kriterien des Leistungsverhaltens der Geführten in der Regel positive, aber niedrige Korrelationen gefunden wurden. Die Korrelationskoeffizienten streuten dabei in ihrer Höhe stark. Zwischen Initiating structure und der Zufriedenheit der Geführten dagegen fanden sich meist keine korrelativen Beziehungen. Dagegen korrelierte Consideration in den meisten Studien recht deutlich mit Indikatoren der subjektiven Zufriedenheit der Geführten, nicht dagegen mit deren Leistung.

Daß allerdings je nach Situation auch andersartige Ergebnisse auftreten können, zeigten schon Fleishman et al. (1955). Wichtige Ergebnisse finden sich in Tabelle 7.

Tabelle 7 Korrelationen zwischen Dimensionen des Führungsverhaltens und Leistung der Geführten in verschiedenen Betriebsbereichen

	Produktion	Nicht-Produktion
»Consideration«	−.31	.28
»Initiating structure«	.47	−.19

Auch hier wird wiederum deutlich, daß man die jeweilige Situation mitberücksichtigen muß (vgl. Staehle, 1973). Es ist sicherlich von Vorteil, wenn ein Vorgesetzter in der Lage ist, in hoher Ausprägung mitarbeiterorientiertes und aufgabenorientiertes Führungsverhalten zu zeigen. Ob es bei allen Aufgaben, bei allen Arten von

Geführten, in jeder Organisation, bei jeder Gruppengröße empfehlenswert ist, dieses beherrschte Führungsverhalten auch zu realisieren, muß bezweifelt werden. Insbesondere Baumgarten (1977) hat
sich bemüht, hier entsprechend differenzierende Empfehlungen
auszuarbeiten. Dennoch wurden – gestützt auf die Forschungsergebnisse der Ohio-Gruppe – vielfältige Trainingskonzepte entwikkelt, die das Ziel verfolgten, gleichermaßen mitarbeiter- und aufgabenorientierte Führungsverhaltenskompetenz zu vermitteln – ausgehend von der Annahme, dies sei das »Optimum«. Mit derartigen
Konzepten wollen wir uns nachfolgend knapp auseinandersetzen.

5.5.2.1 Das Verhaltensgitter nach Blake und Mouton

Die wohl bekannteste Trainingskonzeption, die aus den Ergebnis-
sen der Ohio-Studien abgeleitet wurde, stammt von Blake und
Mouton (1964; 1968) und ist unter dem Namen »Managerial-Grid-
Seminar« oder »Verhaltensgitter-Seminar« bekannt geworden. Es
kann als explizite Kommerzialisierung empirischer Forschungser-
gebnisse verstanden werden; Kahn (1977) geißelt in diesem Zusammenhang, daß die Autoren Namen und Konzept als eingetragenes
Markenzeichen schützen ließen.
Das Verhaltensgitter wurde aus den beiden innerhalb der Ohio-
Studien aufgefundenen Führungsverhaltensdimensionen
– Consideration (hier »concern for people« oder Mitarbeiterorien-
  tierung) und
– Initiating structure (hier »concern for production« oder Aufgabenorientierung)
entwickelt.
Da beide Dimensionen statistisch voneinander unabhängig sind,
werden sie senkrecht aufeinander stehend grafisch veranschaulicht.
Jede der beiden Skalen wird dabei neunfach unterteilt, so daß sich
daraus theoretisch 81 verschiedene Führungsstile ableiten ließen.
Von diesen werden in der Regel nur 5 als prototypisch und
exemplarisch beschrieben, die Stile 1/1, 1/9, 5/5, 9/1 und 9/9.
Darstellung 22 zeigt dies.

Darstellung 22 Verhaltensgitter

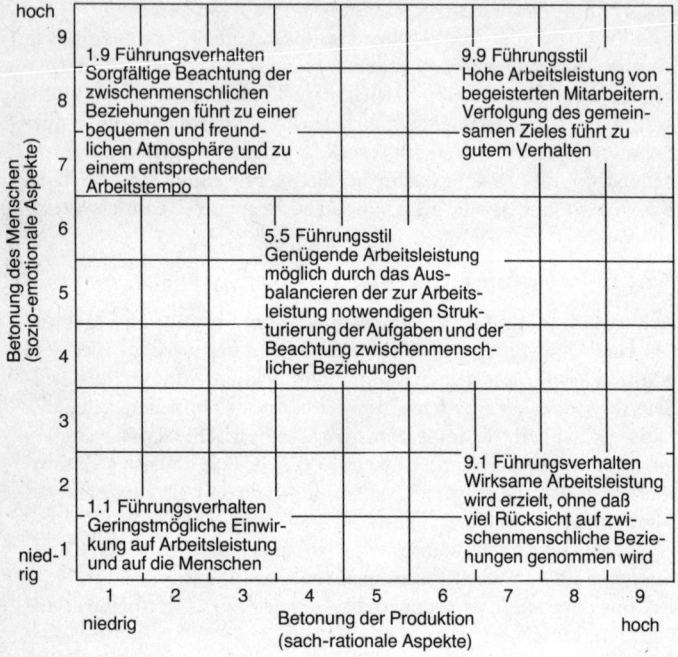

Dieses Verhaltensgitter soll zum einen deskriptiv sein, d. h. dafür geeignet sein, einen beobachtbaren Führungsstil einzuordnen. Zugleich ist es normativ: Der 9/9-Führungsstil gilt als optimal; er wird zum Lernziel innerhalb der Führungsseminare. Ein Verhaltensgitterseminar dauert in der Regel eine Woche. Die Teilnehmer arbeiten zunächst einschlägige Literatur durch. Diese Lektüre verfolgt das Lernziel, die Seminarteilnehmer von der Nützlichkeit des 9/9-Führungsstils zu überzeugen. Nach der Lektüre werden meist unter der Leitung eines Linienvorgesetzten Kleingruppen, die aus 5 bis 9 Seminarteilnehmern bestehen, gebildet. Innerhalb dieser Gruppen werden die Konsequenzen verschiedener Führungsstile, die sich aus dem Verhaltensgitter ergeben, durchgearbeitet. Der Lösungsprozeß wird dabei innerhalb der Gruppe analysiert; es werden Kommunikationsschwierigkeiten, die auftreten, thematisiert und es wird analysiert, welches Führungsverhalten innerhalb der Gruppe zu beobachten war. Im Zuge der Gruppenarbeit erhält jedes Mitglied Rückmeldung über das eigene Verhalten und dessen Veränderung, wobei insbesondere interessiert, ob eine Annäherung an das angestrebte 9/9-Führungsverhalten erfolgt.

Das wohl gewichtigste Problem des soeben skizzierten Verhaltensgitters besteht in der geradezu normativen Festlegung, daß das 9/9-Führungsverhalten das optimale sei. Tatsächlich zeigt jedoch die Forschung (vgl. zusammenfassend Neuberger, 1976), daß je nach Situation und je nach gewähltem Kriterium für den Führungserfolg andersartige Korrelationen zwischen den einzelnen Führungsdimensionen und dem Führungserfolg zu beobachten sind. Entsprechend müßten also je nach situativen Bedingungen und nach Kriterienkombination spezifische Lernziele für die Führungsseminare benannt werden (vgl. Wunderer und Grunwald, 1980; Staehle, 1980).

Die Fixierung des Lernzieles auf das 9/9-Führungsverhalten durch Blake und Mouton (1968) überrascht deshalb besonders, weil die Autoren im Rahmen ihrer grundsätzlichen Überlegungen vor einer ideologischen Festlegung auf einen bestimmten Wert warnen und fordern, die jeweils gegebenen Umstände zu berücksichtigen (1968, S. 24). Dabei erscheint es ihnen besonders wesentlich, die Organisationsstruktur, die Führungssituation, die Wertvorstellungen des Vorgesetzten und der Unterstellten, Persönlichkeitsmerkmale des Vorgesetzten und das Wissen über andersartige Führungsstile zu berücksichtigen. Bei der Entwicklung ihres Trainingskonzeptes gehen dann allerdings die Autoren genau den Weg, vor dem sie warnen.

5.5.2.2 Der 3-D-Ansatz nach Reddin

Ebenfalls von den beiden Hauptdimensionen des Führungsverhaltens, wie sie innerhalb der Ohio-Studie aufgefunden wurden, geht Reddin (1970, 1977) in seiner 3-D-Theorie der Führung aus. Während aber Blake und Mouton (1964) eine bestimmte Kombination der Dimensionen (9/9) als optimal – zumindest bezogen auf das Kriterium der Leistung der Geführten – betrachten, betont Reddin, daß jede Kombination der Dimensionen – in Abhängigkeit von den Umständen – zum Erfolg führen könne. Die Effektivität ist – folgt man den Überlegungen Reddins – nicht an eine bestimmte Kombination der beiden Führungsverhaltensdimensionen, die hier »Beziehungsorientierung« und »Aufgabenorientierung« heißen, gebunden. Die Effektivität kann innerhalb dieses Modells geradezu als dritte Dimension verstanden werden, wie Darstellung 23 zeigt.

Darstellung 23 Der 3-D-Ansatz

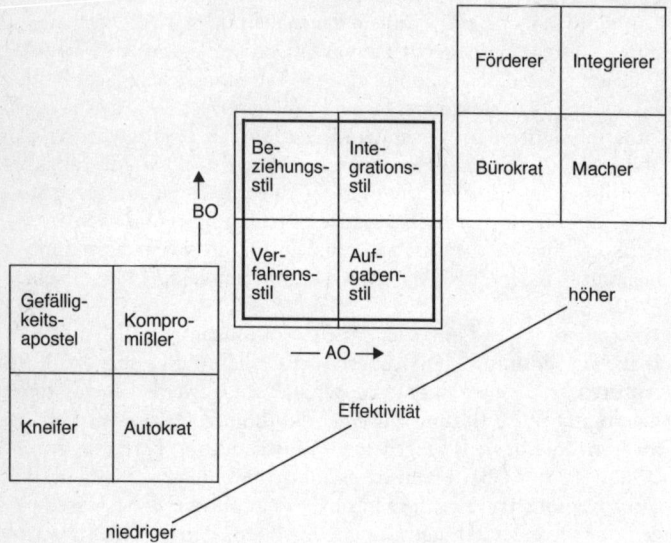

Obwohl es sicherlich zutreffend ist, daß je nach situativen Umständen jede beliebige Kombination der beiden Führungsdimensionen mehr oder weniger Führungserfolg bedingen kann, erscheint es doch unbefriedigend, daß Reddin in seine zentrale Darstellung als dritte Dimension die abhängige Variable aufnimmt, die ja durch das Führungsverhalten – als unabhängige Variable – bedingt werden soll. Es wäre nützlicher gewesen, die Situationsparameter zu operationalisieren und diese explizit in das Modell aufzunehmen. Aus der Kombination von Führungsverhalten und Situationsbedingungen könnte dann der Führungserfolg vorhergesagt werden. Reddin nennt zwar mit der Organisationsstruktur und dem Organisationsklima, der Arbeitsweise und der Aufgabe, den Vorgesetzten, den Kollegen und den Untergebenen wichtige Bestimmungsgrößen der Situation. Diese werden aber nicht befriedigend durch Operationalisierungsvorschriften erfaßt, so daß auch nicht präzise gezeigt werden kann, in welcher Situation welches Führungsverhalten ratsam erscheint.

5.5.2.3 Der situative Reifegrad-Ansatz von Hersey und Blanchard

Auch Hersey und Blanchard (1977; 1979) gehen von den Führungsverhaltensdimensionen »Consideration« und »Initiating structure« aus und klassifizieren danach ähnlich wie Reddin das Führungsverhalten vierfach.
In:
- unterweisen (»telling«)
- verkaufen (»selling«)
- partizipieren (»participating«)
- delegieren (»delegating«)
(vgl. Darstellung 24).

Darstellung 24 Der situative Reifegradansatz

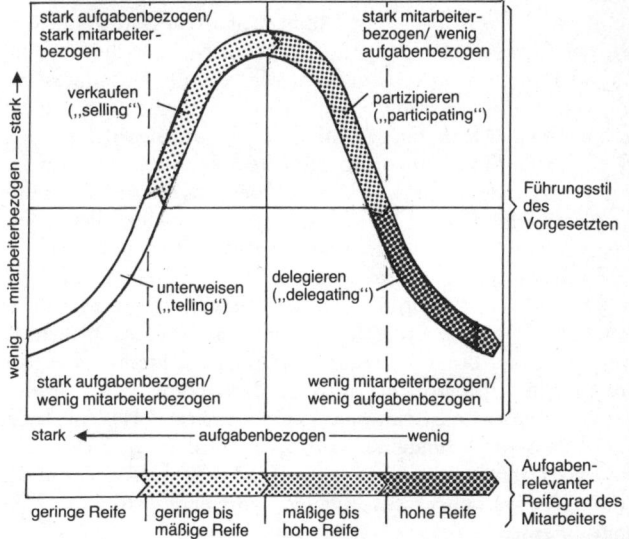

Ähnlich wie Reddin gehen auch Hersey und Blanchard davon aus, daß jeder dieser Führungsstile erfolgreich oder erfolglos sein kann – je nach Situation. Diese Situation wird allerdings von ihnen präzisiert und operationalisiert, wobei aber letztlich nur ein Situationsparameter bedeutsam wird, der sog. »Reifegrad« der Geführten. Dieser wird z. B. erfaßt an realistischer Zielsetzung, Leistungsbereitschaft, Ausbildungsniveau, Fachkenntnissen, Selbstsicherheit. Mit steigender Reife der Mitarbeiter soll also der Füh-

159

rungsstil des Vorgesetzten von »telling« über »selling« zu »participating« und schließlich »delegating« überführt werden.

Das Konzept erfreut sich derzeit im Rahmen von Vorgesetzten-
schulungen großer Beliebtheit. Dies überrascht nicht. Der Grundgedanke ist plausibel und leuchtet auch dem Praktiker unmittelbar
ein. Das Konzept bietet zudem jedem Vorgesetzten die Möglichkeit, sein eigenes Führungsverhalten zu rechtfertigen. Z.B.: »Ich
muß im Sinne des Verkaufens führen; meine Mitarbeiter sind ja so
unreif.« Damit beinhaltet der Ansatz die Gefahr, zur sich selbst
erfüllenden Prophezeiung zu werden; die Mitarbeiter werden
schließlich durch den Führungsstil des Vorgesetzten daran gehin-
dert, reifer zu werden.

Auch theoretisch befriedigt der Ansatz nicht. Zwar ist die Eigenart
der Geführten sicherlich ein bedeutsamer Parameter der Führungssituation. Es ist aber fraglich, ob sich diese Eigenart auf ein
eindimensionales Konzept mit dem Namen »Reifegrad« reduzieren
läßt, und es ist noch fraglicher, ob mit der Erfassung dieser Größe
alle anderen Situationsbedingungen, wie z.B. Organisations- und
Gruppenstruktur, Art der Aufgabe, Technologie unbedeutend
werden. Zudem fehlt für das Konzept, obwohl sich die Autoren
bei der Entwicklung auf vorliegende Literatur stützten, die empirische Fundierung. Hart kritisiert Neuberger (1980): »Insgesamt
handelt es sich bei dieser Arbeit um einen Aufguß aus allen möglichen Ansätzen, dem keinerlei Erklärungswert zukommt . . .«.

Neben den hier dargestellten, von den Lewinschen Führungsexpe-
rimenten und den Ohio-Studien beeinflußten Ansätzen, gibt es
eine Vielzahl weiterer, die für das Führungstraining bedeutsam
erscheinen. Auf ihre Diskussion soll hier verzichtet werden. (Informationen darüber findet man bei Neuberger, 1976; Staehle,
1980; Wunderer und Grunwald, 1980; Weinert, 1981). Auf einige
stärker theoretisch fundierte Ansätze, die explizit die Situation in
ihre Überlegung mit einbeziehen und die sehr wohl auch für das
Training bedeutsam werden können, wird unter 5.6 noch eingegangen werden.

5.5.3 Probleme der Veränderung des Führungsverhaltens

Fast alle großen Organisationen der Wirtschaft und Verwaltung in
den Industrienationen bieten Seminarveranstaltungen für ihre Vorgesetzten mit dem Ziel an, das Führungsverhalten zu verbessern,
oder sie entsenden sie mit entsprechender Zielsetzung zu externen
Weiterbildungsinstitutionen. Die direkten und indirekten Kosten

für derartige Maßnahmen sind erheblich. Man könnte geneigt sein zu folgern, daß eine zweckrational konzipierte Organisation der Wirtschaft Kosten-Nutzen-Analysen anstellt und sich des Erfolges einer Maßnahme, für die so viel investiert wird, auch gewiß ist. Diese Vermutung täuscht. Das Wissen über die Bedingungen eines Erfolgs von Vorgesetztentrainings ist – obwohl viel auf diesem Gebiet publiziert wird – bescheiden. Campbell (1971) kennzeichnet entsprechend – nach einer Analyse – die Literatur zu Fragen des Trainings als im großen und ganzen
– umfangreich
– unempirisch
– untheoretisch
– schlecht geschrieben und
– langweilig.
Die Analyse neuerer Sammelreferate (Hinrichs, 1976; Goldstein, 1980) läßt vermuten, daß es keinen gewichtigen Grund gibt, die Diagnose Campbells zu revidieren. Ein Vergleich der wenigen Arbeiten, die im Sinne einer empirischen Feldforschung den Trainingserfolg zu analysieren suchten (vgl. die soeben genannten Sammelreferate sowie Gebert, 1972, 1976, sowie v. Rosenstiel, 1981), weist zudem wieder auf das Kriterienproblem hin: Es wurden höchst unterschiedliche Kriterien für den Erfolg des Trainings herangezogen.
Catalanello und Kirkpatrick (1968) haben eine bekannt gewordene Grobklassifikation für Kriterien des Trainingserfolgs entwickelt. Die Autoren unterscheiden:
– »reactions«: Effekte auf der Erlebnisebene, z. B. Zufriedenheit mit der Seminarveranstaltung
– »learning«: Kognitive Leistung bei der Abfrage der Seminarinhalte
– »behavior«: Verhalten am Arbeitsplatz
– »results«: z. B. Kosten, Produktivität etc. auf der Ebene der Organisation.
Meist werden – wenn überhaupt empirisch der Erfolg von Seminarveranstaltungen erfaßt wird – »reactions« oder »learning«-Kriterien erfaßt, wobei natürlich völlig offen bleibt, ob z. B. die Zufriedenheit mit der Seminarveranstaltung oder das Behalten des innerhalb des Seminars Gebotenen tatsächlich das Verhalten am Arbeitsplatz beeinflußt, wenn der Trainierte aus der Seminarveranstaltung dorthin zurückkehrt (»back home«) und ob schließlich dieses Verhalten sich positiv auf die übergeordneten Ziele in der Organisation auswirkt.
Ob das veränderte Führungsverhalten, für dessen Realisierung

innerhalb des Trainings die Bereitschaft und die Kompetenz erworben wurde, am Arbeitsplatz dann auch gezeigt wird, hängt stark von den situativen Bedingungen ab. Es liegt also nicht allein am Vorgesetzten. Es erscheint lohnend, zur Klärung der hier wirkenden Zusammenhänge auf das S-O-R-C-Paradigma (vgl. S. 88) zurückzugreifen. Ob der trainierte Vorgesetzte (O) die erwünschten und dem Lernziel entsprechenden Verhaltensweisen (R) auch zeigen wird, hängt zum einen von den Stimulusbedingungen (S) und zum anderen von den Konsequenzen (C) ab. So ist es z. B. für den Vorgesetzten angesichts der Stimulusbedingungen in der Trainingssituation, also bei entspannter Atmosphäre und einem kooperativen Klima des gemeinsamen Lernens, leicht, nondirektive und vertrauensvolle Gespräche mit dem »Mitarbeiter« im Rahmen eines Rollenspiels zu führen, was ihm dann am Arbeitsplatz, bei Zeitdruck und bei gespannter Situation, nicht gelingt. Entsprechend wird das erwünschte Verhalten in der Trainingssituation durch die Zustimmung des Trainers und die Anerkennung der übrigen Seminarteilnehmer verstärkt, während das neuerworbene Führungsverhalten in der Arbeitssituation bei Unterstellten, Kollegen und Vorgesetzten dagegen durchaus auf Unverständnis oder gar Ablehnung stoßen kann. So zeigte z. B. Fleishman (1953), daß etwa 3 Jahre nach einem »consideration«-Training Einstellungen und Verhaltensweisen der Geschulten sich weit mehr im Sinne der Schulung gewandelt hatten, wenn ihre Vorgesetzten dem trainierten mitarbeiterorientierten Führungsverhalten positiv gegenüberstanden, als wenn das Gegenteil der Fall war. Ein höherer »autoritärer« Vorgesetzter wird bei dem ihm unterstellten mittleren Vorgesetzten »kooperatives« Führungsverhalten kaum verstärken; und der höhere Vorgesetzte ist es ja, der über die Belohnungsmacht verfügt. Die Veränderungsmaßnahmen sollten also sowohl beim zu Trainierenden – und zwar sowohl bei seiner Verhaltenskompetenz (vgl. Stocker-Kreichgauer, 1978) als auch bei seiner Motivation (vgl. z. B. McClelland und Winter, 1969) – als auch bei der Situation – und zwar bei den Anregungsbedingungen und den Verhaltenskonsequenzen – ansetzen. Damit allerdings nähert sich das Trainingskonzept bereits der Organisationsentwicklung, über die in Kapitel 6 gesprochen werden soll. Kann die Situation nicht grundsätzlich so umgestaltet werden, daß sie das dem Lernziel entsprechende Verhalten stützt, so sinkt die Wahrscheinlichkeit des Trainingserfolges. Sucht man dennoch, da man die Situation wenig beeinflussen kann, gewisse Trainingserfolge zu erzielen, so sollte folgendes berücksichtigt werden (vgl. Weinert, 1981):

– Zwischen den Trainingsinhalten und den Motiven des Teilnehmers, die ihn zur Teilnahme bewegt haben, sollte eine sinnvolle Beziehung erstellt werden;

- die neu erlernten Verhaltensweisen sollten aktiv praktiziert werden;
- über die Resultate der Trainingsübung sollte sofort Feed-back im Sinne der Information und der Verstärkung gegeben werden;
- die Lerninhalte sollten über kürzere oder längere Zeitspannen als verteiltes oder konzentriertes Lernen verteilt werden;
- es sollten Gelegenheiten geschaffen werden, in denen Konflikte bearbeitet und beseitigt werden können, die sich aus dem Widerspruch zwischen neu erlernten Verhaltensweisen und bestehenden Einstellungen oder Gewohnheiten ergeben;
- interindividuelle Unterschiede zwischen den Trainingsteilnehmern sollten berücksichtigt werden, und zwar im Hinblick auf Menge, Geschwindigkeit, Tiefe und Sequenz des Lernstoffes und auch im Hinblick auf die zur Anwendung kommenden Lehrmethoden wie z. B. Vortrag, programmierte Unterweisung, Gruppenarbeit, Fallanalyse, Rollenspiel;
- die Übertragbarkeit des Gelernten auf die tatsächliche Arbeitssituation sollte gewährleistet und darüber nach einem kurzen Erfahrungszeitraum diskutiert werden.

Werden Gesichtspunkte wie diese bei der Planung des Trainings berücksichtigt, so können gewisse Erfolge der Maßnahmen auch dann nachgewiesen werden, wenn die Situation der Trainierten nicht modifiziert werden konnte. Dies sei am Beispiel einer Untersuchung von Berthold et al. (1980) gezeigt (vgl. Beleg 11).

Beleg 11

Berthold et al. (1980) entwickelten in Kooperation mit den zu trainierenden Führungskräften eines metallverarbeitenden Unternehmens ein zielbezogenes instrumentiertes Trainingskonzept. Die Ziele bezogen sich auf das Kommunikations- und Kooperationsverhalten, wobei in beiden Bereichen die angestrebten Verhaltensweisen die Steuerung der sozialen Umwelt (z. B. »Ideen einprägsam und überzeugend vorbringen«, »mitreißendes und zur Arbeit stimulierendes Führungsverhalten zeigen«) und die Steuerung der eigenen Person (z. B. »Zuhören können«, »Bereitschaft, auf früheren Ideen anderer Mitglieder aufzubauen«) bezogen. Instrumentiert war das Training durch standardisierte zielbezogene Übungen (vgl. hierzu Antons, 1973). Um den Erfolg des Trainings kontrollieren zu können, wurde mit zwei Trainingsgruppen, die zeitversetzt die Lernarbeit aufnahmen und einer Kontrollgruppe gearbeitet. Für die Seminarphasen in den beiden Trainingsgruppen selbst ist hervorzuheben, daß sie nicht als einheitlicher Block gestaltet waren, sondern mehrfach einen halben Tag umfaßten, dem wiederum eine »Praxisphase« von ca. 1 Woche folgte, innerhalb derer das Gelernte erprobt werden konnte. Es wurde so die Möglichkeit geboten, das in der Praxisphase Erfahrene innerhalb der nächsten Lerneinheit darzustellen und die gemachten positiven und negativen Erfahrungen mit den anderen Seminarteilnehmern und den Trainern zu diskutieren.

Als Indikatoren des Trainingserfolgs wurden nicht nur »reactions« im Sinne von z.B. Beurteilungen des Seminars erhoben, sondern auch Verhaltensbeurteilungen durch Unterstellte bzw. Kollegen nach vier und noch einmal nach acht Monaten. Es zeigte sich dabei, daß die Trainierten im FVVB (vgl. Fittkau-Garthe, 1970) in allen Führungsverhaltensdimensionen höhere Einstufungen erhielten und daß sie – im Vergleich zur Kontrollgruppe – auch in vielen der zielbezogenen Fragen als positiv verändert dargestellt wurden, wobei allerdings dieser Effekt nach acht Monaten geringer als nach vier Monaten war, wie Darstellung 25 zeigt.

Darstellung 25 Verhaltensänderungen in der Follow-up-Erfragung nach vier bzw. acht Monaten

	nach 4 Monaten	nach 8 Monaten
– sie unterbrechen weniger	–	–
– sie hören besser zu	+	–
– sie stellen mehr Rückfragen	+	+
– sie erfragen die Meinung anderer	+	+
– sie zeigen mehr Eigeninitiative in Konferenzen und Besprechungen	+	+
– sie sprechen häufiger Konflikte an	+	+
– sie äußern mehr Anerkennung	+	–
– sie äußern mehr Kritik	+	+
– sie vertragen mehr Kritik	+	+
– sie beziehen Mitarbeiter in ihre Entscheidungen mit ein	+	–
– sie suchen das Gespräch	–	–
– sie geben mehr Informationen weiter	+	–
– sie urteilen behutsamer	+	–
– sie zeigen mehr Ruhe und Gelassenheit	+	–

(+ = signifikante Veränderung im Vergleich zur Kontrollgruppe; – = keine signifikante Veränderung im Vergleich zur Kontrollgruppe).

Berthold, H. J.; Gebert, D.; Rehmann, Barbara; v. Rosenstiel, L.: Schulung von Führungskräften – eine empirische Untersuchung über Bedingungen und Effizienz, Zeitschrift für Organisation, 1980, 49, 221–229.

Die Darstellung von selektionsorientierten Ansätzen innerhalb der Führungsforschung hatte gezeigt, daß die Eigenschaftentheorie, innerhalb derer die Situation nicht berücksichtigt wird, weitgehend scheiterte, während das Assessment-Center, das die spätere Führungssituation zu simulieren sucht, besser zur Auslese geeignet erscheint. Entsprechend konnte für trainingsorientierte Ansätze gezeigt werden, daß der Erfolg von Trainingsmaßnahmen eher gewährleistet werden kann, wenn nicht einfach generell als positiv eingestufte Führungsziele oder Führungsverhaltensdimensionen vermittelt werden, sondern darüber hinaus die Führungssituation berücksichtigt und möglicherweise modifiziert wird. Dies wird heute wohl auch kaum ernsthaft in Abrede gestellt. Kaum eine psychologisch fundierte Maßnahme wird im Sinne eines generellen Rezeptes vermittelt werden; meist wird sie dadurch relativiert, daß man ein vorsichtiges »Es kommt darauf an« hinzufügt. Allerdings haben die Theorienbildung und die empirische Forschung zunehmend zu klären versucht, auf »WAS« es ankommt. Dies soll an einigen Beispielen nachfolgend gezeigt werden.

5.6.1 Theoretische Ansätze

Ein erster theoretischer Ansatz, der im soeben angedeuteten Sinne die Situationsbedingungen präzisiert, unter denen eine spezifische Beziehung zwischen Merkmalen des Führenden und Kriterien des Führungserfolgs auf empirischer Grundlage angegeben werden, stammt von Fiedler (1967). Als Kriterium (abhängige Variable) sieht er innerhalb seines Modelles allerdings nur die Leistung der Gruppe, nicht die Zufriedenheit der Geführten an, die er lediglich als einen interessanten Nebeneffekt abhandelt.

Der Führer ist innerhalb der Gruppe jener, der aufgabenbezogene Gruppenaktivitäten initiiert und koordiniert, wobei er ernannt, gewählt oder als besonders erfolgreich anerkannt sein kann.

Was das Verhalten des Führers (unabhängige Variable) betrifft, so unterscheidet Fiedler zwei wesentliche Führungsstile:

a) den aufgabenorientierten und

b) den gruppenbeziehungsorientierten.

Wird eine interagierende Gruppe, in der Leistung durch interdependentes Verhalten der Mitglieder erstellt wird, geführt, so sind drei wichtige Situationsmerkmale als Moderatorvariablen der Beziehung zwischen Führungsstil und Leistung zu berücksichtigen:

1. Die Positionsmacht: Die Messung erfolgt dadurch, daß informierte Beurteiler auf standardisierte Items, wie
   - »Der Führer kann nach eigenem Ermessen Mitglieder belohnen oder bestrafen«,
   - »Der Führer kann die Arbeit jedes Mitgliedes beaufsichtigen, bewerten oder korrigieren«,
   mit Ja oder Nein antworten. Die Items sind gewichtet. Die Summe der Beantwortungen ergibt den Meßwert für Positionsmacht.
2. Die Aufgabenstruktur: Sie ist extrem unterschiedlich, wenn der Führer das Abfüllen von Bierflaschen überwacht oder aber kreative Prozesse initiiert. Die Messung erfolgt durch die Skalierung kundiger Beurteiler auf den vier Dimensionen:
   - Verifizierbarkeit der Entscheidung,
   - Zielklarheit,
   - Vielfalt der Wege zum Ziel,
   - Spezifität der Lösung.
3. Die persönlichen Beziehungen zwischen Führer und Geführten: Die Messung erfolgt dadurch, daß der Führer auf Skalen wie
   - »freundlich – unfreundlich«,
   - »warm – kalt«
   die Gruppe einstuft. Der durchschnittliche Skalenwert kennzeichnet die Beziehungen zwischen Führer und Geführten.

Alle drei Situationsmerkmale werden durch vorgegebene Meßverfahren ermittelt und sind somit operationalisiert. Da die Situationsmerkmale als unabhängig voneinander gesehen werden, ergeben sie im Raum einen Würfel, aus dem sich, bei Dichotomisierung der drei Dimensionen 2x2x2 = 8 Merkmalskombinationen ergeben (vgl. Tabelle 8).

Wie sich aus Tabelle 8 erschließen läßt, hält Fiedler die Führer-Geführten-Beziehungen eindeutig für besonders wichtig vor Aufgabenstruktur und Positionsmacht. Fall 1 ist also der – gemessen am Ziel des Führers – günstigste, Fall 8 der ungünstigste.

Tabelle 8   Die acht Merkmalskombinationen der Moderatorvariablen bei Fiedler (Rangreihe nach dem Grad der »Günstigkeit«)

Fall	Persönliche Beziehungen zwischen Führer u. Geführten 1 = hoch 0 = niedrig	Aufgabenstruktur 1 = hoch 0 = niedrig	Positionsmacht 1 = hoch 0 = niedrig
1	1	1	1
2	1	1	0
3	1	0	1
4	1	0	0
5	0	1	1
6	0	1	0
7	0	0	1
8	0	0	0

Die Bestimmung des Führungsstils, der unabhängigen Variablen also, erfolgt auf originelle Weise. Fiedler geht dabei von der Annahme aus, daß das Bild, das man von einem anderen hat, wesentlich das Verhalten bestimmt, das man ihm gegenüber zeigt; dies gilt insbesondere für Führungsverhalten. Ausgehend von der empirisch fundierten Annahme, daß man Menschen, die man mag, als sich selbst ähnlich erlebt (vgl. Byrne, 1969), wurden Vorgesetzte gebeten, den geschätztesten und am wenigsten geschätzten Mitarbeiter auf einem Polaritätenprofil einzustufen. Das sich daraus ergebende Ähnlichkeitsmaß ASO (»assumed similarity between opposites«) korrelierte wegen der stark wertenden Polpaare (angenehm – unangenehm, freundlich – unfreundlich, kooperativ – unkooperativ) stark mit der Einstufung des am wenigsten geschätzten Mitarbeiters (LPC = »least preferred coworker«), weshalb vor allem dieses Maß zur Definition des Führungsstils Verwendung findet.

LPC ist nun kein direkter Indikator für Führungsstil, sondern ein Maß für motivationale Orientierung. So nimmt Fiedler an, daß Personen mit hohem LPC-Maß aus interpersonellen Beziehungen Befriedigung zu ziehen suchen, während Personen mit niedrigem LPC selbst dann das Sachziel zu erreichen suchen, wenn sie dafür schlechte Beziehungen zu den Mitarbeitern in Kauf nehmen müssen. Beide Führungstypen müssen sich mit der Aufgabe befassen; der eine tut es jedoch der persönlichen Beziehungen, der andere der Sache wegen.

In einer großen Zahl empirischer Untersuchungen bemühten sich Fiedler und seine Mitarbeiter dann an verschiedenen Gruppen – Stahlarbeitern, Basketballteams, Panzerbesatzungen, Managementgruppen, Kirchenbeamten usw. – darum, die Korrelation zwischen LPC-Wert und Leistungsfähigkeit der Gruppen unter den acht genannten Situationsbedingungen aufzufinden. Dabei fanden sich Ergebnisse, wie sie Darstellung 26 zeigt.

Darstellung 26 Korrelation zwischen LPC-Wert und Leistung unter verschiedenen situativen Bedingungen

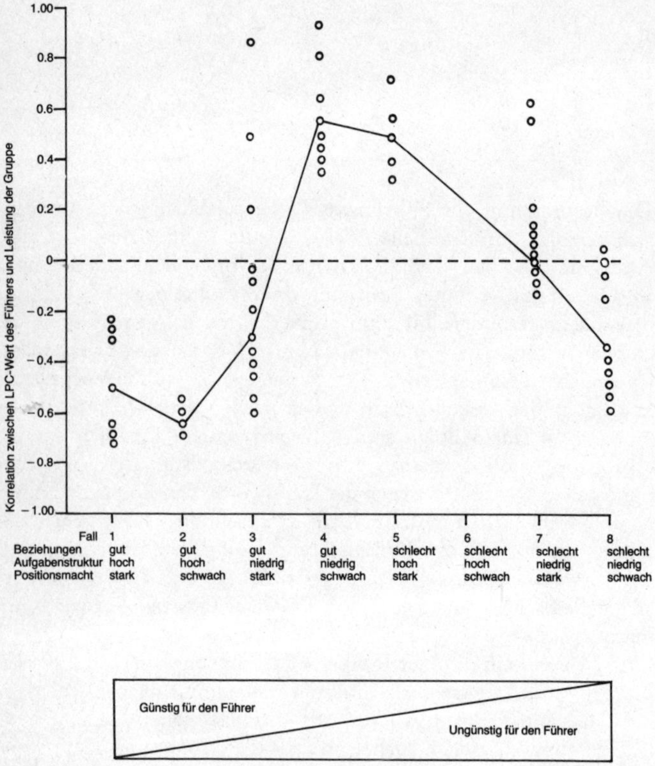

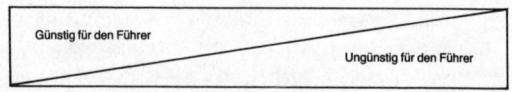

Korrelation zwischen LPC-Wert des Führers und Leistung der Gruppe
1.00
0.8
0.6
0.4
0.2
0
−0.2
−0.4
−0.6
−0.8
−1.00
Fall 1 2 3 4 5 6 7 8
Beziehungen gut gut gut gut schlecht schlecht schlecht schlecht
Aufgabenstruktur hoch hoch niedrig niedrig hoch hoch niedrig niedrig
Positionsmacht stark schwach stark schwach stark schwach stark schwach
Günstig für den Führer
Ungünstig für den Führer

Die Ergebnisse – bei Situationskonstellation 6 leider nur interpoliert – zeigen recht deutlich, daß die Leistung nicht nur vom Führungsstil abhängt, sondern auch davon, ob die Situation für den Führer günstig ist oder nicht, ob sie ihm also hohen oder geringen Einfluß gewährt. Aufgabenorientierte Führer (niedriger LPC-Wert) bedingen hohe Leistungen, wenn die Situation für sie besonders günstig oder ungünstig ist; beziehungsorientierte Führer sind dann erfolgreich, wenn die Situation ihnen mäßigen Einfluß gewährt. Die praktische Konsequenz, die Fiedler aus seinen Ergebnissen zieht, weicht von den Empfehlungen, die üblicherweise aus den Ergebnissen von Untersuchungen zum Führungsstil gezogen werden, ab. Er fordert nicht verändertes Führungsverhalten oder Schulung im Führungsstil. Da er davon ausgeht, daß die individuelle motivationale Ausrichtung, die den Führungsstil eines Vorgesetzten bedingt, nur schwer wandelbar ist, schlägt er vor, die Situation so zu strukturieren, daß sie in Interaktion mit dem Führungsverhalten des Vorgesetzten zu bestmöglicher Leistung der Gruppe führt.

Die Führungstheorie von Fiedler (1967) kann als Pioniertat gewürdigt werden. Sie hat die Forschung – insbesondere bei der Berücksichtigung der Situation, in der sich Führung abspielt – nachhaltig beeinflußt. Gerade diese Forschung aber hat gezeigt, daß eine grundsätzliche Modifikation des Ansatzes unumgänglich ist. Die Zustimmung zum Konzept geht – auch was die ursprünglich mitgeteilten Ergebnisse betrifft – zurück, die Kritik überwiegt. Fiedler und seine Mitarbeiter (1979) haben allerdings diese Kritik kaum berücksichtigt, sondern sich stärker darum bemüht, den Ansatz didaktisch geschickt für die Praxis aufzubereiten. Mit Hilfe eines Schulungsprogrammes sollen Vorgesetzte dazu angeleitet werden, im Sinne eines Situationsmanagements den Führungserfolg nach einem vier- bis achtstündigen Selbststudium steigern zu können. Neuberger (1980) kritisiert dann auch, daß Fiedler sich vom Wissenschaftler zum cleveren PR-Mann gewandelt habe.

Die Kritik am Fiedlerschen Ansatz konzentriert sich auf vier zentrale Bereiche: die Theorie, die Methodik, die Ergebnisse und die Ideologie (vgl. zusammenfassend Neuberger, 1976; Schreyögg, 1977; Wunderer, 1979; Gebert und v. Rosenstiel, 1981).

– Zur Theorie: Der Fiedlersche Ansatz ist empiristisch. Hypothesen wurden nicht formuliert. Erst auf der Grundlage vorliegender empirischer Befunde wurden Wenn-Dann-Beziehungen formuliert, wobei die Frage nach dem Warum unbeantwortet bleibt.

– Zur Methodik: Das LPC-Maß hat sich in bisherigen Nachuntersuchungen als mehrdimensional und zugleich wenig stabil erwiesen. In Validierungsstudien konnte kein Bezug zu Verhaltensindikatoren der Mitarbeiter- bzw. Aufgabenmotiviertheit festgestellt werden. Die Frage danach, was das LPC-Maß eigentlich erfaßt, bleibt unbeantwortet. Unbefriedigend erscheint auch die Operationalisierung der Situation. Die postulierte Unabhängigkeit der drei Situationsvariablen ließ sich empirisch nicht nachweisen. Nicht begründet wurde, warum es gerade die drei verwendeten Situationsvariablen sind und warum sie in der Form, wie Fiedler es vornimmt, gewichtet werden.

– Zur Empirie: Die meisten der von Fiedler mitgeteilten Korrelationskoeffizienten sind, da mit kleinen Gruppenzahlen gearbeitet wurde, statistisch unsignifikant; sie wurden auch aus der Theorie nicht vorhergesagt, da diese ex post formuliert wurde. Nachfolgende empirische Untersuchungen, über die z. B. Schreyögg (1977) berichtet, bestätigten auch meist die von Fiedler mitgeteilten Werte nicht.

– Zur Ideologie: Es erscheint kaum vertretbar angesichts der Vielzahl wesentlicher Kriterien des Führungserfolgs, diesen in einer umfassenden Theorie ausschließlich an der Leistung der geführten Gruppe festmachen zu wollen. Noch problematischer ist es, wenn Fiedler davon ausgeht, daß der Vorgesetzte seine motivationale Orientierung nicht ändern kann und daher zur Verbesserung des Führungserfolgs die Situation zu modifizieren habe. Dies muß als unrealistisch beurteilt werden und zudem als ethisch bedenklich, wenn z. B. vorgeschlagen wird, daß er – der Leistung der geführten Gruppe wegen – die Führer-Mitarbeiter-Beziehungen verschlechtern solle.

Ganz anders sieht der situationstheoretische Ansatz von Wofford (1970, 1971) aus. Der Autor untersuchte die Auswirkungen des Führungsverhaltens auf die Leistung und die Zufriedenheit der Geführten in Abhängigkeit von Situationsvariablen. Aufgrund empirischer Analysen wurden fünf verschiedene Dimensionen des Führungsverhaltens und fünf verschiedene Dimensionen der Situation unterschieden. Bei den Führungsdimensionen handelt es sich um:

– Mitarbeiter-, Partizipations- und Leistungsbezogenheit;
– Autorität und Kontrolle;
– emotionale Mitarbeiterbezogenheit;
– dynamische Leistungsbezogenheit;
– vorsichtiges und konfliktscheues »Laissez-faire«-Verhalten.

Die fünf faktorenanalytisch ermittelten Situationsdimensionen lassen sich wie folgt benennen:

– Zentralisation und Arbeitsbewertung;
– Organisationskomplexität;
– Organisationsgröße und Aufgabenstruktur;
– Struktur der Arbeitsgruppe;
– Organisationsebene und Kommunikation.

Geht man davon aus, daß die fünf Dimensionen des Führungsverhaltens und die fünf Dimensionen der Organisation voneinander unabhängig sind und daß zwei Kriterien des Führungsverhaltens vorhergesagt werden sollen, wird man – selbst wenn man fließende Übergänge ausschließt und jeweils nur zwei Ausprägungen auf jeder Dimension berücksichtigt – auf 1024 Kombinationen kommen, für die Aussagen zur Leistung und zur Zufriedenheit gemacht werden müßten. Die empirischen Arbeiten des Autors bleiben natürlich weit hinter diesen Möglichkeiten zurück; er beschränkt sich auf nur fünf »Vorgesetztentypen«, die durch jeweils besonders hohe Ausprägung in einer der fünf Führungsdimensionen gekennzeichnet sind. Dennoch vermag er auch hier keineswegs für alle Situationskombinationen die Auswirkungen auf Leistung und Zufriedenheit empirisch fundiert vorherzusagen. So zeigt der Ansatz von Wofford besonders drastisch die Schwierigkeiten, die der anspruchsvolle Versuch der Formulierung einer komplexen Situationstheorie mit sich bringt. Die empirische Arbeit, die zur Fundierung geleistet werden müßte, erscheint so umfangreich, daß sie kaum geleistet werden kann.

Bescheidener im Anspruch, etwas rezepthaft vereinfachend, aber für die Praxis des Führungsverhaltens bedeutsamer, erscheint die Situationstheorie von Vroom und Yetton (1973). Die Autoren greifen als einen besonders wichtigen Aspekt der Führung das Entscheidungsverhalten heraus und gehen davon aus, daß der Vorgesetzte verschiedene Möglichkeiten habe, zur Entscheidung zu gelangen. Dabei werden folgende Arten der Entscheidungsfindung besonders herausgestellt:

- A I: Autoritäre Entscheidung durch den Vorgesetzten ohne Rücksprache mit den Mitarbeitern
- A II: Autoritäre Entscheidung durch den Vorgesetzten nach Einholung von Information bei den Mitarbeitern, ohne daß diesen mitgeteilt wird, um welche Entscheidung es geht
- C I: Konsultative Entscheidung nach Beratung durch einzelne Mitarbeiter
- C II: Konsultative Entscheidung nach Beratung des Entscheidungsproblems durch die ganze Gruppe
- G II: Gruppenentscheidung.

Vroom und Yetton stellen jetzt die Frage, welche Art des Entscheidungsverhaltens der Vorgesetzte zu wählen habe, wenn es ihm darauf ankomme,

- die Qualität der Entscheidung zu steigern,
- die Akzeptanz der Entscheidung zu erleichtern und
- den Zeitbedarf niedrig zu halten, also ökonomisch zu handeln.

Andere Kriterien wie z. B. Weiterqualifikation der am Entscheidungsprozeß Beteiligten oder Übereinstimmung der Art des Entscheidungsvorgehens mit übergeordneten Normen und Wertvorstellungen wie z. B. denen der Demokratie werden nicht berücksichtigt (vgl. v. Rosenstiel, 1981).

Auf der Basis vorliegender empirischer Forschungsergebnisse zum Gruppenverhalten, zur Partizipation und zu Entscheidungsprozessen entwickelten Vroom und Yetton einen sog. »Entscheidungsbaum«, den man – gelenkt durch situationsdiagnostische Fragen, die vom Vorgesetzten mit ja oder nein zu beantworten sind – durcharbeitet, um an den Spitzen des Baumes den Ratschlag zu finden, welchen Weg des Entscheidungsverhaltens man beschreiten solle. Darstellung 27 zeigt diesen Entscheidungsbaum.

Darstellung 27   Der Entscheidungsbaum von Vroom und Yetton

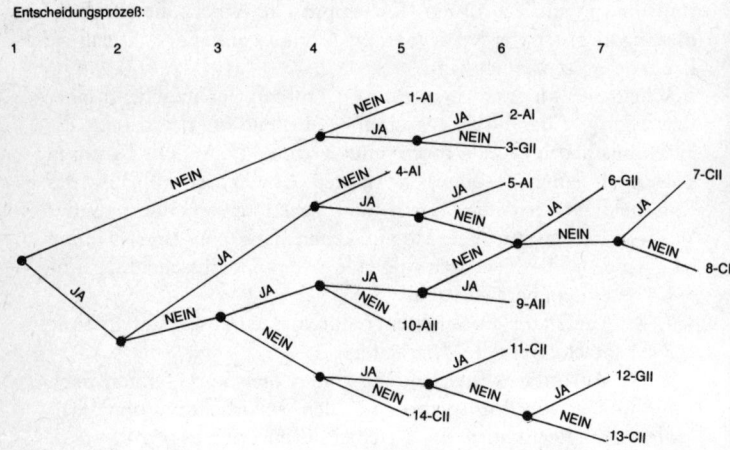

Die situationsdiagnostischen Fragen, die sich jeder Vorgesetzte zu stellen hat, lauten:

1. Gibt es ein Qualitätserfordernis: ist vermutlich eine Lösung rationaler als eine andere?
2. Habe ich als Vorgesetzter genügend Informationen, um eine qualitativ hochwertige Entscheidung zu treffen?
3. Ist das Problem strukturiert?
4. Ist die Akzeptierung der Entscheidung durch die Mitarbeiter bedeutsam für die effektive Ausführung und deren Folgen?
5. Wenn ich als Vorgesetzter die Entscheidung allein treffen würde, würde sie dann von den Mitarbeitern akzeptiert werden?

172

6. Teilen die Mitarbeiter die Organisationsziele, die durch eine Lösung dieses Problems erreicht werden sollen?
7. Werden die bevorzugten Lösungen vermutlich zu Konflikten zwischen den Mitarbeitern führen?

Ein Beispiel soll illustrieren, wie die Entscheidungsvorbereitung mit Hilfe des Modells von Vroom und Yetton abläuft:

Man denke sich einen Vorgesetzten der mittleren Ebene, der von der Personalabteilung aufgefordert wurde, einen seiner Mitarbeiter als Stellvertreter zu benennen. Er überlegt sich, ob er diese Entscheidung allein treffen soll oder ob er die Mitglieder der von ihm geführten Gruppe in irgendeiner Weise an der Entscheidung beteiligen sollte. Zur Beantwortung dieser Frage nutzt er den Entscheidungsbaum:

1. Gibt es eine Qualitätsanforderung? Ja
2. Habe ich genügend Information? Nein
3. Ist das Problem strukturiert? Ja, denn einer meiner Mitarbeiter soll vorgeschlagen werden.
4. Ist die Akzeptierung der Entscheidung durch die Mitarbeiter bedeutsam für die effektive Ausführung? Ja, denn wenn der Stellvertreter nicht akzeptiert wird, bekommt er »kein Bein auf den Boden«.
5. Wenn ich die Entscheidung selbst treffen würde, würde sie dann von den Mitarbeitern akzeptiert werden? Nein, sie würden sonst glauben, ich bevorzuge einen aus nichtsachlichen Gründen.
6. Teilen die Mitarbeiter die Organisationsziele, die durch eine Lösung dieses Problems erreicht werden sollen? Ja, auch sie sind daran interessiert, daß im Falle meiner Abwesenheit alles weiterläuft und Entscheidungen getroffen werden können.

Im Entscheidungsbaum ist man jetzt an der Spitze eines Astes 6–(GII) angelangt. Eine Gruppenentscheidung wird vorgeschlagen. Das Informationsdefizit des Vorgesetzten, der nicht weiß, wer in der Gruppe die höchste Kompetenz besitzt und am ehesten akzeptiert wird, kann dort kompensiert werden und die Akzeptanz durch den Gruppenentscheidungsprozeß sichergestellt werden. Die Gefahr, daß durch den Gruppenentscheidungsprozeß sachfremde Erwägungen ins Spiel kommen, ist ausgeschlossen, da der Vorgesetzte ja annimmt, daß die Mitarbeiter die grundsätzlichen Organisationsziele, die durch die Problemlösung erreicht werden sollen, teilen. Tradierte Wertauffassungen wie z. B. die, daß Personalentscheidungen in den Betrieben nicht in Gruppenentscheidungsprozessen zu verhandeln seien, sind innerhalb des normativen Modelles von Vroom und Yetton nicht berücksichtigt und spielen somit als Entscheidungskriterium keine Rolle.

Der Beispielsfall zeigt zugleich, daß ähnliche Probleme von verschiedenen Vorgesetzten sehr verschieden beurteilt werden können. Möglicherweise hätte ein anderer Vorgesetzter in der gleichen Situation gemeint, er besitze genügend Information, die Akzeptierung der Entscheidung sei auch dann gegeben, wenn er allein entscheiden würde oder aber er wäre davon ausgegangen, daß die Mitarbeiter die übergeordneten Ziele nicht unterstützen. Er wäre dann zu einem ganz anderen Vorschlag gekommen.

Gewisse Hinweise für die Validität des Konzeptes liegen vor. Yetton und Vroom (1978) legten Analysen von Entscheidungsprozessen vor und konnten zeigen, daß modellkonforme Entscheidungsverläufe häufiger zu einer als erfolgreich eingestuften Entscheidung führten als solche, die nicht modellkonform waren.

Auch das soeben dargestellte Modell ist zur Grundlage für Trainingsveranstaltungen geworden. Personen, die häufig vor Entscheidungsaufgaben stehen, werden anhand des Modelles trainiert, die jeweils auf sie zukommende Situation anhand der Fragen 1 bis 7 zu diagnostizieren, ihren eigenen bevorzugten Entscheidungsstil zu erkennen, um danach in die Lage gesetzt zu werden, flexibel reagieren zu können, also in der einen Situation durchaus autoritär, in der anderen aber als ein gleichberechtigtes Mitglied unter anderen innerhalb einer Gruppe zu entscheiden. Situationsadäquate Verhaltensflexibilität ist also das Lernziel.

Von einer ganz anderen Struktur, jedoch ebenfalls situationsbezogen, sind die sog. Weg-Ziel-Modelle der Führung, wie sie z. B. von Evans (1970), House (1971) und Neuberger (1976) entwickelt wurden. Der Grundgedanke dieser Konzepte geht auf die Erwartungs-Valenztheorie (vgl. Georgopoulos, 1957) bzw. auf die Wert-Instrumentalitäts-Erwartungstheorie (vgl. Vroom, 1964) zurück. Danach werden jene Handlungsalternativen mit besonderem Nachdruck verfolgt, die man als Mittel zum Erreichen hoch bewerteter Ziele wahrnimmt und von denen man zugleich annimmt, sie auch mit hoher Wahrscheinlichkeit realisieren zu können.

Im Rahmen der genannten Führungstheorien wird von den psychischen Abläufen bei den Geführten ausgegangen. Ein Geführter fragt sich, welches Verhalten eine positive Instrumentalität (Mittel zum Zweck-Relation) für das Erreichen ihm bedeutsam erscheinender Ziele hat. Ob die daraus resultierende Motivation für ein bestimmtes Verhalten auch tatsächlich in die Tat umgesetzt wird, hängt allerdings von weiteren Einflüssen wie z. B. den Fähigkeiten und Fertigkeiten der Person ab. Der Vorgesetzte kann nun durch sein Verhalten Einfluß auf Ziele und auf Weg-Ziel-Instrumentalitäten nehmen. Durch kooperatives Verhalten kann er z. B. die Arbeit mit den Unterstellten angenehmer machen, ihr Belohnung folgen lassen; durch klare Strukturierung der Aufgaben können die Wege verdeutlicht werden, die zu den angestrebten Zielen (Belohnungen) führen. Situationsbezogen erscheint diese Führungstheorie insoweit, als der Vorgesetzte die Ziele, die seinen Mitarbeitern bedeutsam erscheinen, kennt und ihre Weg-Ziel-Annahmen analysieren muß. Zudem sollte er die Situation insoweit gestalten oder aber die Erwartungen der Geführten modifizieren, daß zwischen diesen Erwartungen und den objektiv eintretenden Zusammenhängen hohe Übereinstimmung besteht. Wird anderes erwartet, als schließlich eintritt, ist Enttäuschung die Folge, was kurzfristig Unzufriedenheit bedingt und langfristig die Motivation der zu Führenden reduziert.

5.6.2 Folgerungen für die Praxis

Noch immer hört man im Gespräch mit erfahrenen Betriebs- oder Verwaltungspraktikern Worte wie: »Der Herr X ist wirklich eine Führungspersönlichkeit!« »Nur wer selbstsicher ist, kann auch führen!« »Nur autoritäres Durchgreifen führt zum Erfolg!« »Letztlich kommt man nur mit Hilfe kooperativer Führung zum Ziel!« Aussagen wie diese – mögen sie mit noch soviel Überzeugtheit vorgetragen werden – stimmen nicht. Jede Situation stellt spezifische Anforderungen; der eine wird diesen Anforderungen vielleicht eher gerecht werden als der andere; da aber die Situation sich wandelt, kann derjenige, der gestern erfolgreich war, heute scheitern. Soll der Führungserfolg durch die Auswahl geeigneter Personen sichergestellt werden, so kann man keinesfalls von der festen Vorstellung einer spezifisch strukturierten Führungspersönlichkeit oder von festgeschriebenen »Führungseigenschaften« ausgehen. Man muß die Anforderungen analysieren und kann sich dann darum bemühen, Personen zu finden, die diesen Anforderungen gerecht werden. Der Wandel der Anforderungen in der Zeit macht es allerdings erforderlich, daß auch so ausgewählte Personen sich flexibel auf die neue Situation einstellen oder aber entsprechend trainiert werden. Es kann dabei nicht das Ziel sein, z. B. vom »autoritären Führungsstil«, der gestern erfolgreich gewesen sein soll, zum »kooperativen Führungsstil« zu gelangen, der – so wird gelegentlich behauptet – der heutigen Situation eher entspreche. Tatsächlich ist eine Führungssituation so komplex, daß sie vielfach veränderte Verhaltensweisen innerhalb eines Tages fordert. Unter Zeitdruck muß rasch eine Entscheidung erfolgen; mit dem bedrückten Mitarbeiter, der um seinen Arbeitsplatz fürchtet, muß ein persönliches Gespräch geführt werden; Unklarheiten bei einer zu bewältigenden Aufgabe müssen ausgeräumt werden; die Abteilungssitzung muß so geführt werden, daß die Diskussion nicht ausufert, aber dennoch alle Mitarbeiter zu Wort kommen etc. Verhaltensflexibilität ist also das Lernziel. Wilpert (1977) hat in empirischen Analysen gezeigt, daß Vorgesetzte flexibel ihr Führungsverhalten von Situation zu Situation wechseln. Sie sind damit vielen »Führungslehren« weit voraus. Die anwendungsbezogene Forschung kann allerdings dabei helfen, dieser geforderten Verhaltensflexibilität eine rationale Grundlage und eine Systematik zu geben, die sie nicht nur zur Kunst, sondern auch zum begründeten Wissen macht. Dies allerdings ist – man denke an das Modell von Vroom und Yetton (1973) – mit der Gefahr verbunden, daß allzu simple Rezepte die Folge sind, die der Komplexität der Situation nicht voll entsprechen. Neuberger (1983) hat auf die Konflikthaftigkeit der Vorgesetztenrolle hingewiesen und Führen als widersprüchliches Handeln bezeichnet. Einfache Rezeptbücher befreien den Vorgesetzten nicht von der Verantwortung, angesichts dieser Widersprüchlichkeit dennoch zu handeln. Die Führungsforschung kann Hinweise geben, Grenzen ziehen; dem einzelnen Führer kann sie dagegen die Entscheidung nicht abnehmen, wie er sich in einer konkreten Situation zu verhalten habe und wie er mit Widersprüchen auskommen muß, wie sie Darstellung 28 nach Neuberger (1983) zeigt.

Darstellung 28   Widersprüche in der Führungssituation

Objekt	⟷	Subjekt
Einzigartigkeit	⟷	Gleichartigkeit
Bewahrung	⟷	Veränderung
Ordnung	⟷	Freiheit
Fürsorge	⟷	Herausforderung
Offenheit	⟷	Zurückhaltung
Sachlichkeit	⟷	Emotionalität
Spezialisierung	⟷	Generalisierung
Gesamtverantwortung	⟷	Einzelverantwortung
Kontrolle	⟷	Vertrauen
Individuelle Entscheidung	⟷	Kollektive Entscheidung
Extrinsische Motivation	⟷	Intrinsische Motivation
Konkurrenz	⟷	Kooperation
Eigennutz	⟷	Gemeinnutz

Zusammenfassung:

Führung ist intendierte Einflußnahme innerhalb sozialer Gebilde durch Inhaber bestimmter Rollen. Von einer anwendungsbezogenen psychologischen Disziplin wie der Organisationspsychologie wird erwartet, daß sie durch ihre Forschung dazu beiträgt, Führungserfolg sicherzustellen. Führungserfolg ist allerdings von Fall zu Fall unterschiedlich zu definieren und ein vielschichtiges, häufig in sich selbst widersprüchliches Gebilde.

Die organisationspsychologische Forschung hat sich vor allem auf zwei Weisen darum bemüht, zum Führungserfolg beizutragen: Durch die Entwicklung von Auswahl-(Selektions-) und Ausbildungs-(Verhaltensmodifikations-)Strategien.

Die Selektionsstrategien wurden zunächst dadurch begründet, daß man Persönlichkeitskorrelate des Erreichens einer Führungsposition bzw. des Führungserfolgs ermittelte, die so gefundenen Persönlichkeitseigenschaften mit Hilfe von Testverfahren zu erfassen suchte, um auf diese Weise erfolgversprechenden Führungsnachwuchs auszuwählen. Dieser Ansatz scheiterte, weil unterschiedliche Führungssituationen unterschiedliche Anforderungen stellen.

Dieser Unterschiedlichkeit der Anforderungssituation suchte man bei der Selektion mit Hilfe des Assessment-Centers zu begegnen. Hier wird ansatzweise die künftige Führungssituation simuliert und der Bewerber, der sich mit diesen Anforderungen auseinandersetzt, von geschulten Linienvorgesetzten der Organisation beurteilt. Obwohl auch das Assessment-Center an einer Reihe von Problemen krankt, wird der spätere Führungserfolg mit Hilfe dieser Methode doch meist recht gut prognostiziert.

Ein anderer Zweig der Führungsforschung bemüht sich darum, verschiedene Führungsverhaltensweisen zu analysieren und ihre Beziehung zum Führungserfolg herauszustellen. Erfolgversprechende Führungsverhaltensweisen sollten sodann im Rahmen von Trainingsveranstaltungen an Vorgesetzte vermittelt werden. In diesem Sinne wurden in Laborexperimenten verschiedene Führungsstile als unabhängige Variable untersucht und deren Auswirkung auf die abhängigen Variablen Leistung und Zufriedenheit der Geführten analysiert. Es zeigte sich, daß der kooperative Führungsstil dem autoritären auf der Dimension der Leistung nicht überlegen ist, meist allerdings auf der Dimension der Zufriedenheit. Eingehende Analysen des Führungsverhaltens in realen Situationen zeigten, daß sich ein Großteil der Varianz beobachtbaren Führungsverhaltens auf den beiden Dimensionen »Mitarbeiterorientiertheit« und »Aufgabenorientiertheit« abbilden läßt. Ein Füh-

rungstraining, das die Verhaltenskompetenz der Vorgesetzten auf diesen beiden Dimensionen maximiert, ist entsprechend häufig propagiert und kommerzialisiert worden. Ein derartiges Trainingsprogramm ist wissenschaftlich dennoch kaum zu rechtfertigen, da die Korrelation dieser Führungsverhaltensdimension mit den Kriterien des Führungserfolgs je nach Kriterium und je nach Situation höchst unterschiedlich ausfällt.

Generell erscheint es schwer, Führungsverhaltensweisen in Seminar- oder Trainingsveranstaltungen zu modifizieren, da alle Verhaltensweisen situationsabhängig sind. Langfristig modifiziertes Führungsverhalten ist daher nur dann zu erwarten, wenn nicht nur auf die Person eingewirkt wird, sondern auch die Situation der trainierten Person so modifiziert wird, daß die Anregungsbedingungen des Verhaltens und die Konsequenzen des Verhaltens das erwünschte Verhalten stabilisieren.

Insgesamt wird zunehmend die Bedeutung der Situation für die Erklärung des Führungsverhaltens und des Führungserfolgs erkannt. Es werden daher in der Organisationspsychologie Führungstheorien entwickelt, die das Führungsverhalten und den Führungserfolg aus Person- und Situationsvariablen, die es zu operationalisieren gilt, erklären. Beim derzeitigen Stand der Forschung ist allerdings keine dieser Theorien in der Lage, für die Praxis rezeptartige Hinweise zu geben. Die Anregungen reichen nicht aus, den Vorgesetzten aus seiner Eigenverantwortung zu entlassen.

Zur Vertiefung dieses Kapitels sei besonders empfohlen:

Neuberger, O.: Führungsverhalten und Führungserfolg. Berlin 1976.

In diesem anspruchsvollen Textbuch werden Theorien und Forschungsergebnisse zu Fragen der Führung in Organisationen kritisch analysiert. Es wird danach ein eigenständiger theoretischer Ansatz entwickelt, der von der Motivation der Geführten ausgeht, sowie

Wunderer, R. & Grunwald, W.: Führungslehre Band I und Band II. Berlin, N.Y. 1980.

In diesem zweibändigen, äußerst informationsreichen Werk findet man sachkundige Darstellungen »klassischer« und moderner Führungstheorien.

A *Mehrfachwahlfragen zur Selbstkontrolle*

Kontrollieren Sie stichprobenartig Ihr Wissen, indem Sie bei den nachfolgenden Mehrfachwahlfragen M 13 bis M 15 diejenige (nur eine!) der vorgegebenen Lösungsalternativen anstreichen, die Ihnen die beste zu sein scheint. Blättern Sie bei der Beantwortung bitte nicht in den Text zurück! Die Richtiglösungen finden Sie im Anhang auf Seite 203.

M 13

Empirische Untersuchungen zur Eigenschaftentheorie der Führung sehen häufig so aus, daß man durch bestimmte Kriterien definierte Führungskräfte auf ihre Eigenschaften hin untersucht und die Ergebnisse mit den in einer Kontrollgruppe gefundenen vergleicht. Eigenschaften, die in signifikant unterschiedener Weise bei der Gruppe der Führenden gefunden wurden, werden als Ursache dafür interpretiert, daß diese Personen Führungspositionen erreichten. Welches Argument gegen diese Interpretation ist besonders wichtig?

a) Die gefundenen Eigenschaften müssen keineswegs die Ursache sein, da viele andere Variable nicht kontrolliert wurden.

b) Die gefundenen Eigenschaften können deshalb nicht die Ursache sein, weil nicht Eigenschaften der Person, sondern Merkmale der Situation darüber bestimmen, wer Führer wird.

c) Die gefundenen Eigenschaften müssen keineswegs Ursache, sondern sie können Folge sein, da sie von den Erwartungen an die Führungsrolle determiniert worden sein können.

d) Die gefundenen Eigenschaften sind ein Artefakt der Untersuchungssituation, da sie lediglich die Erwartungen reproduzieren, die der untersuchende Eigenschaftentheoretiker hatte.

M 14

Hohe Ausprägungen in »Consideration« und »Initiating structure«, als zwei Dimensionen des Führungsverhaltens,

a) kommen mit überdurchschnittlicher Wahrscheinlichkeit gemeinsam vor, da sie lediglich zwei Aspekte einer Sache – erfolgreicher Führung – sind;

b) kommen mit zufällig zu erwartender Häufigkeit gemeinsam vor, da die beiden Dimensionen faktorenanalytisch ermittelt wurden, also statistisch unabhängig voneinander sind;

c) können grundsätzlich nicht gemeinsam vorkommen, da sie als Gegenpole auf einer Dimension definitorisch bestimmt sind;

d) kommen dadurch mit überdurchschnittlicher Wahrscheinlichkeit gemeinsam vor, daß »Consideration« innerhalb der Führungstheorie als Folge von »Initiating structure« angesehen werden muß.

M 15

In der Führungstheorie Fiedlers läßt sich die Leistung der Gruppe nur dann prognostizieren, wenn man

a) den Führungsstil mit Hilfe des LPC-Maßes ermittelt hat;
b) den Führungsstil mit Hilfe des LPC-Maßes als persönliche Beziehung zwischen Führer und Geführten bestimmt und die Positionsmacht des Führers und die Aufgabenstruktur als Moderatorvariablen berücksichtigt;
c) den Führungsstil des Führers als Funktion der persönlichen Beziehungen zwischen Führer und Geführten (definiert durch das LPC-Maß), die Positionsmacht (definiert durch Expertenurteile mit Hilfe standardisierter Items) und die Aufgabenstruktur (definiert durch Expertenskalierungen auf 4 Dimensionen) bestimmt;
d) den Führungsstil des Führers und als zusätzliche Bedingungsvariablen die persönlichen Beziehungen zwischen Führer und Geführten, die Positionsmacht und die Aufgabenstruktur ermittelt.

B Problemfragen

Die nachfolgenden Fragen P 17 bis P 20 haben keine angebbaren Richtiglösungen. Sie sollen dazu dienen, Sie unter Verwendung des Gelesenen zu selbständigem Denken anzuregen.

P 17
Sind es wirklich nur äußere Einfachheit und Übereinstimmung mit herrschenden Ideologien, die zur weiten Verbreitung der Eigenschaftentheorie der Führung beitragen, oder gibt es auch Gründe, die es rechtfertigen, sie wissenschaftlich weiterzuentwickeln?

P 18
Die Forschungsergebnisse zur partizipativen Führung legen mehrheitlich die Vermutung nahe, daß dieser Führungsstil sich positiv auf die Zufriedenheit und – langfristig gesehen – auf die Leistung auswirkt. Nun stammen diese Ergebnisse fast alle aus westlichen bürgerlich-liberalen Demokratien. Glauben Sie, daß man in anders strukturierten Gesellschaften zu vergleichbaren Ergebnissen kommen würde?

P 19
Wie kann Partizipation in Organisationen aussehen, der man begründet vorwerfen könnte, sie sei ein Manipulationsinstrument, das lediglich zur konfliktfreieren Ausbeutung der Arbeitenden diene – wie muß Partizipation aussehen, damit ihr dieser Vorwurf erspart bleibt?

P 20
10 von Assistenten oder Tutoren geleitete studentische Arbeitsgruppen sollen im kommenden Studienabschnitt ein bestimmtes Stoffgebiet – z. B. Organisationspsychologie – bearbeiten. Es sollen die Wirkung der Partizipation der Studenten auf den Verlauf des Unterrichts und das Erreichen des Lehrziels – operationalisiert durch eine für die 10 Gruppen identische Prüfung – untersucht werden. Formulieren Sie Ausgangshypothesen und entwerfen Sie einen Versuchsplan, der geeignet ist, die Hypothesen zu prüfen!

C Fall

F 4. Mäßiges Niveau der Produktivität
In einer Unternehmung der Textilbranche arbeiteten Frauen in Gruppen, deren Größe von 4—12 Personen reichte, an Maschinen und fertigten Bekleidungsstücke. Das Arbeitstempo wurde in diesem Fall nicht vom Tempo eines Fließbandes bestimmt, sondern vom Arbeitseinsatz der Näherinnen an den Maschinen.
Die Kohäsion innerhalb der Arbeitsgruppen durfte als recht gut bezeichnet werden.
Obwohl die Produktivität – gemessen an der Stückzahl pro Stunde – nicht auffallend gering war, herrschte beim Management doch die Auffassung vor, daß die Produktivität noch erheblich gesteigert werden könne. Da angesichts der technischen Gegebenheiten an eine Änderung der Produktionseinrichtungen – etwa der Räume und der Maschinen – nicht gedacht werden konnte, stellte sich dem Management die Frage, ob sich andersartige Möglichkeiten finden ließen, um das Ziel der Produktionssteigerung zu erreichen.
Frage: Was würden Sie vorschlagen?
Entwickeln Sie einen Plan, der über Globalaussagen hinausgeht!

Nach Beantwortung der Frage: vgl. die Arbeit von Bavelas, berichtet im Aufsatz von French, J. R. P., Jr.: Field experiments: Changing group productivity. In: Miller, J. G. (ed.) Experiments in social process: A symposium on social psychology. New York, 1950.

Kapitel 6

Organisationsentwicklung

Lernziele:

Die Beschäftigung mit dem Kapitel »Organisationsentwicklung«
soll dazu anregen und/oder befähigen,
- *sich mit der Notwendigkeit der Organisationsentwicklung (OE) zu*
  beschäftigen,
- *die Konzepte des geplanten Wandels kennenzulernen und auf*
  ihren theoretischen Hintergrund zu überprüfen,
- *Vorgehensweisen der Organisationsentwicklung zu verstehen,*
- *sich mit den speziellen, psychologisch begründeten Methoden der*
  Organisationsentwicklung vertraut zu machen,
- *Methoden und Ergebnisse der OE kritisch zu würdigen und*
  Maßstäbe für die Beurteilung von Berichten über OE zu ge-
  winnen.

Orientierungsfragen

1. Versuchen Sie, die Gründe dafür anzugeben, daß Organisationen einem ständigen Anpassungsdruck unterworfen sind.
2. Ein Betrieb hat große Absatzschwierigkeiten. Ein neuer Betriebsleiter entwickelt als Sanierungskonzept die Entlassung von 20% der Belegschaft. Es kommt daraufhin zu einem Streik aller Mitarbeiter. Die Unternehmensleitung betont, der Streik gefährde die Existenz des Betriebs. Trotzdem wird weitergestreikt. Wie läßt sich dieses Verhalten erklären? Wurden von der Unternehmensleitung Fehler gemacht? Wie hätte man vorgehen können?
3. In einer Baufirma, die in wenigen Jahren vom Handwerksbetrieb zum mittelgroßen Betrieb gewachsen ist, hat der Chef bisher alle Einstellungen von Führungskräften bis zum Vorarbeiter selbst entschieden. Der Personalleiter möchte jetzt ein objektiveres Verfahren einführen. Wie soll er vorgehen?
4. Das Zweigwerk eines größeren Betriebs bleibt in der allgemeinen Entwicklung der Produktivität zurück. Die Unternehmensleitung vermutet, daß die Schuld bei dem Direktor dieses Werkes liegt, der schon seit 15 Jahren das Zweigwerk leitet und es vermutlich an Innovationsbereitschaft fehlen läßt. Man löst den Direktor ab und ersetzt ihn durch einen Nachwuchsmann, der in der Stabsabteilung des Unternehmens durch seine großen analytischen Fähigkeiten aufgefallen ist. Der junge Direk-

tor stellt auch sofort in einer Betriebsüberprüfung viele Versäumnisse und Mängel fest und trifft die entsprechenden Anordnungen zu ihrer Beseitigung. Daraufhin kommt es in dem Betrieb zu einer Revolte der mittleren Führungskräfte. Welche Gründe vermuten Sie?

6. Organisationsentwicklung

Die äußeren und inneren Bedingungen der Organisation ändern sich ständig. So ist z. B. die industrielle Unternehmung sowohl mit Weiterentwicklungen der Technik, Veränderungen der Märkte als auch mit sich ändernden Auffassungen über die Beziehungen zwischen Management und Mitarbeitern und einem veränderten Selbstverständnis der Organisationsmitglieder konfrontiert. Unternehmen, die mit diesen neuen Anforderungen nicht fertig werden, sind häufig in ihrer Existenz bedroht. Eine Antwort auf diese Herausforderungen an die Organisation ist die Organisationsentwicklung (OE).

6.1 Konzepte der organisatorischen Veränderungen

Es gibt verschiedene Alternativen zur OE; z. B. das Vertrauen in die glorreiche Vergangenheit des Unternehmens. Man läßt die Dinge treiben, in der Hoffnung, man werde aktuelle Krisen ebenso gut überstehen wie in der Vergangenheit. Eine andere Strategie ist das Krisenmanagement. Man verläßt sich darauf, daß man zu gegebener Zeit, wenn die Probleme akut werden, schon die richtigen Entscheidungen zu ihrer Bewältigung finden werde. Bei der Strategie des »Bombenwurfs« (Kirsch et al. 1979) entwickelt ein Berater ohne Beteiligung und häufig ohne Wissen der Betroffenen einen neuen Organisationsplan, mit dem man die Organisationsmitglieder für sie selbst ganz überraschend konfrontiert. Weitere Hilfe wird der Organisation nicht zuteil.

Beleg 12 Der unausführbare Änderungsplan

> »Eine Heuschrecke, die schwer unter den Unbilden des kalten Winters leidet, geht zu der weisen Eule, um Rat zu suchen. Die Eule denkt nach und gibt der Heuschrecke den Rat: »Verpuppe dich im Winter, dann wirst du die Kälte dieser Jahreszeit nicht mehr spüren«. Fröhlich hüpft die Heuschrecke weg. Dann überlegt sie sich die Sache und fragt sich, wie wird eine Heuschrecke zur Puppe? Da sie darauf keine Antwort weiß, hüpft sie zur Eule zurück, um ihr diese Frage vorzulegen. Die Eule antwortet: »Ich habe dir die Prinzipien gegeben, die Details mußt du selbst ausarbeiten«.
>
> Bennis, W. G., Benne, K. D. & Chin, R. (Eds.): The planning of change. London 1969[2]

Chin & Benne (1969) unterscheiden drei unterschiedliche implizite Annahmen, die den verschiedenen Vorgehensweisen der OE zugrunde liegen:

1. *das empirisch-rationalistische Konzept*. Ausgehend von der Annahme, daß der Mensch ein rationales Wesen ist, wird erwartet, daß er bestimmte Handlungen vollzieht, die seinen Interessen dienen. Notwendig ist dann die Einsicht in die sachlichen Erfordernisse. Dafür sind Informationen und ggf. Ausbildung nötig.

2. *das Machtkonzept:* Als Macht wird die Fähigkeit definiert, andere zu veranlassen etwas zu tun, was sie ohne diesen Einfluß nicht tun würden. Die Verfügung über Belohnungen und Bestrafungen sind die Quellen der Macht. Im Machtkonzept wird angenommen, daß es genüge, wenn die Inhaber der Machtpositionen Maßnahmen anordnen. Allein die Fähigkeit, Sanktionen verhängen zu können (vgl. Etzioni, 1961), reicht aus, um gewünschte Änderungen zu bewirken. In Übereinstimmung mit Theorie X (s. S. 22) wird angenommen, daß die Inhaber der Machtpositionen über alle erforderlichen Informationen verfügen, um die richtigen Entscheidungen treffen zu können und daß Kontrolle ausreicht, jede gewünschte Änderung herbeizuführen.

3. *das normativ-reedukative Konzept:* Ausgehend von psychologischen Konzepten der Motivation und der Kenntnis von Gruppenprozessen wird sowohl das Rational-Konzept als auch das Macht-Konzept verworfen. Verhaltensweisen der Individuen sind nicht nur von der Einsicht in Interessen, sondern auch von emotionalen Einflüssen bestimmt, sie befinden sich außerdem in Übereinstimmung mit soziokulturellen Normen. Veränderungen sind nur dann möglich, wenn sie diesen Normen entsprechen. Man muß sich also ggf. auch um eine Veränderung von Normen bemühen, um die Mitarbeiter dazu zu bringen, neue Einsichten zu gewinnen und sich aktiv im Änderungsprozeß zu engagieren.

Die OE basiert auf diesem Konzept. Es war insbesondere Kurt Lewin (1947), der durch das Laboratoriumstraining, die Aktionsforschung und das Konzept des »Survey-feed-back« wesentliche Anstöße gegeben hat.

6.2 Die Partner bei der OE: Klientensystem und Change-agent

Das *Klientensystem (KS)* ist jede Gruppe oder Organisation, die selbst Hilfe wünscht oder für die Hilfe von dritter Seite gewünscht wird.

Klientensysteme, über die in der Literatur berichtet wird, sind u. a. wirtschaftliche Unternehmen, Jugendgruppen, Gemeinden, Bevölkerungsgruppen in Entwicklungsländern.

Der *Change-agent (CA)* (Experte für organisatorischen Wandel) kann ein von außen kommender Berater oder Mitglied der Organisation sein, dem damit eine spezielle Aufgabe außerhalb der Linienhierarchie zufällt.

Die spezielle Beziehung des CA zum KS wird oft mit der Wirkung eines Katalysators verglichen. Ohne sich selbst aktiv an den Entscheidungen des KS zu beteiligen, wirkt der CA dadurch, daß er Kräfte im KS weckt, die sich ohne seine Teilnahme nicht hätten entfalten können. Eine Analogie ergibt sich auch zur Rolle des Therapeuten in der Klientenzentrierten Therapie nach C. Rogers (1969). Bei dieser kommt es darauf an, daß der Therapeut nicht seine Sicht der Dinge und seine Diagnose dem Klienten aufdrängt, sondern diesem dabei hilft, daß er selbst Einsicht in seine Probleme gewinnt und selbst die Ziele setzt.

Diese scheinbar passive Rolle des CA ist nicht ohne Probleme. Ohne eine formale Führungsrolle in der Organisation zu beanspruchen, übt der CA einen beträchtlichen Einfluß aus. Daraus ergibt sich eine Statusinkongruenz, die häufig angstauslösend wirkt (Christensen und Roethlisberger 1958). Da der CA darauf achtet, daß alle Entscheidungen vom KS selbst getroffen werden, entsteht bei Erfolg der OE das Problem, daß sich Mitglieder des KS fragen, wozu der Berater eigentlich gut war, da sie es doch selbst waren, die alle relevanten Entscheidungen getroffen haben.

Die Change-agents ihrerseits geraten in Versuchung, ihren Einfluß zu formalisieren und Führungsrollen anzustreben. So ist z. B. in zahlreichen Entwicklungshilfeprojekten zu beobachten, daß die Berater Kompetenzen an sich ziehen und damit die einheimischen Führungskräfte in den Hintergrund schieben.

Vom Konzept der OE her ist deshalb zu fordern, daß eine solche Beraterrolle nicht ohne vorangehende Ausbildung in Beratungstechnik und eine Einübung in die Beraterrolle durchgeführt wird. Winn (1971) berichtet, daß CA's häufig eine hohe »Sterblichkeitsrate« aufweisen, da sie zum bevorzugten Ziel systeminterner Aggressionen werden.

6.3 Die Phasen eines Prozesses der OE

Lewin (1963) hat drei Phasen thematisiert: die Auftauphase, die Veränderungsphase und die Phase der Stabilisierung. Lippitt,

Watson & Westley (1958) haben dieses Konzept auf sieben Phasen ausdifferenziert. Diese sollen nachfolgend skizziert werden.

6.3.1 Die Entwicklung eines Bedürfnisses nach Veränderung

Lippitt et al. (1958) haben vor allem vier Arten auslösender Bedingungen für die Inanspruchnahme von Beratungshilfe festgestellt:
- Das KS erlebt die gegebene Situation als unbefriedigend, schmerzhaft oder gefährlich. Mangelnder Unternehmensgewinn, hohe Anzahl von Reklamationen durch Kunden, Konflikte zwischen Mitarbeitern, sind Beispiele für derartige Situationen. Verbunden mit dem Gefühl, aus eigener Kraft die festgestellten Schwierigkeiten nicht lösen zu können, wird beschlossen, beratende Hilfe in Anspruch zu nehmen.
- Das KS stellt fest, daß es im Vergleich zu anderen Gruppen/ Organisationen Defizite aufweist. Die Vergleichsgruppe vermittelt den Eindruck, irgendwie rückständig zu sein.
- Das KS sieht sich extremem Druck ausgesetzt, Änderungen vorzunehmen: gesetzliche Auflagen, z. B. Einführung der Mitbestimmung oder Umweltschutzgesetze, machen Änderungen der Organisationsstruktur nötig. Die Konkurrenz unterbietet die Preise für vergleichbare Produkte und erzwingt dadurch Rationalisierungen.
- Das KS sieht sich einem internen Druck ausgesetzt. So nimmt man an, daß dem technischen Fortschritt eine Notwendigkeit zu immer neuen Erfindungen innewohnt. Die Entwicklungsabteilungen und Forschungslabors der Unternehmen sind Ursprung vieler Änderungen, Bewußtseinsveränderung bei Mitarbeitern und Unternehmensleitung, Verschiebungen der Bedürfnisse, die durch die Organisation erfüllt werden sollen. Gelingt dies nicht, entsteht die Forderung nach Veränderungen.

Selbstverständlich können im konkreten Fall mehrere dieser Anlässe zusammenwirken. Auch ist zu beobachten, daß gelegentlich ganze Branchen von einer Neuerungswelle erfaßt werden, so daß schwer auszumachen ist, was nun im Einzelfall bestimmend war, Maßnahmen der OE einzuleiten. Zugleich hat sich, unter verschiedenen Namen, die OE professionalisiert. Beratungsfirmen betreiben ihr eigenes Marketing und überreden potentielle Klienten, ihre Dienste in Anspruch zu nehmen. Z. T. stehen staatliche Mittel zur Verfügung, aus denen die Kosten der Beratung ganz oder teilweise getragen werden, z. B. die Beratungshilfe im Rahmen der Entwicklungshilfe oder die staatlichen Dienste der landwirtschaftlichen Beratung etc.

6.3.2 Die Herstellung einer Beziehung zwischen KS und CA

Zwischen KS und CA muß ein förmlicher Beschluß oder Vertrag über die Beratungshilfe zustande kommen. Z.T. steht im Mittelpunkt dieser Beziehung ein technischer oder wirtschaftlicher Bezug: Einführung der EDV, organisatorische Schwachstellenanalyse, Erstellung eines Plans. Wenn dabei die psychologisch-gruppendynamischen Aspekte des Veränderungsprozesses übersehen werden, wird implizit das rationalistische oder das Macht-Konzept angewandt. Dem entspricht das technisch-wirtschaftliche Selbstverständnis vieler Change-agents. Obwohl in den letzten Jahren das Wissen um die psychologischen Aspekte zugenommen hat, dürften auch heute noch die meisten Beratungsverhältnisse nicht OE-orientiert sein, d.h. sie sind vor allem sachlich, an technischen oder wirtschaftlichen Veränderungen orientiert. Um eine normativ-reedukative OE einzuleiten, was ja bedeutet, daß die eigenen Ressourcen des KS mobilisiert werden, ist eine entsprechende Festlegung in der Initialphase nötig (vgl. Sievers 1977).

6.3.3 Identifikation des Ziels

Eine wichtige Aufgabe der OE ist es geworden, den Gegensatz zwischen Individuum und Organisation abzubauen und zwar in einer Form, die sowohl im Interesse der Individuen als der Organisation liegt (vgl. Argyris 1976). Die konkreten Ziele, die sich aus den Oberzielen ergeben, werden nicht vom CA vorgegeben, sondern durch einen partizipativen Prozeß mit den Organisationsmitgliedern erarbeitet. Eine solche Zielsetzung nimmt ihren Ausgangspunkt in der Diagnose der Systemfunktion bzw. ihrer Mängel.
Für eine Diagnose benötigt der CA Informationen, die oft schwer zugänglich sind. Das KS ist zwar daran interessiert, die negativen Auswirkungen innerer organisatorischer Mängel beseitigt zu sehen, leistet aber beträchtliche Widerstände, wenn es darum geht, Organisationsinterna offenzulegen.
Angenommen, eine Unternehmung hat wirtschaftliche Probleme, weil ein autoritäres Management sich weigert, Fehlentscheidungen zu korrigieren. Mitarbeiter auf der mittleren Ebene, die die Ursache sehen, sind frustriert und kooperieren nicht im notwendigen Maß mit dem als inkompetent und unbelehrbar angesehenen Management. Der CA muß sich davor hüten, in diese Auseinandersetzungen hineingezogen zu werden. Er sollte die Diagnose nicht selbst stellen, sondern die Organisationsmitglieder veranlassen,

selbst die Schwachstellenanalyse vorzunehmen, wobei er dem KS als Prozeßberater zur Seite steht.

Rogers (1969) sieht als Ziel der OE die größere Wertschätzung der inneren Organisationsressourcen und deren besseren Gebrauch. Dies zeigt, daß es darauf ankommt, bereits die Schwachstellendiagnose unter größtmöglicher Beteiligung des KS durchzuführen.

Schritt um Schritt sollen die operationalen Ziele erarbeitet werden. Indem Teilziele möglichst realistisch formuliert werden, stellt sich bei ihrem Erreichen langsam ein größeres Vertrauen in die OE ein: Es wird Kompetenz in Veränderungsprozessen erworben (vgl. Glasl & de la Houssaye 1975).

Die Zielfestlegung darf nicht als einmaliger Akt verstanden werden, sondern muß als Prozeß stufenweiser Annäherung mit immer wiederholten Überprüfungen aufgefaßt werden. Als Verfahren dafür hat sich die Aktionsforschung bewährt.

6.3.4 Prüfung von alternativen Entwicklungskonzeptionen

Oft liegt das Problem des KS darin, daß es auf bestimmte Lösungsstrategien fixiert ist. Der CA wird deshalb Wert darauf legen, daß das KS lernt, in Alternativen zu denken. Ein bewährtes Verfahren ist das »Brainstorming«. In einer Sitzung, in der dieses Verfahren angewandt wird, gibt es keine Rangunterschiede. Jeder Teilnehmer wird aufgefordert, soviel Vorschläge zu machen wie möglich. Alle Vorschläge, auch offensichtlich schlechte, werden aufnotiert; negative Bewertungen dürfen nicht gegeben werden.

In dieser Phase zielt man weniger darauf, Entscheidungen herbeizuführen als vielmehr den Handlungsspielraum dadurch zu erweitern, daß das anstehende Problem aus verschiedenen Perspektiven angegangen werden.

Es stellt sich dann oft heraus, daß eine Veränderung der bisherigen organisatorischen Prozeduren zum Verlust von Privilegien führen würde. Auch werden Ängste freigesetzt, daß Änderungen zu einem Fehlschlag führen könnten. Würde man jetzt Entscheidungen verlangen, wäre zu erwarten, daß sich das System für die bisherigen Verfahrensweisen entscheidet.

6.3.5 Erprobung von Veränderungen

Die Umsetzung der in Phase 4 erarbeiteten Absichten und Pläne in neue Verhaltensweisen stellt den Kern des Wandlungsprozesses dar (Lippitt et al. S. 141). Das KS macht dabei eine kritische Phase durch, in der auf verschiedenen Ebenen Widerstände entstehen und artikuliert werden.

Watson (1966) hat eine Reihe von Ratschlägen ausgearbeitet, wie diese Widerstände am ehesten zu überwinden sind:

- Entscheidend ist, daß die Pläne für den Wandel von den Führungskräften des KS tatsächlich als ihre eigenen Pläne erlebt werden. Die Zustimmung zum Vorhaben muß auf allen Ebenen gesichert sein (vgl. auch Gebert 1974).
- Änderungen sind leichter akzeptierbar, wenn sie einen versuchsweisen Charakter haben und wenn sie offengehalten werden für Revision und Überprüfung.
- Widerstand wird geringer, wenn das Projekt den Teilnehmern interessante Erfahrungen vermittelt und wenn sich klar erkennbare Erfolge schon in der Initialphase einstellen. Zweckmäßig ist, Teilziele klar zu strukturieren und den Teilnehmern Rückmeldungen über ihre Fortschritte beim Erreichen dieser Teilziele zu vermitteln.
- Der Widerstand wird geringer, wenn ein Klima des gegenseitigen Vertrauens hergestellt und offen über Erfahrungen gesprochen wird, sowie Verständnis und Sympathie bei auftretenden Schwierigkeiten und Fehlschlägen gezeigt werden.

6.3.6 Stabilisierung und Generalisierung der durch Wandel erreichten Ergebnisse

Oft stellt man fest, daß, nachdem mit großen Mühen ein Wandel erreicht wurde, die Bemühungen einschlafen und alte Verfahrensweisen wiederkehren. Hilfreich bei der Stabilisierung ist die Institutionalisierung oder Ritualisierung neuer Verfahrensweisen. Stößt das neue Verfahren auf Interesse und Nachahmung in der Umwelt, so ist die Chance günstig, daß es beibehalten wird. Meistens aber wird man Evaluationsprogramme und weitere Ermutigungen über einen längeren Zeitraum fortsetzen müssen, bis die neuen Verfahren so eingespielt sind, daß sie nicht mehr aufgegeben werden.

6.3.7 Beendigung des Beratungsverhältnisses, Terminalstrategie

Erfolgreich beendet ist ein Beratungsverhältnis dann, wenn sich der Berater überflüssig gemacht hat, weil das KS in der Lage ist, mit den erworbenen Problemlösungsprozeduren auftretende Schwierigkeiten selbst zu meistern.

Dem stehen jedoch Widerstände entgegen. Der Berater wird sich tendenziell mit dem KS identifizieren. Möglicherweise hängt auch sein Einkommen vom Beratungsverhältnis ab. Dies sind Gründe, die ihn veranlassen können, eine Abhängigkeit des KS herzustellen. Er versucht dann, in anderer Weise, z. B. als Mitarbeiter, dem KS verbunden zu bleiben.

Teilweise ergeben sich auch spezielle Abhängigkeiten von Mitarbeitern im KS zum CA. Diese Mitarbeiter entwickeln Ängste, daß ihre Rolle nach Beendigung des Beratungsverhältnisses weniger bedeutend sein könnte.

Besonders auffällig ist eine Kooperation von KS und CA beim Bemühen, den Beratungsprozeß bei Projekten fortzusetzen, die von einer dritten Seite finanziert werden, z. B. bei Projekten in der Entwicklungshilfe. Projekte, die für wenige Jahre konzipiert waren, werden immer und immer wieder verlängert und ausgeweitet. Eine Terminalphase wird wirksam dadurch behindert, daß das Projekt nach Abzug des CA zusammenzubrechen droht.

Beleg 13   Skizze eines Projektablaufs

Das Land X hat einen Staudamm gebaut. Mit dem Wasser sollen Wüstenstriche bewässert werden, um dringend benötigte landwirtschaftliche Produkte zu erzeugen und Menschen, die aus übervölkerten Landesteilen umgesiedelt werden, eine neue Existenz zu bieten. Für die Anlage der Bewässerungswirtschaft und die neuen Produktionsverfahren braucht man Hilfe. Die Bundesregierung hat dem Land aus politischen Gründen eine größere Hilfszusage gemacht. Es wird vereinbart, den Hilfsrahmen durch ein Projekt der regionalen landwirtschaftlichen Entwicklung auszufüllen. Land X gründet eine Entwicklungsgesellschaft Y, welche alle nötigen Vollmachten hat. Die Y-Gesellschaft soll Empfänger der Hilfe, Träger der Maßnahmen und Partner der deutschen Experten sein.

Gutachter reisen an und untersuchen das Gebiet. Inzwischen legt die Y-Gesellschaft schon die Kanäle und Wasserschlösser an. Es soll dort Viehzucht betrieben werden. Man baut Stallungen und fliegt Zuchtvieh ein. Dann bemerkt man, daß für das Vieh das Futter fehlt. Man fliegt Futter ein und bemüht sich, den Futteranbau in Gang zu bringen. Es zeigt sich, daß die Kanäle mangelhaft angelegt sind und man das Wasser nicht dahin bekommt, wo es hingehört. Man bringt Pumpen und Bagger und schickt deutsche Landmaschinentechniker, die einen Betriebshof aufbauen. Da das Vieh durch die veränderten klimatischen Bedingungen krank wird, wird eine Veterinärstation aufgebaut. Da die Neusiedler mit dem empfindlichen Vieh nicht zurechtkommen, konzentriert man das Vieh. Es entsteht eine deutsche Musterfarm. Man will jetzt nur noch Kreuzungen mit einheimischem Vieh erreichen. Um die wertvollen Zuchtbullen zu schützen, muß ein Dienst zur künstlichen

Besamung eingerichtet werden. Die einheimischen Bauern trauen dem Verfahren mit der Spritze nicht und bringen ihr Vieh außerdem noch zu einheimischen Bullen. Das Projekt ist jetzt immer teurer geworden. Der ursprüngliche Plan, die einheimische Landwirtschaft zu fördern, ist fast verlorengegangen. Deshalb beschließt man, einen neuen Projektleiter mit dem Auftrag zu entsenden, binnen drei Jahren die deutsche Hilfe zu beenden. Eine Delegation des Bundestags kommt vorbei und stellt fest, daß das Projekt deshalb nicht funktioniert, weil die deutschen Experten nicht im Projektgebiet, sondern 40 km entfernt in der Stadt wohnen. Es sollen deshalb Häuser für die Berater errichtet werden, einschließlich Trinkwasserversorgung – die es in den 10 Dörfern nicht gibt – und Abwasserbeseitigung. Die Experten sind jetzt, kurz vor Projektende, damit beschäftigt, ihre Häuser zu bauen und einzurichten. Niemand glaubt, daß das Projekt bald zu Ende geht.

Inzwischen hat sich die politische Lage in X geändert. Gesellschaft Y hat andere Ziele. Ihr kann man das Projekt, insbesondere die Musterfarm und Viehzuchtanstalt nicht übergeben. Es setzt eine hektische Tätigkeit ein; soll die Musterfarm an einen ausländischen Konzern verkauft werden? Was passiert dann mit den Bauern? Man beschließt, eine Genossenschaft zu bilden und ein Ausbildungsprogramm für Landwirte oder deren Söhne durchzuführen. Angefangen wird mit einem gut besuchten Kurs in Traktorfahren. Die ausgebildeten Fahrer verlassen nach dem Kurs das Projektgebiet, um in der Bauwirtschaft gut bezahlte Stellen als Fahrer zu übernehmen. Mit weiteren Ausbildungsmaßnahmen und sozial flankierenden Maßnahmen soll nun das Projekt gerettet werden. Neue Gutachter werden angefordert. Inzwischen verliert man in Bonn die Geduld und beschließt, alle Verträge der deutschen Experten auslaufen zu lassen und die deutsche Hilfe zu beenden.

Um dem entgegenzuwirken, muß schon in der Initialphase festgelegt werden, wann und wie die Beendigung erfolgt. Alle im Rahmen der OE ergriffenen Maßnahmen müssen darauf abgestellt sein, daß sie im vorgesehenen Zeitraum zu Ende geführt und dann an Mitglieder des KS auch effektiv übergeben werden können. Eine Analyse verschiedener OE-Projekte durch Gebert (1974) zeigt, daß sich der Erfolg dann am ehesten stabilisieren läßt, wenn vom CA möglichst früh Organisationsmitglieder eingeschaltet werden und diese die Veränderungsaufgaben übernehmen. Damit ein OE-Programm sein Ziel nicht verfehlt, ist es notwendig, daß die intervenierenden Instanzen alle Maßnahmen unter dem Gesichtspunkt der Beendigung sehen.

6.4 Methoden der OE

6.4.1 Aktionsforschung

Als Aktionsforschung läßt sich eine Gruppe von sehr ähnlichen Verfahren – die verschiedene Namen tragen – zusammenfassen, die dadurch charakterisiert sind, daß sie praktische Erfordernisse und wissenschaftliche Methoden eng verknüpfen. Je nachdem, ob der praktische Aspekt, der der Verbesserung der Organisationsfunktion oder der wissenschaftliche Aspekt, Erkenntnisse über soziale Prozesse in realen Situationen zu gewinnen, überwiegt, wird man die Akzente etwas anders setzen. Hier soll dem Charakter dieser Einführung entsprechend der praktische Gesichtspunkt im Vordergrund stehen. In diesem Sinn definiert Corey (1953) Aktionsforschung als »eine vom Praktiker unternommene Forschung zum Zweck der Verbesserung seiner Praktiken«.

Das Wort Aktionsforschung wurde, nach French und Bell (1973), von Collier geprägt, der von 1933 bis 1945 Beauftragter für Indianerfragen in den USA war. Seine Aufgabe bestand darin, Probleme zu diagnostizieren und Programme zur Verbesserung der Rassenbeziehungen vorzuschlagen. Er kam zu der Erkenntnis, daß Forschung und immer wieder Forschung erforderlich sei, um auf einem so schwierigen Gebiet Fortschritte zu machen. Es war wiederum Kurt Lewin (1947), der die Aktionsforschung zu einem Thema der Psychologie machte. Er stellte fest, daß die bei der Lösung sozialer Probleme wirksamen Kräfte nur dann beobachtet und ermittelt werden können, wenn Organisationsmitglieder aktiv an der Lösung der Probleme mitarbeiten.

Aktionsforschung besteht aus einem wiederholten Prozeß von Zielfestlegung → Datensammlung → Handlungsplanung → Bewertung.

Dieser Vorgang wird gemeinsam mit dem KS geführt. Cardijn, der Begründer der Christlichen Arbeiterjugend, hat diese Abfolge in der einprägsamen Formel »Sehen-Urteilen-Handeln« zusammengefaßt und zum pädagogischen Prinzip der von ihm gegründeten Bewegung gemacht.

1. Schritt: Man definiert ein Problem, das behandelt werden soll. Es wird eine Liste von Fragen aufgestellt, deren Antworten man kennen müßte, um wirksam eine Entscheidung treffen zu können. Die Mitglieder des Arbeitsteams verteilen dann die Aufgaben und sammeln die Daten. Dies kann z.B. eine Befragungsaktion der Mitarbeiter der Organisation sein. Schon durch diesen ersten Schritt wird neben dem Effekt der Datenbeschaffung erreicht, daß

die Organisationsmitglieder auf das Problem aufmerksam werden.
2. Schritt: Die gesammelten Daten werden gemeinsam diskutiert und im Hinblick auf das Ziel interpretiert. Aus dieser Lagebestimmung wird ein Plan entworfen, wie künftig gehandelt werden soll. Die Aufgaben/Rollen, welche die Handlungsausführung erfordert, werden verteilt.
3. Schritt: Die vereinbarten Maßnahmen werden ausgeführt. Danach trifft sich das Team erneut zum Erfahrungsaustausch. Es werden jetzt die Erfahrungen in drei Richtungen aufgearbeitet:
a) welche Fortschritte haben sich in der Sache ergeben,
b) welche Gruppenprozesse wurden im Rahmen der Handlungsausführung beobachtet,
c) welche Erfahrungen hat man bei sich selbst gemacht?
Diese Erfahrungen werden im Hinblick auf das gesteckte Ziel zusammengefaßt und interpretiert. Daraus ergibt sich eine neue Sicht des Problems und der Handlungsmöglichkeiten. Das Verfahren führt zu einer Wiederholung des ersten Schritts: was müßte man wissen, um wirksam weiterzukommen? Es folgt eine neue Datensammlung, erneute Beurteilung und Handlungsausführung. Werden die einzelnen Phasen, die Beobachtungen und Diskussionen aufgezeichnet, so erhält man Material für systematischere Forschungen. Dewey (1933) hat 5 Phasen des Denkens des Wissenschaftlers identifiziert: Zuerst sehe sich der Wissenschaftler einem Problem gegenüber, das er lösen wolle. Daraufhin folgt die gedankliche Vertiefung und Strukturierung des Problems. Die dritte Phase ist die Hypothesenbildung. Daraus werden 4. Folgerungen gezogen und diese 5. in der Aktion überprüft. Die Explizierung des zweiten Schritts der Beurteilung in Hypothesenbildung und Folgerung erscheint besonders wichtig. Sie verlangt vom Team, das die Aktionsforschung ausführt, seine Pläne nicht als vage Vorschläge, sondern in Form testbarer Hypothesen zu formulieren. So kann man z. B. daran interessiert sein, die Kommunikationsprozesse in einer Organisation zu verbessern und die Auffassung vertreten, daß regelmäßige Mitarbeiterbesprechungen geeignet sind, dies zu bewirken. Die Forderung, testbare Hypothesen aufzustellen, beinhaltet, daß man Kriterien entwickelt, nach denen die Güte der Kommunikation beurteilt werden kann. Die Entwicklung solcher Kriterien und eines geeigneten Meßverfahrens ist eine schwierige Aufgabe. Die Beschäftigung mit dieser Frage wird aber das Team zu einer vertieften Beschäftigung mit den beabsichtigten Maßnahmen veranlassen und es vor der vorschnellen Übernahme aktionistischer Vorschläge bewahren. In der Evaluation der Maßnahmen wird es dann z. B. erkennen, daß die Durchführung von regelmäßi-

gen Mitarbeiterbesprechungen kein zureichendes Instrument ist, sondern daß es auf die Art, in der diese Besprechungen geführt werden, ankommt, ob das Ziel erreicht wird.

6.4.2 „Sensitivity-Training"

Das Sensitivity-Training ist heute eines der am weitesten verbreiteten Verfahren der OE. Es ist auch kein einheitliches Verfahren, sondern eine Familie von Verfahrensweisen und besteht im wesentlichen darin, Individuen in unstrukturierten kleinen Gruppen außerhalb der Arbeitssituation zusammenzubringen. Die Sitzungen können sich über mehrere Tage erstrecken. Unter der Anleitung eines erfahrenen Trainers wird nach der Regel des »hic et nunc« gearbeitet, d. h. es darf nur über das aktuelle Verhalten und die momentanen Gefühle der Teilnehmer gesprochen werden. Man baut dabei vor allem auf Techniken der Gruppendynamik und des Feedback (Rückmeldung durch die anderen Teilnehmer) auf. Die Ziele sind bewußteres Erleben
1. der eigenen Gefühle und der Gefühle der andern,
2. der Komplexität des Kommunikationsprozesses,
3. von genuinen Unterschieden von Bedürfnissen, Zielen und Verhaltensstrategien der Menschen,
4. des eigenen Einflusses auf andere,
5. der Gruppenfunktion und der Konsequenzen auf bestimmte Arten des Gruppenhandelns.
Diese Zielsetzungen haben viele Organisationen dazu gebracht, wenn sie Probleme der Kommunikation und Kooperation feststellen, auf das Verfahren des Sensitivitytrainings zurückzugreifen, um Verbesserungen zu erzielen. Die empirische Forschung konnte aber keinen Nachweis dafür erbringen, daß die im Training erworbenen Kompetenzen am Arbeitsplatz – nach Rückkehr vom Training – angewandt werden.

6.4.3 Weitere Verfahren

Einen Überblick über die verschiedenen Interventionsstrategien, die als Teamintervention, Rollenanalyse, Konfrontationstreffen, Grid-Organisationsentwicklung, Prozeßberatung bezeichnet werden und sich oft stark ähneln, geben Glasl und de la Houssaye (1975), French und Bell (1977), Kieser et al. (1977), Bartölke (1980). Nach Friedman (1974) ist das erfolgreichste Verfahren das Survey-Feedback, das praktisch der Aktionsforschung entspricht.

Die Vielzahl der propagierten Verfahren und die hochgesteckten Erwartungen, die daran geknüpft wurden, und die oft enttäuschenden Ergebnisse haben sowohl in der Wissenschaft (vgl. Kahn 1977) als auch in der Praxis Kritik ausgelöst und sogar eine gewisse Aversion gegen die OE entstehen lassen.

Kahn kritisiert den Mangel an wissenschaftlicher Überprüfung, Theoriedefizit und unscharfe Begriffsbildung.

Die meisten Fallbeispiele, über die in der Literatur berichtet wird, sind zugleich Selbstdarstellungen der Praktiker. So nimmt es nicht wunder, daß sie zuweilen mehr der Verteidigung von Geschäftsinteressen als der kritischen Überprüfung und dem Vergleich der Verfahren dienen.

Smith (1975) hat 100 Fälle, in denen das Sensitivity-Training angewandt wurde, untersucht. Danach sind die Ergebnisse auf der persönlichen Ebene ausgeprägter als auf der organisatorischen. Es verändert sich die Selbsteinschätzung der Teilnehmer am Training. Sie erleben ihr Verhalten als stärker durch Selbstkontrolle gesteuert. Ein Einfluß auf die Offenheit gegenüber andern und Abbau von Vorurteilen konnten nicht nachgewiesen werden. Der Führungsstil war vorübergehend mehr auf Partizipation ausgerichtet, verbesserte die Kommunikationsfertigkeiten und steigerte die positive Beurteilung durch andere.

Obwohl im Hinblick auf die Organisationsziele – nach dem Stand der Wissenschaft – kein Verfahren der OE sich als besonders brauchbar erwiesen hat, bleibt dennoch die Tatsache, daß in einer sich wandelnden Welt Organisationen sich verändern und entwickeln müssen. Vielleicht ist auch der von Kahn geforderte Vergleich von Interventionsstrategien deshalb unangemessen, weil die Systemzusammenhänge derart komplex, die Aufgabenstruktur der Organisation so verschieden sind, daß man aus dem Erfolg einer Strategie in der Organisation A nicht auf den Erfolg dieser Strategie in der Organisation B schließen kann; dann läßt sich aber auch umgekehrt folgern, daß der Mißerfolg eines Verfahrens in einer Situation keine Aussage über die Erfolgschancen dieses Verfahrens in einer anderen Situation gestattet.

Vielfach läßt sich jedoch belegen, daß Veränderungen im sachlich-technischen Bereich von Organisationen begleitet werden von Veränderungen im sozial-kommunikativen Bereich, und daß sie Konsequenzen für die Person in der Organisation haben. Wenn eine Organisation sich veranlaßt sieht, Umstellungen im sachlich-technischen Bereich vorzunehmen, z. B. die Produktpalette zu erweitern, Mitarbeiter zu entlassen, zu zentralisieren oder zu dezentralisieren, neue Techniken einzuführen usw., dann sollten die damit einhergehenden Veränderungen im sozialen Bereich mit bedacht werden. Sie sollten nicht nur als unvermeidliche Konsequenzen behandelt werden, sondern als gleichrangige Bedingungen, da ihre Bewältigung für Erfolg und Mißerfolg von Sachentscheidungen bestimmend sein kann. Geht man so vor, dann ergibt sich, daß eine für die jeweilige Organisation spezifische Strategie der Organisationsentwicklung entworfen wird. Man wird die mehr oder weniger erprobten Verfahren auf ihre Eignung für den speziellen Fall überprüfen. Dafür und für die Bewertung des Erfolgs braucht man Kriterien.

Walton (1970) hat eine Liste von Gesichtspunkten aufgestellt, die man bei einer Strategie der OE beachten sollte:

- faire Bezahlung,
- Gelegenheit, menschliche Fähigkeiten zu entfalten,
- Wachstum und Sicherheit der Organisation,
- soziale Integration,
- Rechte der Arbeitnehmer auf Erhaltung der Privatsphäre im Betrieb, Redefreiheit, gerechte Behandlung und gerechte Arbeitsplatzbewertung,
- Ausgleich zwischen Arbeitsrolle und Privatleben,
- soziale Verantwortung.

Als Kriterien für den Erfolg von Organisationsveränderungsmaßnahmen hat Steers (1977) ermittelt, was Darstellung 28 zeigt.

Darstellung 28   Häufigkeit verwendeter Kriterien

Häufigkeit verwendeter Kriterien

Kriterium	Häufigkeit
Anpassungsfähigkeit/Flexibilität	10
Produktivität	6
Zufriedenheit der Organisationsmitglieder	5
Gewinn	3
Fähigkeit, Resourcen aus der Umwelt zu beschaffen	3
Fehlen von Streß	2
Kontrolle über die Umwelt	2
Personalentwicklung	2
Effizienz	2
»Halten« der Stammbelegschaft	2
Wachstum	2
Integration	2
Freie Kommunikation	2
Überlebensfähigkeit	2
Sonstige Kriterien	1

Häufigkeit der Verwendung von Kriterien in 17 multivariablen Studien

Die Kriterien, die man anwendet, sollten nicht von außen vorgegeben, sondern von den vom Veränderungsprozeß betroffenen
Personen selbst entwickelt werden. Die Liste (Darst. 28) kann
dabei als Anregung dienen.
Der Ablauf eines OE-Prozesses wird durch Darstellung 29 veranschaulicht:

Darstellung 29 Phasenverlauf der Organisationsentwicklung nach
Sievers

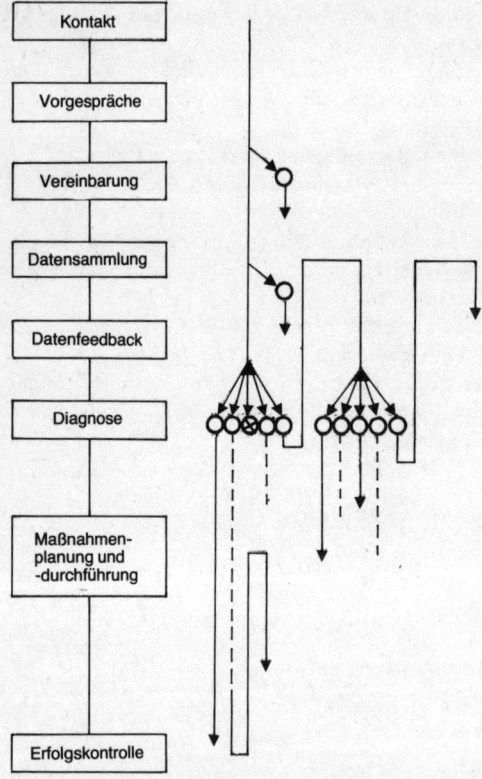

Rechts in der Graphik sei auf mögliche Abweichungen
vom theoretischen Grundmodell hingewiesen

Bedenken muß man, daß Organisationsentwicklung nicht nur ein geplanter Prozeß ist, sondern sich im Leben der Organisation ständig vollzieht. Man darf eine geplante Intervention nicht so langfristig konzipieren, daß sie durch die selbsttätige Entwicklung überrollt wird. Andererseits darf das Management die Organisationsentwicklung nicht nur sich selbst überlassen, sondern muß durch gezielte Strategien versuchen, die Überlebensfähigkeit der Organisation zu verbessern und die Mitarbeiter an dieser Aufgabe aktiv zu beteiligen.

Zusammenfassung

Wandel in Organisationen ist eine sich aus den ständig verändernden Umweltbedingungen ergebende Notwendigkeit. Von den verschiedenen Konzepten, mit denen man diesem Erfordernis gegenübertreten kann, empfiehlt sich aus psychologischer Sicht das normativ-reedukative Konzept der Organisationsentwicklung.
Die Partner in einem Prozeß der Organisationsentwicklung sind das Klientensystem – die Organisation – und der Change-agent, der auf Organisationsentwicklung spezialisierte Berater.
Die sieben Phasen eines Wandlungsprozesses sind: das Entstehen eines Bedürfnisses nach Veränderung, Herstellung der Beziehungen zwischen CA und KS, Zielidentifikation, Entwicklung und Prüfung von Alternativen, Erproben von Veränderungen, Stabilisierung und Generalisierung des Wandels, Beendigung des Beratungsverhältnisses.
Von den verschiedenen Methoden der Organisationsentwicklung sind besonders die Aktionsforschung und das Sensitivity-Training bekannt geworden. Die wissenschaftliche Überprüfung der Ergebnisse von OE-Interventionen ist schwierig und enttäuschend. Positive Resultate zeigt noch am ehesten die Aktionsforschung. Dennoch bleibt Organisationsentwicklung eine Aufgabe in jeder Organisation. Präzisierung der Ziele und Bedingungen und partizipatives Vorgehen erscheinen generell wichtiger als spezielle Verfahren.

Zur Vertiefung dieses Kapitels sei besonders empfohlen:
Sievers, B.: Organisationsentwicklung als Problem. Stuttgart 1977.
Dieser Reader informiert nach einer generellen, an der Aktionsforschung orientierten Übersicht über verschiedenartige Ansätze der Organisationsentwicklung. Dabei werden auch Beispiele dargestellt. Besonders zu beachten ist in diesem Buch die kritische Analyse der Organisationsentwicklung durch Kahn.

A Mehrfachwahlfragen zur Selbstkontrolle

Kontrollieren Sie stichprobenartig Ihr Wissen, indem Sie bei den nachfolgenden Mehrfachwahlfragen M 16 bis M 18 diejenige (nur eine!) der vorgegebenen Lösungsalternativen anstreichen, die Ihnen die beste zu sein scheint. Blättern Sie bei der Beantwortung bitte nicht in den Text zurück! Die richtige Lösung finden Sie im Anhang auf Seite 203.

M 16
Die Ergebnisse der Psychologie
a) bestätigen die Annahme, daß Menschen immer dazu bereit sind, neue Verhaltensweisen zu übernehmen, wenn dadurch am besten ihre Interessen erfüllt werden;
b) zeigen, daß Einsicht in notwendigerweise schädliche Folgen eines Verhaltens dazu führt, daß dieses Verhalten aufgegeben wird;
c) zeigen, daß die Menschen in ihrem Verhalten, von Antrieben ihres Unbewußtseins gesteuert, sich irrational verhalten;
d) zeigen, daß eine Verhaltensänderung oft eine Aufgabe bisheriger Normverpflichtungen erfordert und infolgedessen nicht nur Informationsvermittlung, sondern vor allem auch eine Einstellungsänderung voraussetzt.

M 17
Die Analyse von Fällen der Organisationsentwicklung beweist,
a) daß Sensitivity-Training erfolgversprechend für eine Verbesserung der Kommunikationsstrukturen im Betrieb eingesetzt wird und dadurch soziale Vorurteile abgebaut werden können;
b) daß der Erfolg einer Maßnahme weniger von den Strategien als von den für die Erfolgsmessung aufgestellten Kriterien abhängt;
c) daß es keine allseitig befriedigende Strategie der OE gibt;
d) daß der Erfolg der OE vor allem von der sorgfältigen Diagnose der Organisationsprobleme durch qualifizierte Experten abhängt.

M 18
Ein Änderungsprozeß wird dann auf weniger Widerstand stoßen, wenn
a) die neue Organisationsform besonders überraschend ist;
b) die neuen Verhaltensweisen mit den bisherigen Werten und Normen des Klientsystems vereinbar sind;
c) die Anordnung von der Führung kommt;
d) Einwände gegen die Änderung in dem Klientsystem nicht diskutiert werden dürfen.

B Problemfragen

Die nachfolgenden Fragen P 21 bis P 24 haben keine angebbaren Richtiglösungen. Sie sollen dazu dienen, Sie unter Verwendung des Gelesenen zu selbständigem Denken anzuregen.

P 21

Darf sich der Unternehmensberater in den Dienst einer Gesellschaft stellen, welche mit kolonialen Methoden in einem Entwicklungsland Plantagen betreibt?
Wägen Sie das Für und Wider und die Konsequenzen der Entscheidung ab!

P 22

Ein sanierungsbedürftiges Altbaugebiet soll abgerissen werden, die Bewohner sollen in Sozialwohnungen eingewiesen werden. Sie sind beauftragt, die Bewohner »freiwillig« dazu zu bringen, umzuziehen. Wie gehen Sie vor?

P 23

Beim Streik der britischen Dockarbeiter 1972 ging es um das Problem, daß die Unternehmer den Container-Verkehr aus Gründen der Rationalisierung (Systemanpassung an den internationalen Wettbewerb) ausdehnen wollten, die Arbeiter um ihre Arbeitsplätze fürchteten. Der Konflikt wurde mit Mitteln der Macht ausgetragen. Welche Maßnahmen wären bei einem geplanten Wandel durch Beratung erforderlich gewesen?

P 24

Ein lohnintensives Unternehmen in einem durch hohe Innovationsraten gekennzeichneten Sektor müßte bei einer Lohnerhöhung die Preise für seine Produkte erhöhen. Dies geht nicht wegen starker Konkurrenz im Ausland. Es muß ein größerer Verlust im Umsatz erwartet werden. Die Unternehmensleitung schlägt vor, daß die Arbeiter auf mehr Lohn verzichten. Zum Ausgleich sollen Anteilsscheine im Wert von 50% der beabsichtigten Investitionen ausgegeben werden. Wie kann das Unternehmen vorgehen, damit die Arbeiter den Plan akzeptieren?

C Fall

F 5: Dilemma eines Kurorts

Der Gemeinderat des Kurorts hat folgende Zusammensetzung: Partei der Grundbesitzer 5, Partei der Gastwirte 3, Arbeiterpartei 2 Sitze. Der Bürgermeister, ein ehemaliger Kommunalbeamter einer anderen Gemeinde, gehört keiner Partei an.
Der Ort, der früher landwirtschaftlich bestimmt war, lebt heute zu 80% vom Fremdenverkehr. Die Gäste sind zumeist ältere Leute, die zu Kuren in dem schön gelegenen Ort mit den ausgedehnten Spazierwegen kommen. Ein Teil der Bevölkerung, die Grundbesitzer, lebt vom Verkauf von Grundstücken. Die größten Unternehmer und Arbeitgeber sind Baugeschäfte, die Eigentumswohnungen, neue Hotels usw. bauen.
Ein sehr vermögendes auswärtiges Unternehmen möchte mitten in den als Ruhezone ausgewiesenen Wäldern große Hotels und einen Amüsierpark errichten, der an schönen Wochenenden einige tausend Besucher aus nah und fern anziehen soll.
Von dem Projekt versprechen sich die Grundbesitzer steigende Grundstückspreise, die Gastwirte vermehrte Attraktion des Ortes und damit bessere Geschäfte, die Arbeiter Sicherheit ihrer Arbeitsplätze in den Bauun-

ternehmen. Nur die Planungsstelle der Regierung erhebt Einwände und verlangt, daß die Verkehrserschließung gesichert werde.

Der Gemeinderat beschließt, ein Verkehrsgutachten erstellen zu lassen. Der Bürgermeister beauftragt damit keinen Verkehrsingenieur, sondern ein Büro für Regional- und Wirtschaftsentwicklung und erhält ein etwas unerwartetes Gutachten.

Das Gutachten stellt fest:

1. durch das Projekt wird ⅓ der Erholungszone wegen Lärms verlorengehen,
2. der entstehende Verkehr wird den Ruhecharakter von 80% der bestehenden Hotels und Sanatorien zerstören.

Deshalb ist zu befürchten, daß der Ort einen erheblichen Teil seiner Stammgäste verliert, ohne daß irgendeine Aussicht besteht, diesen Verlust wettzumachen.

Vermieden werden könnte diese Gefahr, wenn man den Individualverkehr zu dem Amüsierpark nicht zuläßt, ihn nur durch Busse erschließt. Dadurch ist aber die Rentabilität des Vorhabens gefährdet. Eine weitere Möglichkeit wäre eine sehr teuere Umgehungsstraße, welche die Investitionsmittel des Orts auf 10 Jahre in Anspruch nimmt.

Dieses Gutachten stimmt die Partei der Gastwirte um, die jetzt gegen das Projekt sind. Die Arbeiterpartei schwankt in ihrer Meinung. Die Partei der Grundbesitzer unterstützt das Projekt weiterhin.

Der Bürgermeister erkennt die Gefahren für den Ort und für die Gemeindefinanzen. Er weiß auch, daß die Partei der Grundbesitzer zwar im Gemeinderat stark ist, aber ihre Parteiinteressen nicht mit den Interessen ihrer Wähler identisch sind.

1. Diagnostizieren Sie das Problem.
2. Analysieren Sie die Problemlösungs- und die Entscheidungskomponenten.
3. Entwerfen Sie eine Strategie, wie dieses Problem im Sinne der langfristigen Interessen des Ortes gelöst werden könnte.
4. Wie wird die Position der Beratungsfirma sein, und welches Verhalten des KS halten Sie für wahrscheinlich?

Richtiglösungen der Mehrfachwahlfragen:

Sie haben die 18 Mehrfachwahlfragen M 1 bis M 18 bestmöglich beantwortet, wenn Sie die folgenden Alternativen gewählt haben:

M 1 = b	M 10 = b
M 2 = b	M 11 = c
M 3 = a	M 12 = c
M 4 = d	M 13 = c
M 5 = b	M 14 = b
M 6 = d	M 15 = d
M 7 = d	M 16 = d
M 8 = a	M 17 = c
M 9 = a	M 18 = b

Wenn Sie jeweils nur geraten hätten, wäre zu erwarten, daß Sie zufällig 4–5 »Treffer« erzielt haben. Ihr Lernerfolg war, bei

0– 6 Punkten:	mangelhaft
7– 9 Punkten:	ausreichend
10–12 Punkten:	befriedigend
13–15 Punkten:	gut
16–18 Punkten:	sehr gut

Bitte überlegen Sie sich, warum die angegebenen Lösungen, falls sie von den von Ihnen gewählten abweichen, als die besseren gelten!

Glossar

Aktionsforschung: Als Verfahren der Organisationsentwicklung der wiederholte Prozeß von Datenbeschaffung, Festlegung von Zielen und Handlungen, Handlungsausführungen und Ergebnisbewertung

Anforderungsprofil: Ausprägungsgrad bestimmter individueller Eigenschaften, der für das optimale Ausüben einer bestimmten Tätigkeit für nötig gehalten wird

Anpassung: Bewältigung der objektiven Anforderungen, die die Gesellschaft an den einzelnen stellt, wie z. B. Fähigkeit zum Zusammenleben mit anderen Menschen

Anreiz (incentive): Teil der Situation, der gegebene Motive des Individuums aktiviert oder verstärkt

Arbeitsgruppe, teilautonome: Arbeitsgruppe, der ein Aufgabenzusammenhang übertragen und dessen Regelung von ihr selbst vorgenommen wird

Arbeitsplatz: Gruppe von Aufgaben, die von einer einzelnen Person ausgeführt werden. Auch Position genannt, z. B. Position des Spenglers

Arbeitspsychologie: Teilgebiet der Angewandten Psychologie, das die psychologischen Bedingungen des Arbeitsplatzes und der Arbeitsprozesse untersucht

ASO (»assumend similarity between opposites«): Maß für die Ähnlichkeit zwischen den Urteilen eines Vorgesetzten über den am meisten und den am wenigsten geschätzten Mitarbeiter; im Führungsmodell Fiedlers Maß für die motivationale Orientierung des Vorgesetzten; mit dem LPC-Maß hoch korreliert

Assessment Center: Verhaltensorientierte Sozialtechnologie, meist zur Selektion, gelegentlich zur gezielten Förderung eingesetzt, bei der mehrere geschulte Beobachter mehrere Bewerber, die mehreren Untersuchungsverfahren unterzogen werden, über mehrere Tage beobachten und dann ein Urteil bilden

Aufgabenstruktur: Eindeutigkeit des Arbeitsinhalts; im Führungsmodell Fiedlers eine Variable, die die Gruppenleistung beeinflußt und durch Urteile, die Experten mit Hilfe eines standardisierten Meßinstruments abgeben, operational definiert ist

Autostereotyp: Selbstbild einer Person oder einer Gruppe – meist positiv gefärbt

Bedürfnisse: Als Bedürfnisse bezeichnet man 1. die Beweggründe menschlichen Handelns. 2. Tatbestände des Angewiesenseins auf Materielles und Immaterielles. Bedürfnisbefriedigung stellt dann einerseits einen Abbau individueller Bedürfnisspannungen oder eine Behebung von subjektiv erlebtem Mangel dar, andererseits ist sie eine objektive Voraussetzung für das Überleben und die Entfaltung der Persönlichkeit

Belohnung, stellvertretende: Lerntheoretisches Konstrukt zur Erklärung von Verhaltensänderung aufgrund der Beobachtung, daß eine andere Person auf ein bestimmtes Verhalten eine Belohnung erhält

»Brainstorming«: Gruppenverfahren, bei dem mit dem Ziele höherer Kreativität Ideensammlung und Ideenbewertung getrennt werden, wobei alle Gruppenmitglieder gleichberechtigt sind. Wird auch im Rahmen der Organisationsentwicklung eingesetzt

»Change agent« (CA): jede Person oder Personengruppe, die bei anderen Personen oder Personengruppen Verhaltensänderungen bewirkt, ohne dabei auf Macht oder Autorität zurückzugreifen

Clique: Gruppe in einer Organisation, deren Verhalten den Organisationsnormen widerspricht

»complex man«: Menschensbild, das neueren Organisationstheorien zugrundeliegt, weitgehend der »Theorie Y« entspricht und das Verhalten des Menschen in der Organisation durch vielfältige – auch nichtökonomische – Motive bestimmt sieht

»consideration« (Mitarbeiterorientiertheit; eigentliche Rücksichtnahme): ein Führungsverhalten, das durch rücksichtsvolle Beziehungen zwischen Vorgesetzten und Mitarbeitern gekennzeichnet ist sowie durch das Bemühen, Mitarbeiter bei Schwierigkeiten zu unterstützen

»critical incident technique« (Methode der kritischen Ereignisse): von Flanagan beschrieben; auf der Grundlage beobachtbarer auffälliger konkreter Ereignisse, die bei einem Beurteilungsobjekt festgestellt werden, wird ein Urteil gefällt

Delegation: Übertragen eines Aufgabengebietes mit den damit verbundenen Rechten, Pflichten und Verantwortungen von Personen oder Gruppen auf andere; meist von einer höheren hierarchischen Ebene auf eine niedrigere

Dependenz: Abhängigkeit eines Mitglieds von der Gruppe, das bei Verlust der Gruppenmitgliedschaft Vorteile einzubüßen fürchtet, die es woanders nicht glaubt erreichen zu können

3-D-Ansatz: auf Reddin zurückgehendes Führungskonzept, das durch die drei Dimensionen Beziehungsorientierung, Aufgabenorientierung und Effektivität bestimmt wird

»economic man«: der klassischen Organisationstheorie zugrundeliegendes Menschenbild, das beinhaltet, daß nur aus Profitgründen gearbeitet wird und daß dieser Profit rational eingeschätzt wird

Eigenschaftentheorie der Führung: Theorie, die das Erreichen einer Führungsrolle durch ein Individuum ausschließlich auf bestimmte Eigenschaften dieses Individuums zurückführt

Eignungsprofil: Ausprägungsgrad bestimmter individueller Eigenschaften, die für das Ausüben einer bestimmten Tätigkeit als wichtig gelten

Einstellung: aus der Erfahrung stammende Bereitschaft, auf einen Gegenstand in bestimmter Weise kognitiv, affektiv, motivational und handlungsmäßig zu reagieren

Empirische Sozialforschung: Ein Sammelbegriff für Methoden, die von Wissenschaften, die sich mit den Menschen und ihrem Verhalten (Soziologie, Psychologie, Wirtschaftswissenschaften) befassen, angewandt werden. Wissenschaftliche Erkenntnis beruht danach auf systematisch gewonnener Erfahrung. Instrumente sind vor allem Befragung und Beobachtung, die unterschiedlich systematisch – bis zum Experiment – gehandhabt werden

Entfremdung: das Erlebnis wahrgenommener eigener Machtlosigkeit, Bedeutungslosigkeit und Normenlosigkeit bei der Arbeit verbunden mit erlebter Distanz von der umgebenden Kultur und dem eigenen Selbst

Entscheidung: Kognitiver Prozeß, in dem durch die überlegte Auswahl einer Handlungsalternative ein Problem bewältigt werden soll

Entscheidungs- und Kontrollspielraum: Grad der Möglichkeit, innerhalb des eigenen Aufgabenbereichs selbständig zu planen, zu entscheiden und sich selbst zu kontrollieren

Ergebnisraum, wahrgenommener gemeinsamer: Zweidimensionale Darstellung der wahrgenommenen Lösungsmöglichkeiten eines Konfliktes mit den beiden Dimensionen: Grad der eigenen Befriedigung und derjenigen des Kontrahenten

Faktorenanalyse: statistische Methode zur Reduktion beobachtbarer Daten auf eine den korrelativen Beziehungen zwischen den Daten entsprechende geringere Anzahl von Dimensionen

Fehlzeit (absenteeism): Abwesenheit vom Arbeitsplatz bei bestehendem Arbeitsverhältnis

Fluktuation (turnover): Rate des Arbeitsplatzwechsels durch Kündigung von seiten des Arbeitnehmers

Frustration:
a) vom Verhalten her definiert:
   Behinderung des Individuums, ein angestrebtes Ziel zu erreichen,
b) vom Erleben her definiert:
   Erlebnis der Versagung

Führung: intendierter Einfluß eines Mitglieds innerhalb der Gruppe im Sinne seiner Ziele

Führungsdual: Teilung der Führungsrolle in einen Beliebtheits- und einen Tüchtigkeitsführer

Führungsstil: einheitliches, durch die spezifische Ausprägung einer Reihe von Einzelmerkmalen beschreibbares Führungsverhalten

Führungsstil, autoritärer: weiter Sammelbegriff für viele Führungsstile, bei denen Entscheidung und Kontrolle über Mittel und Ziele der Organisation schwerpunktmäßig beim Vorgesetzten liegen

Führungsstil, demokratischer: auf Lewin zurückgehender Begriff für einen Führungsstil, der durch erhöhte Partizipation ausgezeichnet ist; er impliziert nicht die demokratische Wahl des Führers

Führungsstil, kooperativer: weiter Sammelbegriff für verschiedene Formen mitarbeiterorientierten und partizipativen Führungsstils

FVVB: Fragebogen zur Vorgesetzten-Verhaltens-Beschreibung, bei dem die Unterstellten das Verhalten ihrer Vorgesetzten auf standardisierte Fragen aus fünf Skalen beurteilen

Geselligkeitsmotivation (Kontaktbedürfnis): das Bedürfnis, positive Gefühlsbeziehungen zu anderen herzustellen und aufrechtzuerhalten

»group think« (Gruppendenken): von Janis nachgewiesene Neigung von Entscheidungs- und Problemlösungsgruppen, durch Gruppendruck und emotionale Aktivierung bedingt, zu schlechten Ergebnissen zu gelangen

Gruppe: Mehrzahl von Personen, die relativ überdauernd in direkter Interaktion stehen, durch Rollendifferenzierung, gemeinsame Normen und durch ein Wirgefühl verbunden sind

Gruppe, formelle: in der Literatur eine Gruppe, die eine plankonforme Struktur hat und sich plankonform verhält; eigentlich keine Gruppe, sondern Teil des Organisationsplans

Gruppe, informelle: in der Literatur jene Gruppen, die in Struktur und Verhalten vom Organisationsplan abweichen; tatsächlich keine Gruppe, sondern der Aspekt, unter dem die Gruppe von den Forderungen des Plans abweicht

Gruppenbedürfnisse: Bedürfnisse von Individuen, die nur in der Gruppe oder durch die Gruppe erfüllt werden können

Gruppendynamik: wechselseitige Beeinflussungsprozesse in einer Gruppe

Gruppennorm: von Gruppenmitgliedern akzeptierte gruppenspezifische Verhaltensvorschrift

Gullowsen-Kriterien: Kriterien zur Bestimmung des Autonomiegrades sogenannter teilautonomer Arbeitsgruppen

Handlungsspielraum: Produkt aus → Tätigkeits- und → Entscheidungs- und Kontrollspielraum

Harzburger Modell: auf Höhn zurückgehendes Führungskonzept, das mit der Delegation von Verantwortung auf Individuen und der Dienstaufsicht Schwerpunkte im Verhalten von Vorgesetzten setzt

Hawthorne Studien: 1924 von Mayo und seinen Mitarbeitern in der W. El. C., Hawthorne (USA) begonnene Untersuchungen; ihr erster Ansatz entsprach dem scientific management; im weiteren Verlauf führten die Untersuchungen zur Erkenntnis, daß soziale Bedürfnisse und »informelle Gruppen« das Verhalten in einer Organisation stark beeinflussen (human relations)

Heterostereotyp: Bild, das sich eine Person oder Gruppe von einer anderen Person oder Gruppe macht – meist negativ gefärbt

Homo oeconomicus: eine vor allem in den Wirtschaftswissenschaften verwendete Modellvorstellung vom Menschen. Demnach handelt der Mensch so, daß seine Kosten möglichst niedrig und seine Belohnungen möglichst groß gehalten werden (Nutzenmaximierung)

Humanistische Psychologie: Eine Richtung in der Psychologie, die sich gleichermaßen gegen den Behaviorismus und die Psychoanalyse wendet.

Der Schlüsselbegriff für die humanistische Psychologie ist »Selbstverwirklichung«. Bekannte Vertreter sind Maslow und Rogers; gelegentlich wird auch Fromm dazugezählt

»human relations«-Bewegung: auf Mayo zurückgehende Konzeption, die betont, daß das Verhalten des Menschen innerhalb einer Organisation entscheidend durch Bedürfnisse, die über Gewinnstreben hinausgehen, und durch informelle Gruppen bestimmt ist

»initiating structure« (Aufgaben- bzw. Zielorientiertheit): Bezeichnung für ein Führungsverhalten, das den Vorgesetzten kennzeichnet, der zur Aufgabenerfüllung anregt

Inputs und Outputs: Die Beziehungen eines Systems zu seiner Umwelt. Inputs sind die Eingänge, Outputs sind die Ausgaben an Materie, Energie und Information eines Systems. Systemfunktionen sind die Umwandlungsvorgänge von Inputs in Outputs

Interaktion: Die Wechselwirkungen, die zwischen zwei oder mehreren Systemen ablaufen. In der interaktionistischen Betrachtungsweise versucht man nicht ein Ereignis B auf eine Ursache A zurückzuführen, sondern nimmt an, daß es sowohl Wirkungen von A auf B als auch von B auf A gibt

Item: aus dem Englischen übernommene Bezeichnung für Einzelaufgaben in Testverfahren oder Fragebogen

Kausalattribution: Vermutung über die Verursachung von beobachteten Handlungen, Ereignissen oder Merkmalen

Klientensystem (KS): jede Person oder Gruppe von Personen, die Hilfe im Sinne eines Beratungsverhältnisses erhält (vgl. change agent)

Kohäsion: das Insgesamt der Kräfte, die Mitglieder einer Gruppe an die Gruppe binden

Kommunikation: Interaktion mit Hilfe von Zeichen und Symbolen (z. B. der Sprache)

Konditionieren, operantes: Konsequenzenkontrolle: auf eine Reaktion oder Verhaltensweise erfolgt eine Konsequenz (zeitlich, nicht kausal), die dazu führt, daß die Reaktion in Zukunft häufiger bzw. seltener auftritt

Konflikt, sozialer: Soziale Spannungssituation, in der zwei oder mehrere Personen, die voneinander abhängig sind, mit Nachdruck versuchen, unvereinbare Pläne zu realisieren

Konfliktverschiebung: Übertragung eines Konflikts vom Ausgangsgegenstand auf einen anderen Gegenstand

Konformität: Übereinstimmung mit sozialen Normen

Kontaktspielraum: Grad der Möglichkeit, mit Kollegen bei der Arbeit fachlich in Kommunikation zu treten

Kontrollgruppe: in der sozialwissenschaftlichen Forschung übliches Personensample (Teilstichprobe), das dem Einfluß der unabhängigen Untersuchungsvariablen nicht ausgesetzt wird und das dazu dient, die Wirkung dieser Variablen auf die Versuchsgruppe zu kontrollieren

Kontrollüberzeugung: Überzeugung, inwieweit Ereignisse von der eigenen Person beeinflußt und beeinflußbar sind (internale Kontrollüberzeugung) oder das Resultat von außerhalb der eigenen Person liegenden Bedingungen sind (externale Kontrollüberzeugung)

Korrelationskoeffizient: Maß für den statistischen Zusammenhang zweier Merkmale, schwankend zwischen 0 und ± 1

Laboratoriumstraining: Alle Verfahren der Organisationsentwicklung, bei denen Organisationsmitglieder außerhalb ihrer realen Arbeitssituation spezielle Verhaltensweisen einüben

»laissez-faire«: von Lewin auf das Verhalten des Inhabers einer Führungsrolle angewandter Begriff, der kennzeichnet, daß der Vorgesetzte seine Autorität weder ausübt noch delegiert

Leistungsmotivation: Bestreben, Tüchtigkeit bei jenen Tätigkeiten hochzuhalten, bei denen man einen Gütemaßstab für verbindlich hält und die deshalb gelingen oder mißlingen können

Leistungsrestriktion: durch Leistungsnormen von Gruppen bedingte niedrige Leistung

Liniensystem: hierarchische Anordnung der mit Entscheidungs- und Weisungsrecht versehenen Instanzen in der Organisation

Lokomotion: Bewegung der Gruppe auf ihr Sachziel hin

LPC (»least preferred coworker«): Summe der Skalierungen, die ein Vorgesetzter über den am wenigsten geschätzten Mitarbeiter abgibt; im Führungsmodell Fiedlers Maß für die motivationale Orientierung des Vorgesetzten; hoch mit dem → ASO-Maß korreliert

Machtmotivation: Bedürfnis eines Individuums, andere in seinem Sinne zu beeinflussen und sich die Kontrolle über die dafür nötigen Mittel zu beschaffen

Manipulation: spezielle Form der Beeinflussung, bei der der Beeinflussende
a) zu seinem Vorteil andere beeinflußt
b) den Vorteil der anderen nicht berücksichtigt
c) Einflußmethoden wählt, die für die anderen nicht durchschaubar sind
d) den anderen das subjektive Gefühl, sich frei entscheiden zu können, läßt

Motiv: im Individuum liegender Beweggrund für zielgerichtetes Verhalten (gleichbedeutend mit Trieb, Strebung, Bedürfnis uw.)

Motivation: Zusammenspiel verschiedener aktivierter Motive, die in der konkreten Situation das Verhalten determinieren

Nullsummenspiel: Begriff aus der Spieltheorie für Spiele, in denen sich Gewinne und Verluste der verschiedenen Teilnehmer stets zu Null summieren

Organisationsentwicklung (O.E.): Allgemeine Bezeichnung für partizipative Vorgehensweisen, mit deren Hilfe die Organisation mit dem Ziel höherer Flexibilität und größerer Selbstentfaltung ihrer Mitglieder an sich wandelnde Anforderungen angepaßt werden soll

Organisationsmodell der überlappenden Gruppen: von Likert konzipiertes Organisationsmodell, bei dem der Vorgesetzte einer Gruppe jeweils

Mitglied einer hierarchisch höheren Gruppe ist und Querinformation in der Gruppe vorgesehen ist

Organisationsstruktur: Die Art, in der die zweckrational gestaltete soziale Interaktion strukturiert ist

Partizipation: die Beteiligung der Mitarbeiter an Entscheidungen innerhalb einer Organisation

Persönlichkeitsstruktur, autoritäre: auf Adorno und seine Mitarbeiter zurückgehendes Konstrukt, das
1. die Neigung zu Konventionalismus
2. Ablehnung von Gemüt und produktiver Phantasie
3. Wahrnehmung der Welt als feindlich
4. die Neigung zu überspitzten Gegensätzen (z. B. stark, schwach)
5. Starrheit des Denkens
6. sittliche Selbstgerechtigkeit
7. sexuelle Projektionen
8. Kindheitserlebnisse mit strengen Eltern
zusammenfaßt

Persönlichkeitstheorie, implizite: Annahmen über menschliches Verhalten, die nicht auf fachpsychologische Forschung zurückgehen und innerhalb nichtpsychologischer Wissenschaft und bei Laien anzutreffen sind

Positionsmacht: Möglichkeit direkter Einflußnahme durch den Vorgesetzten; im Führungsmodell Fiedlers eine Variable, die die Gruppenleistung beeinflußt und durch Urteile, die Experten mit Hilfe eines standardisierten Meßinstruments abgeben, operational definiert ist

Prinzip der gemeinsamen Tatsachenfindung: nach Lewin eine Gruppenmethode, die in gemeinsamer Analyse eines Problems mit gemeinsamer anschließender Entscheidung besteht

Projektion: Bezeichnung der Psychoanalyse für einen Abwehrmechanismus, der eigene Strebungen abwehrt, indem er zu ihrer Wahrnehmung bei anderen führt

Psychodiagnostik: Theorie und Technologie der Messung interindividueller Verhaltens- und Erlebensunterschiede

Rationales Verhalten: Vernünftiges Verhalten. Es wird angenommen, daß der Mensch vernunftsgemäß handelt, indem er die Konsequenzen seines Tuns bedenkt. Impulsives Verhalten, auch Verhalten, das dem »objektiv« ermittelten Interesse zuwiderläuft, wird als irrational betrachtet

Risikoschub: Neigung von Personen, in der Gruppensituation riskanter als in der Einzelsituation zu entscheiden

Rolle: Verhalten eines Gruppenmitglieds, das durch Interpretation von Erwartungen der übrigen Gruppenmitglieder bestimmt ist

Rollenspiel: Methode, bei der Personen bewußt ein vorgegebenes Rollenverhalten zeigen, um Barrieren im eigenen Verhalten zu überwinden

RPM (return potential model): von Jackson entwickeltes Modell zur Quantifizierung der Normierung des Verhaltens in Gruppen

Rückkoppelung: aus der Informationstheorie stammender Begriff. Das Ergebnis des Handelns wird dem System zurückgemeldet. Diese Information wird bei der weiteren Handlungsausführung beachtet bzw. zum Anlaß für die Beendigung einer Handlung genommen

Scientific management: auf wissenschaftlicher Erkenntnis beruhende Unternehmensführung; von Taylor begründet. Personalauslese, Arbeitsabläufe etc. sollen aufgrund wissenschaftlicher Erkenntnisse so gestaltet werden, daß die Organisationsziele optimal erreicht werden

»self fulfilling prophecy«: auf Merton zurückgehender Begriff, der ausdrückt, daß eine Prognose das in ihr vorhergesagte Ereignis selbst herbeiführt

Sensitivity -Training: ein Verfahren der Organisationsentwicklung. In speziellen Sitzungen außerhalb des Unternehmens sprechen Organisationsmitglieder, die keine gemeinsame Zukunft und keine gemeinsame Vergangenheit haben – unter Leitung eines Trainers – über ihre Erfahrungen und Gefühle nach der Regel das »Hier und Jetzt«

SEU-Entscheidungsmodell (»subjective expected utility maximization«): normatives Entscheidungsmodell, bei dem die Handlungsalternative gewählt werden soll, bei der das Produkt aus subjektiv erwartetem Nutzen und subjektiv erwarteter Wahrscheinlichkeit der Konsequenzen maximal ist

Signifikanzniveau, statistisches: konventionelle Sicherheitsgrenze, die angibt, wann ein Ereignis als zufällig zustande gekommen gilt (meist dann, wenn die Wahrscheinlichkeit für das zufällige Zustandekommen des Ergebnisses größer als 5% ist)

Situationstheorie der Führung: Theorie, die das Erreichen einer Führungsrolle durch ein Individuum auf die Wechselwirkung zwischen Merkmalen der Person und der Situation zurückführt

»social desirability«: auf Edwards zurückgehender Begriff, der die Tendenz kennzeichnet, sich (speziell in Testverfahren) den vermuteten sozialen Werten entsprechend zu verhalten

»social man«: aus der »human-relations«-Bewegung abgeleitetes Menschenbild, bei dem der Mensch durch soziale Bedürfnisse und Bindung an Gruppennormen bestimmt ist

S-O-R-C-Paradigma: Behavioristisches Verhaltensmodell, das davon ausgeht, daß bestimmte Stimuli (S) bei einem Organismus (O) spezifische Reaktionen auslösen, die durch die Konsequenzen (C) verstärkt werden können.

Sozialisation: Aneignung von Fähigkeiten, Fertigkeiten, Motiven, Einstellungen und Normen durch eine Person in Auseinandersetzung mit ihrer sozialen Umwelt

Stab: Stellen in der Organisation, welche Funktionen der Entscheidungsvorbereitung und Informationsbeschaffung haben, ohne jedoch Entscheidungs- und Weisungsrecht zu besitzen, das den Linieninstanzen vorbehalten ist.

Statusinkongruenz: Auseinanderfallen von formalisiertem und tatsächlichem Einfluß und Ansehen

Struktur der Organisation, formelle und informelle: Die formelle Struktur wird durch den Organisationsplan festgelegt. Die informelle, d. h., die real beobachtbare entwickelt sich aus den Prozessen, die zwischen den Organisationsmitgliedern ablaufen

Sündenbock: Bezeichnung für eine Person oder Personengruppe, auf die andere ihre Schuldgefühle übertragen

Survey-Feedback: als Verfahren der Organisationsentwicklung eine Methode, bei der von den Organisationsmitgliedern erhobene Information an diese zurückgemeldet wird. Sie wird dann zur Basis eines selbstkonzipierten Aktionsplanes gemacht (Aktionsforschung)

System: Ein gegliedertes Ganzes, wobei angenommen wird, daß das Ganze mehr als die Summe seiner Teile ist. Die Systemtheorie geht vor allem auf den Biologen von Bertalanffy zurück, der u. a. von der Gestalttheorie zu seiner Überlegung angeregt wurde

Tätigkeitsspielraum: Grad der Vielfältigkeit und des Abwechslungsreichtums des Arbeitsinhaltes

Terminalstrategie: Entwicklung spezieller Verfahren zur Beendigung von Beratungsprozessen. Es wird gefordert, daß vor Beginn einer Intervention die Modalitäten ihrer Beendigung geplant werden

Theorie X: von McGregor so bezeichnete implizite Persönlichkeitstheorie klassischer Organisationstheorien, nach der der Mensch faul, passiv und verantwortungsscheu ist

Theorie Y: von McGregor so bezeichnete implizite Persönlichkeitstheorie neuerer Organisationstheorien, nach der der Mensch verantwortungsbereit ist und in der Arbeit Befriedigung und Selbstverwirklichung sucht

Trainingsgruppe (T-Gruppen): Gruppen, in denen gruppendynamische Methoden praktiziert werden

Transfer: Übertragung des außerhalb der Arbeitssituation Gelernten auf die Arbeitssituation

Variable: Merkmal, das nach Quantität (z. B. Körpergröße) oder nach qualitativen Klassen (z. B. Augenfarbe) variiert

Verhaltensgitter (»Grid«): auf Blake und Mouton zurückgehendes Konzept, innerhalb dessen das Führungsverhalten durch die zwei voneinander unabhängigen Dimensionen Mitarbeiterorientierung und Aufgabenorientierung beschrieben wird

Veränderungswissen: durch Forschung begründete (Sozial-)Technologien, die zur Überführung eines Ist- in einen erwünschten Soll-Zustand dienen

Vp: In der Psychologie übliche Abkürzung für Versuchsperson oder Versuchspartner; Plural: Vpn

Wandel, geplanter: Entwurf neuer Verhaltensweisen für eine Person oder Personengruppe und Strategie der Ausführung dieses Entwurfes

Weg-Ziel-Modell der Führung: Führungstheorien, die die Wirkungen unterschiedlichen Führungsverhaltens darauf zurückführen, daß die Geführten davon ausgehen, durch spezifisches Verhalten (Weg) bestimmte Verhaltensweisen des Vorgesetzten (Ziel) herbeizuführen

Wert-Instrumentalitäts-Erwartungstheorien: Kognitive Motivationstheo-
rien, die davon ausgehen, daß ein Individuum eine Handlungsalternative
wählt, mit der es glaubt (Instrumentalität), hochgeschätzte Ziele (Wert)
zu erreichen und die es glaubt auch ausführen zu können (Erwartung)

Zusammenarbeit, koagierende: Zusammenarbeit, bei der jeder unabhängig
von anderen seine Aufgaben erledigt

Zusammenarbeit, interagierende: Zusammenarbeit, bei der enge Kooperation für das Erbringen der Leistung erforderlich ist

Zusammenarbeit, kontraagierende: Form der Zusammenarbeit, bei der die
Aufgabe darin besteht, widersprüchliche Meinungen zu integrieren und
divergierende Ziele aufeinander abzustimmen

Literaturverzeichnis

Albach, H. Personalführung mit Führungsgrundsätzen. In: Schuler, H. & Stehle, W. (Hg.), Psychologie in Wirtschaft und Verwaltung. Stuttgart 1982, 257—272

Alderfer, C. Change processes in organizations. In: Dunnette, M. D. (ed.), Handbook of industrial and organizational psychology. Chicago 1976, 1591—1638

Allerbeck, Mechthild. Ausgewählte Probleme der Führungsforschung. Diss. München 1977

Anderson, C. R. Locus of control, coping behaviors, and performance in a stress setting: a longitudinal study. Journal of Applied Psychology 1977, 62, 446—451

Andrisani, P. J. & Nestel, G. Internal-external control as contributor to and outcome of work experience. Journal of Applied Psychology 1976, 61, 156—165

Antons, K. Praxis der Gruppendynamik. Göttingen 1973

Argyris, Ch. Personality and organization: The conflict between system and the individual. New York 1957

Argyris, Ch. Integrating the individual and the organization. New York 1964

Argyris, Ch. Problems and new directions for industrial psychology. In: Dunnette, M. D. (ed.), Handbook of industrial and organizational psychology. Chicago 1976, 151—184

Asch, S. E. Effects of group pressure on the modification and distortion of judgments. In: Guetzkow, H. (ed.), Groups, leadership and men. Pittsburgh 1951

Asch, S. E. Studies of interdependence and conformity. A minority of one against a unanimous majority. Psychol. Monogr. 1965, 9 (whole No. 416)

Babchuk, N. & Goode, W. J. Work incentives in a self-determined group. Amer. Soc. Rev. 1951, 16, 679—687

Back, K. W. Influence through social communication. Journ. Abn. Soc. Psychol., 1951, 49, 9—23

Bales, R. F. Personality and interpersonal behavior. New York 1970

Bales, R. F. & Slater, P. E. Role differentiation in small decision making groups. In: Gibb, C. (ed.), Leadership. Harmondsworth 1969, 225—276

Bandura, A. Principles of behavior modification. New York 1969

Bandura, A. Social learning theory. Englewood Cliffs 1977

Bartölke, K. Organisationsentwicklung. In: Grochla, E. (Hg.) Handwörterbuch der Organisation. Stuttgart 1980, 1468—1481

Bass, B. M. Leadership psychology and organizational behavior. New York 1960

Bass, B. M. Organizational psychology. Boston 1965

Bastine, R. Gruppenführung. In: Graumann, C. F. (Hg.) Handbuch der Psychologie Band 7, Sozialpsychologie, II. Halbband. Göttingen 1972, 1654—1709

Baumgarten, R. Führungsstile und Führungstechnik. Berlin 1977

Bennis, W. G., Benne, K. D., & Chin, R. (eds.), The planning of change. London 1969[2]

Berkel, K. Arbeitsgruppe. In: Hoyos, Graf C., Kroeber-Riel, W., Rosenstiel, L. von & Strümpel, B. (Hg.), Grundbegriffe der Wirtschaftspsychologie. München 1980, 73–82

Berkowitz, L. Group standards, cohesiveness and productivity. Hum. Rel. 1954, 7, 509–519

Berrien, F. K. A general systems approach to organizations. In: Dunnette, M. D. (ed.), Handbook of industrial and organizational psychology. Chicago 1976, 41–62

Berthold, H. J., Gebert, D., Rehmann, Barbara & Rosenstiel, L. von. Schulung von Führungskräften – eine empirische Untersuchung über Bedingungen und Effizienz. Zeitschrift für Organisation 1980, 49, 221–229

Bihl, G. Von der Mitbestimmung zur Selbstbestimmung. München 1973

Blake, R. R. & Mouton, Jane S. Headquarters – field team training for organizational improvement. Journ. Am. Soc. Training Directors 1962, 16

Blake, R. R. & Mouton, Jane S. Verhaltenspsychologie im Betrieb. Düsseldorf 1964

Blake, R. R., Shepard, H. A. & Mouton, Jane S. Managing intergroup conflict in industry. Houston 1964

Blake, R. R. & Mouton, Jane S. Corporate excellence through grid organization development. Houston 1968

Bosetzky, H. & Heinrich, P. Mensch und Organisation. Stuttgart 1980

Brandstätter, H. Die Ermittlung personaler Eigenschaften kognitiver Art. In: Reber, G. (Hg.), Personalinformationssysteme. Stuttgart 1979, 74–95

Brandstätter, H. Psychologische Grundlagen personeller Entscheidungen. In: Schuler, H. & W. Stehle (Hg.), Psychologie in Wirtschaft und Verwaltung. Stuttgart 1982, 19–48

Brandstätter, H., Davis. J. & Schuler, H. (eds.), Dynamics of group decision. Beverly Hills, London 1978

Brandstätter, H., Davis, J. H. & Stocker-Kreichgauer, Gisela (eds.), Group decision making. London, N. Y. 1982

Brandstätter, H. & Rüttinger, B. Verbale Aggression als Mittel der Beeinflussung in Gruppendiskussionen. Zeitschrift für Sozialpsychologie 1974, 5, 48–54

Brandstätter, H. & Schuler, H. (Hg.), Entscheidungsprozesse in Gruppen. Zeitschrift für Sozialpsychologie, Beiheft 2, Bern 1976

Brandstätter, H., Schuler, H. & Stocker-Kreichgauer, Gisela. Persönlichkeitspsychologie. Stuttgart 1974

Brousseau, K. R. Personality and job experience. Organizational Behavior and Human Performance 1978, 22, 235–252

Brousseau, K. R. & Price, J. B. Job-person dynamics: an extension of longitudinal research. Journal of Applied Psychology 1981, 66, 63–68

Byrne, D. Attitudes and attraction. In: Berkowitz, L. (ed.), Advances in experimental social psychology. Vol. IV, New York, London 1969, 35–89

Campbell, J. P. Personnel training and development. An. Rev. of Psychol. 1971, 22, 565–602

Campbell, J. P. & Pritchard, R. D. Motivation theory in industrial and organizational psychology. In: Dunnette, M. D. (ed.), Handbook of industrial and organizational psychology. Chicago 1976, 63–130

Cartwright, D. & Zander, A. F. (ed.), Group dynamics: Research and theory. Evanston 1960

Catalanello, R. F. & Kirkpatrick, D. L. Evaluating training programs – the state of the art. Train. Developm. 1968, 22, 2–9

Cattell, R. New concepts for measuring leadership in terms of group syntality. Hum. Rel. 1951, 4, 161–184

Chin, R. & Benne, K. General strategies for effecting changes in human systems. In: Bennis, W. G., Benne, K. D. & Chin, R. (eds.), The planning of change. London 1969

Coch, L. & French, J. R. P. Overcoming resistance to change. Hum. Rel. 1948, 1, 512–532

Cook, T. D. & Campbell, D. T. The design of quasi-experiments and true experiments in field settings. In: Dunnette, M. D. (ed.), Handbook of industrial and organizational psychology. Chicago 1976, 223–326

Corey, S. M. Action research to improve school practices. N. Y. 1953

Crott, H. W. & Müller, G. F. Interessenkonflikte und ihre Lösung durch Verhandlung. In: Crott, H. W. & Müller, G. F. (Hg.), Wirtschafts- und Sozialpsychologie. Hamburg 1978, 99–112

Cummings, L. L. Organizational behavior. Annual Review of Psychology 1982, 33, 541–570

Davis, L. E. & Taylor, J. (eds.), Job design. Harmondsworth 1972

Deutsch, M. An experimental study of the effects of co-operation and competition upon group process. Hum. Rel. 1949, 2, 199–231

Dewey, J. How we think. New York 1933

Dörner, D. Problemlösen als Informationsverarbeitung. Stuttgart 1976

Dollard, J., Doob, L., Miller, N., Mowrer, O. & Sears, R. Frustration and aggression. New Haven 1939

Dutton, J. M. & Walton, R. E. Interdepartmental conflict and cooperation: two contrasting studies. In: Lorsch, J. W. & Lawrence, P. R. (eds.), Managing group and intergroup relations. Homewood, Illinois 1972, 285–309

Edwards, W. Subjective probabilities inferred from decisions. In: Luce, R. D., Bush, R. R. & Galanter, E. (eds.), Readings in mathematical psychology. Vol. II. New York, London, Sidney 1965

Engfer, Anette. Sozioökologische Determinanten des elterlichen Erziehungsverhaltens. In: K. Schneewind & Th. Herrmann (Hg.), Erziehungsstilforschung. Bern, Stuttgart, Wien 1980, 123–160

Etzioni, A. A comparative analysis of complex organizations. New York 1975

Euler, H. P. Das Konfliktpotential industrieller Arbeitsstrukturen. Opladen 1977

Evans, M. G. The effects of supervisory behavior on the path-goal relationship. Org. Behav. & Hum. Perf. 1970, 5, 277–298

Facheux, C., Amado, G. & Laurent, A. Organizational development and change. Annual Review of Psychology 1982, 33, 343–370

Farago, O. & Gitler, L. F. German psychological warfare: Survey and Bibliography. New York 1941

Fend, H. Sozialisierung und Erziehung. Weinheim 1969

Festinger, L., Schachter, S. & Back, K. Social pressures in informal groups. New York 1950

Fiedler, F. E. A theory of leadership effectiveness. New York 1967

Fiedler, F. E., Chemers, M. M. & Mahar, Lina. Der Weg zum Führungserfolg. Stuttgart 1979

Fittkau-Garthe, Heide. Dimensionen des Vorgesetztenverhaltens und ihre Bedeutung für die emotionalen Einstellungsreaktionen der unterstellten Mitarbeiter. Diss. Hamburg 1970

Fleishman, E. A. Leadership climate, human relations training and supervisory behavior. Pers. Psychol. 1953, 6, 205–222

Fleishman, E. A., Harris, E. F. & Burtt, H. E. Leadership and supervision in industry. Columbus 1955

Franke, H. Das Lösen von Problemen in Gruppen. München 1975

Frederiksen, N., Saunders, D. R. & Wand, Barbara. The in-basket test. Psychol. Monogr. 1957, 71 (9), Whole No. 438

French, J. R. P. jr. Field experiments: Changing group productivity. In: Miller, J. G. (ed.), Experiments in social process: A symposium on social psychology. New York 1950

French, J. R. P. jr., Israel, J. & As, D. An experiment on participation in a Norwegian factory: Interpersonal dimensions of decision-making. Hum. Rel. 1960, 13, 3–19

French, W. L. & Bell, C. H. jr. Organisationsentwicklung. Bern, Stuttgart 1977

Friedlander, F. & Brown, L. D. Organization development. Ann. Rev. of Psychology 25. Palo Alto 1974

Frieling, E. Analyse von Managementpositionen in einem Großkonzern. In: Neubauer, R. & Rosenstiel, L. v. (Hg.), Handbuch der Angewandten Psychologie, Band 1, Arbeit und Organisation. München 1980, 175–188

Galtung, J. Institutionalized conflict resolution. Journal of Peace Research 1965, 4, 348–397

Gassner, M. Bildungsbedarfsermittlung: Grundsätze und Methoden. In: Neubauer, R. & Rosenstiel, L. v. (Hg.), Handbuch der Angewandten Psychologie, Band 1, Arbeit und Organisation. München 1980, 250–262

Gebert, D. Gruppendynamik in der betrieblichen Führungsschulung. Berlin 1972

Gebert, D. Organisationsentwicklung. Stuttgart 1974

Gebert, D. Zur Erarbeitung und Einführung einer neuen Führungskonzeption. Berlin 1976

Gebert, D. Organisationspsychologie. Einige einführende Überlegungen. In: Mayer, A. (Hg.), Organisationspsychologie. Stuttgart 1978, 1–15

Gebert, D. Organisation und Umwelt. Stuttgart 1978

Gebert, D. & Rosenstiel, L. von. Organisationspsychologie. Stuttgart 1981

Georgopoulos, B. S., Mahoney, G. M. & Jones, N. W. A path-goal approach to productivity. Journ. of Appl. Psychol. 1957, 41, 345–353

Ghiselli, E. E. & Brown, C. W. Personnel and industrial psychology. New York 1955

Glasl, F. & Houssaye, L. de la. Organisationsentwicklung. Bern, Stuttgart 1975

Goldfried, M. R. & Kent, R. N. Herkömmliche gegenüber verhaltenstheoretische Persönlichkeitsdiagnostik: ein Vergleich methodischer und theoretischer Voraussetzungen. In: Schulte, D. (Hg.), Diagnostik in der Verhaltenstherapie. München, Berlin 1976, 3–23

Goldstein, J. L. Training in work organizations. Ann. Rev. Psych. 1980, 31, 229–272

Greif, S. Intelligenzabbau und Dequalifizierung durch Industriearbeit? In: Frese, M., Greif, S. & Semmer, N. (Hg.), Industrielle Psychopathologie. Bern, Stuttgart, Wien 1978, 232–256

Groskurth, P. (Hg.), Arbeit und Persönlichkeit. Reinbek b. Hamburg 1979

Guilford, J. P. & Zimmerman, W. The Guilford-Zimmerman Temperament Survey. Beverly Hills, Calif. 1949

Gulowsen, J. A measure of work-group autonomy. In: Davis, L. E. & Taylor, J. (eds.), Job design. Harmondsworth 1972, 374—390

Hackman, J. R. Group influences on individuals. In: Dunnette, M. D. (ed.), Handbook of industrial and organizational psychology. Chicago 1976, 1455—1525

Hackman, J. R. & Oldham, G. Motivation through the design of work: Test of a theory. Organizational Behavior and Human Performance 1976, 16, 250—279

Halpin, A. W. & Winer, B. J. A factorial study of the leader behavior descriptions. In: Stogdill, R. M. & Coons, A. E. (eds.), Leader behavior: Its description and measurement. Ohio State University, Bureau of Business Research, Res. Monogr. 1957, 88, 39—51

Hare, A. P. A study of interaction and consensus in different sized groups. Am Soc. Rev. 1952, 17, 211—267

Heider, F. The psychology of interpersonal relations. New York 1958

Heinen, E. Grundlagen betriebswirtschaftlicher Entscheidungen. Das Zielsystem der Unternehmung. Wiesbaden 1966. 2. Auflage 1971

Hemphill, J. K. Relations between the group and the behavior of »superior« leaders. Journ. Soc. Psych. 1950, 32, 11—22

Hemphill, J. K. & Coons, A. E. Development of the leader behavior description questionnaire. In: Stogdill, R. M. & Coons, A. E. (eds.), Leader behavior: its description and measurement Ohio State University, Bureau of Business Research, Res. Monogr. 1957, 88, 6—38

Herrmann, Th. Psychologie als Problem. Stuttgart 1979

Hersey, P. & Blanchard, K. H. Management of organizational behavior: utilizing human resources. Englewood Cliffs 1977 (deutsch 1979)

Hewitt, D. & Parfit, J. A note on working morale and size of group. Occup. Psychol. 1961, 35, 110—121

Hill, W., Fehlbaum, R. & Ulrich, P. Organisationslehre I und II. Bern, Stuttgart 1974

Hinrichs, J. R. Value adaptation of new Phd's to academic and industrial environments – a comparative longitudinal study. Personnel Psychology 1972, 25, 545—565

Hinrichs, J. R. Personnel Training. In: Dunette, M. D. (ed.), Handbook of industrial and organizational psychology. Chicago 1976, 829—860

Höhn, R. & Böhme, G. Führungsbrevier der Wirtschaft. Bad Harzburg 1969

Hoff, E. H. Lebensbedingungen, Arbeitserfahrungen von Eltern und Familienerziehung. Hamburg 1975 (unveröffentlichte Diss.)

Hoff, E. H. & Grüneisen, V. Arbeitsplatzerfahrungen, Erziehungseinstellungen und Erziehungsverhalten von Eltern. In: Schneewind, K. A. & Lukesch, H. (Hg.), Familiäre Sozialisation. Stuttgart 1978, 65—89

Hofstätter, P. R. Gruppendynamik. Reinbek b. Hamburg 1971

Holahan, C. J. & Moos, R. H. Social support and psychological distress: a longitudinal analysis. Journal of Abnormal Psychology 1981, 90, 365—370

Holland, J. G. & Skinner, B. F. Analyse des Verhaltens. München, Berlin, Wien 1971

Holzkamp, K. Theorie und Experiment in der Psychologie. Eine grundlagenkritische Untersuchung. Berlin 1964

Homans, G. C. The human group. New York 1950 (deutsch: Köln 1960)

Horsfall, A. B. & Arensberg, C. M. Teamwork and productivity in a shoe factory. Hum. Org. 1949, 8, 13—25

House, R. J. A path goal theory of leader effectiveness. Adm. Sci. Quart. 1971, 16, 321–338

Huck, J. R. Assessment Centers: A review of the external and internal validities. Pers. Psychol. 1973, 26, 191–212

Irle, M. Soziale Systeme – Eine kritische Analyse der Theorie von formalen und informalen Organisationen. Göttingen 1963

Irle, M. Führungsverhalten in organisierten Gruppen. In: Mayer, A. & Herwig, B. (Hg.), Handbuch der Psychologie, Band 9, Betriebspsychologie. Göttingen 1970, 521–551

Irle, M. Verhalten in organisierten Gruppen. In: Graumann, C. F. (Hg.), Handbuch der Psychologie, Band 7, Sozialpsychologie, 2. Halbband. Göttingen 1972, 1865–1890

Irle, M. Lehrbuch der Sozialpsychologie. Göttingen 1975

Jackson, J. M. Structural characteristics of norm. In: Steiner, J. D. & Fishbein, M. (eds.), Current studies in social psychology. New York 1965

Jackson, J. M. A conceptual and measurement model for norms and roles. Pacif. Soc. Rev. 1966, 9, 37–47

Janis, J. L. Victims of group think. A psychological study of foreign policy decisions and fiascoes. Boston 1972

Janis, J. L. & Mann, L. Decision-making – a psychological analysis of conflict, choice and commitment. New York 1977

Jungermann, J. Rationale Entscheidungen. Bern, Stuttgart, Wien 1976

Kahn, R. L. Organisationsentwicklung: Einige Probleme und Vorschläge. In: Sievers, B. (Hg.), Organisationsentwicklung als Problem. Stuttgart 1977, 281–301

Kaminski, G. Verhaltenstheorie und Verhaltensmodifikation. Entwurf einer integrativen Theorie psychologischer Praxis am Individuum. Stuttgart 1970

Katona, G. Psychological analysis of economic behavior. New York 1951 (deutsch: Das Verhalten der Verbraucher und Unternehmer. Tübingen 1960)

Katona, G. Der Massenkonsum. Wien, Düsseldorf 1965

Katz, D. Skills of an effective administrator. In: Richards, M. D. & Nielander, W. A. (eds.), Reading in management. Cincinnati/Ohio 1969, 849–878

Katz, D. & Kahn, R. L. The social psychology of organizations. New York 1966 (2. Auflage 1978)

Kelley, H. H. & Thibaut, J. W. Group problem solving. In: Lindzey, J. & E. Aronson (eds.), The Handbook of social psychology. Vol. 1, Reading, Mass. 1969

Kerlinger, F. N. Foundations of behavioral research. New York 1964

Kerr, S., Schriesheim, C. A., Murphy, C. J. & Stogdill, R. M. Toward a contingency theory of leadership based upon the consideration and initiating structure literature. Org. Behav. & Hum. Perf. 1974, 12, 62–68

Kieser, A. & Kubicek, H. Organisation. Berlin 1977

Kirsch, W. Entscheidungsprozesse. Band I. Verhaltenswissenschaftliche Ansätze der Entscheidungstheorie. Wiesbaden, 1970

Kirsch, W., Esser, W. M. & Gabele, E. Das Management des geplanten Wandels von Organisationen. Stuttgart 1979

Klein-Moddenborg, V. & Brandstätter, H. Kurz- und langfristige Wirkungen verbaler Aggression auf Beobachter und Teilnehmer von Gruppendiskussionen. Problem und Entscheidung 1978, 22, 79–108

Kogan, N. & Wallach, M. A. Risk taking. A study in cognition and personality. New York 1964

Kohn, M. L. & Schooler, C. Class, occupation, and orientation. American Sociological Review 1969, 34, 659–678

Kohn, M. L. & Schooler, C. Occupational experience and psychological functioning: an assessment of reciprocal effects. American Sociological Review 1973, 38, 97–118

Kohn, M. L. & Schooler, C. The reciprocal effects of the substantive complexity of work and intellectual flexibility: a longitudinal assessment. American Journal of Sociology 1978, 84, 24–52

Korman, A. K. Consideration, initiating structure, and organizational criteria: A review. Pers. Psychol. 1966, 19, 349–361

Korman, A. K. The prediction of managerial performance: A review. Pers. Psychol. 1968, 21, 295–322

Kovenklioglu, G. & Greenhaus, J. H. Causal attributions, expectations, and task performance. Journal of Applied Psychology 1978, 63, 698–705

Kraut, A. I. Management assessment centers in international organizations. Ind. Rel. 1973, 12, 172–182

Kretch, D., Crutchfield, R. & Ballachey, E. L. Individual in society. New York 1962

Krömeke, Petra. Führung als soziale Interaktion – Die Beurteilung des Vorgesetztenverhaltens im interpersonellen Vergleich. Unveröffentl. Diplomarbeit, München 1981

Langenheder, W. Theorie menschlicher Entscheidungshandlungen. Stuttgart 1975

Lattmann, Ch. Das norwegische Modell der selbstgesteuerten Arbeitsgruppen. Bern 1972

Lattmann, Ch. Die selbstgesteuerte Arbeitsgruppe als Mittel strukturaler Organisationsentwicklung. Manuskript 1979

Lattmann, Ch. Führung durch Zielsetzung. In: Schuler, H. & Stehle, W. (Hg.), Psychologie in Wirtschaft und Verwaltung. Stuttgart 1982, 221–238

Lawrence, L. C. & Smith, P. C. Group decision and employee participation. Journ. Appl. Psychol. 1955, 39, 334–337

Leavitt, H. J. Toward organizational psychology. Address for Walter V. Bingham Day. Pittsburgh 1961

Lennerlöf, Leneli. Supervisory criteria? The Swedish council for personnel administration. Report No. 44. Stockholm 1966

Lent, R. H., Aurbach, H. A. & Levin, L. S. Predictors, criteria, and significant results. Pers. Psychol. 1971, 24, 519–533

Lewin, K. Frontiers in group dynamics: II. Channels of group life; social planning and action research. Human Relations 1947, 1, 143–153

Lewin, K. Group decision and social change. In: Maccoby E. E., Newcomb, T. M. & Hartley, E. L. (eds.), Readings in social psychology. New York 1958, 197–211

Lewin, K. Feldtheorie in den Sozialwissenschaften. Bern 1963

Lewin, K. Die Lösung eines chronischen Konflikts in der Industrie. In: Lewin, K. Die Lösung sozialer Konflikte. Bad Nauheim 1968[3], 181–202

Lewin, K., Lippitt, R. & White, R. K. Patterns of aggressive behavior in experimentally created social climates. Journ. Soc. Psychol. 1939, 10, 271–299

Lienert, G. A. Testaufbau und Testanalyse. Weinheim 1967 (2. verb. Auflage Berlin 1969)

Likert, R. New patterns of management. New York 1961

Likert, R. The human organization. New York 1967

Lippitt, R., Watson, J. & Westley, B. The dynamics of planned change. New York 1958

Lück, H. E. Soziale Aktivierung. Köln 1970

Lukasczyk, K. Zur Theorie der Führer-Rolle. Psychol. Rundschau 1960, 11, 179–188

Lukesch, H. Kriterien sozialer Schichtung und ihre Beziehung zu Merkmalen des Erziehungsstils. Zeitschrift für experimentelle und angewandte Psychologie 1975, 22, 55–79

Macciavelli, N. Il principe. Florenz 1514 (deutsch: Der Fürst)

MacCrimmon, K. R. Managerial decision making. In: McGuire, J. W. (ed.), Contemporary management: issues and viewpoints. Englewood Cliffs, N. J. 1973, Chapter 15

Maib, J. Fehlzeiten. Diss. Göttingen 1981

Maier, N. Teilautonome Arbeitsgruppen. Meisenheim/Gl. 1977

Mann, R. D. A. A review of the relationship between personality and performance in small groups. Psychol. Bull. 1959, 56, 214–270

March, J. G. & Simon, H. A. Organizations. New York, London, Sidney 1958

Mariott, R. Size of working group and output. Occup. Psychol. 1949, 23, 47–57

Marr, R., Stitzel, M. & Friedel-Howe, Heidrun. Personalwirtschaft – ein konfliktorientierter Ansatz. München 1979

Marx, K. Ökonomisch-philosophische Manuskripte (1844). In: Marx-Engels II: Politische Ökonomie. Frankfurt 1966

Maslow, A. H. A theory of human motivation. Psychological Review 1943, 50, 370–396

Maslow, A. H. Motivation and personality. New York 1954 (deutsche Übersetzung: Motivation und Persönlichkeit. Olten 1977)

Mathewson, S. B. Restriction of output among unorganized workers. New York 1931

Mayntz, R. Bürokratische Organisation. Köln, Berlin 1968

McClelland, D. C. & Winter, D. G. Motivating economic achievement. New York 1969

McClintock, Ch. G. Game behavior and social motivation in interpersonal settings. In: McClintock, Ch. G. (ed.), Experimental social psychology. New York 1972, 271–297

McGregor, D. The human side of enterprise. New York 1960

Merrihue, W. V. & Katzell, R. A. ERI-Yardstick of employee relations. Harv. Bus. 1955, 33, 91–99

Merton, R. K. Die Eigendynamik gesellschaftlicher Voraussagen. In: Topitsch, E. (Hg.), Logik der Sozialwissenschaften. Köln, Berlin 1956, 144–161

Merz, F. & Stelzl, Ingeborg. Einführung in die Erbpsychologie. Stuttgart 1977

Molt, W., Rüttinger, B. & Brand, Ruth. Entscheidungsverläufe in realen Entscheidungssituationen. Problem und Entscheidung 1975, 14, 109–126

Morse, N. C. & Reimer, E. The experimental change of a major organizational variable. Journ. of Abn. Soc. Psychol. 1956, 52, 120–129

Moses, J. L. & Byham, W. C. Applying the assessment center method. New York 1977

Müller, G. & Thomas, A. Einführung in die Sozialpsychologie. Göttingen 1974

Mulder, M. & Wilke, H. Participation and power equalization. Org. Behav. & Hum. Perf. 1970, 5, 430—448

Murray, H. A. Explorations in personality. New York, Oxford 1938

Nachreiner, F. Die Messung des Führungsverhaltens. Bern 1978

Neubauer, R. Die Assessment Center Technik. Ein verhaltensorientierter Ansatz zur Führungskräfteauswahl. In: Neubauer, R. & L. von Rosenstiel (Hg.). Handbuch der Angewandten Psychologie. München 1980, 122—158

Neuberger, O. Experimentelle Untersuchung von Führungsstilen. Gruppendynamik 1972, 3, 191—219

Neuberger, O. Messung der Arbeitszufriedenheit. Stuttgart 1974

Neuberger, O. Führungsverhalten und Führungserfolg. Berlin 1976

Neuberger, O. Organisation und Führung. Stuttgart 1977

Neuberger, O. Die Ermittlung personaler Eigenschaften von Führungskräften. In: Reber, G. (Hg.), Personalinformationssysteme. Stuttgart 1979, 125—142

Neuberger, O. Führungsforschung: Haben wir die Jäger- und Sammlerzeit schon hinter uns? DBW 1980,

Neuberger, O. Führung als widersprüchliches Handeln. Psychol. & Praxis – Zt. f. Arbeits- und Organisationspsychologie, NF 1, 1983,

Newcomb, T. M. The acquaintance of process. New York 1961

Nieder, P. Zum Zusammenhang zwischen Führungsverhalten, Produktionsniveau und Zufriedenheit. Gruppendynamik 1975, 6, 127—139

Oechsler, W. A. Konfliktmanagement. Wiesbaden 1979

Peltzer, U. & Schuler, H. Personwahrnehmung, Diskussionsverhalten und Präferenzänderung in Dyaden. In: Brandstätter, H. & Schuler, H. (Hg.), Entscheidungsprozesse in Gruppen. Bern 1976

Phares, E. J. Locus of control in personality. Morristown, N. J. 1976

Piontowski, U. Psychologie der Interaktion. München 1976

Pöhler, W. (Hg.), . . . damit die Arbeit menschlicher wird. Bonn 1979

Porac, J. F., Nottenburg, G. & Eggert, J. On extending Weiner's attributional model to organizational contexts. Journal of Applied Psychology 1981, 66, 124—126

Porter, L. W. & Steers, R. M. Organizational work, and personal factors in employee turnover and absenteeism. Psychol. Bulletin 1973, 80, 151—176

Pross, Helge & Boetticher, W. Manager des Kapitalismus – Untersuchung über leitende Angestellte in Großunternehmen. Frankfurt/M. 1971

Ramsey, F. P. The foundations of mathematics. London 1931

Reddin, W. J. Managerial effectiveness. New York 1970 (deutsch 1979)

Reitz, H. J. Behavior in organizations. Homewood, Ill. 1977

Riecken, H. W. The effect of talkativeness on ability to influence group solutions of problems. Sociometry 1958, 309—321

Roethlisberger, F. J. & Dickson, W. J. Management and the worker. Cambridge, Mass. 1964 (1. Auflage 1939)

Rogers, C. R. Client-centered therapy. Boston 1951

Rogers, C. R. The characteristics of a helping relationship. In: Bennis, W. G., Benne, K. D. & Chin, R. (eds.), The planning of change. 1969, 153 – 166

Rosenstiel, L. von. Motivieren – Manipulieren. PLUS – Z. f. Unternehmensführung 1970, 4, 11

Rosenstiel, L. von. Motivation im Betrieb. München 1972 (7. Auflage Goch 1980)

Rosenstiel, L. von. Die motivationalen Grundlagen des Verhaltens in Organisationen – Leistung und Zufriedenheit. Berlin 1975

Rosenstiel, L. von. Arbeitsgruppe. In: Mayer, A. (Hg.), Organisationspsychologie. Stuttgart 1978, 236–271

Rosenstiel, L. von. Die Ermittlung personaler Eigenschaften kognitiver Art. In: Reber, G. (Hg.), Personalinformationssysteme. Stuttgart 1979, 51–73

Rosenstiel, L. von. Grundlagen der Organisationspsychologie – Basiswissen und Anwendungshinweise. Stuttgart 1980

Rosenstiel, L. von. Führung. In: Strube, G. (Koordinator), Die Psychologie des 20. Jahrhunderts, Band XIII. Stoll, F. (Hg.), Anwendungen im Berufsleben. Zürich 1981, 802–835

Rosenstiel, L. von. Entscheidung: Was leistet die empirische Forschung? In: GDI (Hg.), Entscheidung auf neuen Wegen. Zürich 1981, 35–60

Rosenstiel, L. von. Welchen Stellenwert haben die qualitative Personalplanung und Weiterbildung als Komponenten der Personalentwicklung? In: Schäkel, U. & Thiede, J. D. (Hg.), Elemente der Personalentwicklung in der Diskussion. Bestandsaufnahme und Trends für die 80er Jahre. Düsseldorf 1981, 179–219

Rosenstiel, L. von & Rüttinger, B. Die Wirkung von Applaus für Beiträge in Fernsehdiskussionen auf die Einstellungsänderung der Diskussionsteilnehmer. In: Brandstätter, H. & Schuler, H. (Hg.), Entscheidungsprozesse in Gruppen. Bern 1976, 83–104

Rosenstiel, L. von & Stocker-Keichgauer, Gisela. Der Einfluß stellvertretender Verstärkung auf den Entscheidungsverlauf der Beobachter von Gruppendiskussionen. Problem und Entscheidung 1975, 14, 17–77

Ross, I. C. & Zander, A. Need satisfaction and employee turnover. Pers. Psychol. 1957, 10, 327–338

Rotter, J. B. Generalized expectancies for internal versus external control of reinforcement. Psychological Monographs 1966, 80 (1, Whole No. 609)

Rüttinger, B. Die Wirkung verbaler Aggression auf den Sprechereinfluß und den Sprechereindruck in Entscheidungsgruppen. Dissertation Universität Augsburg 1974

Rüttinger, B. Friendliness and group consensus: field study. In: Brandstätter, H., Davis, J. H. & Schuler, H. (eds.), Dynamics of group decisions. Beverly Hills 1978, 149–154

Rüttinger, B. Konflikt und Konfliktlösen. München 1981

Sader, M. Psychologie der Gruppe. München 1976

Schachter, S. The psychology of affiliation. Experimental studies of the source of gregariousness. Stanford 1959

Schachter, S., Ellertson, M., McBridge, D. & Gregory, D. An experimental study of cohesiveness and productivity. Hum. Rel. 1951, 4, 229–238

Scharmann, Th. Leistungsorientierte Gruppen. In: Graumann, C. F. (Hg.), Handbuch der Psychologie, Band 7 Sozialpsychologie, 2. Halbband. Göttingen 1972, 1790–1850

Schein, E. H. Organizational psychology. New York 1965

Schein, E. H. & Bennis, W. G. Personal and organizational change through group methods. New York 1965

Schelsky, H. Die Bedeutung des Berufs in der modernen Gesellschaft. In: H. Schelsky (Hg.), Auf der Suche nach Wirklichkeit. Düsseldorf 1965

Schjelderup-Ebbe, Th. Zur Soziologie der Vögel. Zt. f. Psychol. 1924, 95, 36—84

Schuler, H. Sympathie und Einfluß in Entscheidungsgruppen. Zeitschr. f. Sozialpsychologie, Beiheft 1. Bern, Stuttgart 1975

Schuler, H. & Peltzer, U. Friendly versus unfriendly nonverbal behavior: the effects on partner's decision-making preferences. In: Brandstätter, H., Davis, J. H. & Schuler, H. (eds.), Dynamics of group decisions. Beverly Hills 1978, 113—132

Schumacher, E. F. Das Ende unserer Epoche. Hamburg 1980

Schreyögg, G. Kritik situativer Führungstheorien am Beispiel des Fiedlerschen Kontingenzmodells. In: Macharzina, K. & Oechsler, W. A. (Hg.), Personalmanagement, Band I, Mitarbeiterführung und Führungsorganisation. Wiesbaden 1977, 109—144

Scitovsky, T. Psychologie des Wohlstands. Frankfurt/M., New York 1977

Seashore, S. E. Group cohesiveness in the industrial work group. Ann Arbor 1954

Seidel, E. Betriebliche Führungsformen. Geschichte, Konzepte, Hypothesen, Forschung. Stuttgart 1978

Shartle, C. L. & Stogdill, R. M. Studies in naval leadership. Columbus/Ohio 1952

Sherif, M., Harvey, O. J., White, B. J., Hood, W. R. & Sherif, Carolyn, W. Intergroup conflict and cooperation: The robbers cave experiment. Norman 1961

Sherif, M. Group conflict and co-operation. London 1970

Sievers, B. (Hg.) Organisationsentwicklung als Problem. Stuttgart 1977

Simon, H. A. A behavioral model of rational choice. Quarterly Journal of Economics 1955, 69, 99

Smith, Patricia. Criteria for evaluating executive success. In: Wickert, F. R. & McFarland, D. E. (eds.), Measuring executive success. New York 1967, 73—92

Smith, P. P. Kleingruppen in Organisationen. Stuttgart 1976

Staehle, W. H. Organisation und Führung soziotechnischer Systeme. Stuttgart 1973

Staehle, W. H. Management. München 1980

Staehle, W. H. Menschenbilder in Organisationstheorien. In: Grochla, E. (Hg.), Handwörterbuch der Organisation. Zweite völlig neu gestaltete Auflage, Stuttgart 1980, 1301—1313

Stehle, Barbara. Das Assessment-Center als Methode der Auswahl von Führungskräften. In: Schuler, H. & Stehle, W. (Hg.), Psychologie in Wirtschaft und Verwaltung. Stuttgart 1982, 49—66

Stiefel, R. Th. Humanistische Management-Schulung. Frankfurt 1975

Stirn, H. Die Arbeitsgruppe. In: Mayer, A. & Herwig, B. (Hg.), Handbuch der Psychologie, Band 9 Betriebspsychologie. Göttingen 1970, 494—520

Stocker-Kreichgauer, Gisela. Stellvertretende Verstärkung in Gruppendiskussionen. Dissertation Universität Augsburg 1976

Stocker-Kreichgauer, Gisela & Rosenstiel, L. von. Der Einfluß der Sprecherfreundlichkeit auf den Entscheidungsverlauf der Beobachter von Gruppendiskussionen. Problem und Entscheidung 1976, 18, 23—77

Stocker-Kreichgauer, Gisela. Ausbildung und Training in der Unternehmung. In: Mayer, A. (Hg.), Organisationspsychologie. Stuttgart 1978, 170—200

Stogdill, R. M. Personal factors associated with leadership. Journ. Psychol. 1948, 25, 35—71

Stogdill, R. M. Handbook of leadership. New York 1974

Strümpel, B. Die Krise des Wohlstands. Stuttgart 1977

Szilagyi, A. D. & Wallace, M. J. jr. Organizational behavior and performance. Hemel Hempstead 1980[2]

Tannenbaum, A. S. & Seashore, S. E. Some changing conceptions and approaches to the study of persons in organizations. Paper presented at the International Association of Applied Psychology. Ljubljana, 1965

Tannenbaum, A. S. Social psychology of the work organization. Belmont, London 1969

Taylor, F. W. The principles of scientific management. New York 1911

Thibaut, J. & Kelley, H. H. The social psychology of groups. New York 1959

Thomas, K. Conflict and conflict management. In: Dunnette, M. D. (ed.), Handbook of industrial and organizational psychology. Chicago 1976, 889—935

Thornton, G. & Byham, W. C. Management assessment centers. New York, London 1983

Travis, L. E. The effect of a small audience upon eye-hand coordination. Journ. of Abn. Soc. Psychol. 1925, 20, 142—146

Ulich, E. Arbeitswechsel und Aufgabenerweiterung. REFA-Nachrichten 1972, 25, 265—275

Ulich, E., Groskurth, P. & Bruggemann, Agnes, Neue Formen der Arbeitsgestaltung. Möglichkeiten und Probleme einer Verbesserung der Qualität des Arbeitslebens. Frankfurt 1973

Van Zelst, R. H. Worker popularity and job satisfaction. Pers. Psychol. 1951, 4, 405—412

Vroom, V. H. Some personality determinants of the effects of participation. Eglewoods Cl. 1960

Vroom, V. H. Work and motivation. New York, London 1964

Vroom, V. H. Industrial social psychology. In: Lindzey, G. & Aronson, E. (eds.), The handbook of social psychology. Vol. 5. Reading, London 1969, 196—268

Vroom, V. H. & Mann, F. C. Leader authoritarianism and employee attitudes. Pers. Psychol. 1960, 13, 125—140

Vroom, V. H. & Yetton, P. W. Leadership and decision-making. London 1973

Walton, R. E. Criteria for quality of working life. In: Davis, L. E. & Cherns, A. D. (eds.), The quality of working life. New York 1975

Wapner, S. & Alper, Th. The effect of an audience on behavior in a choice situation. Journ. of Abn. and Soc. Psychol. 1952, 47, 222—229

Watson, G. Resistance to change. Concepts for social change. Cooperative projects for educational development series. Vol. I. Washington 1966

Weber, M. Wirtschaft und Gesellschaft. Grundriß der verstehenden Soziologie. (1. Auflage 1921) Köln, Berlin 1964

Weiner, B. Theories of motivation. Chicago 1972

Weinert, A. B. Lehrbuch der Organisationspsychologie. Menschliches Verhalten in Organisationen. München, Wien 1981

Weinert, F. E. Schule und Beruf als institutionelle Sozialisationsbedingungen. In: G. F. Graumann (Hg.), Handbuch der Psychologie, Band 7 Sozialpsychologie, 2. Halbband. Göttingen 1972, 825—885

Weiss, H. M. Social learning of work values in organizations. Journal of Applied Psychology 1978, 63, 711—718

Wheeler, S. The structure of formally organized socialization settings. In:

Brim, O. G. & Wheeler, S. Socialization after childhood. Two essays. New York 1966

Wickert, F. R. Turnover, and employees' feelings of ego-involvement in the day-to-day operations of a company. Pers. Psychol. 1951, 4, 185−197

Willems, E. P. & Raush, H. L. Naturalistic viewpoints in psychological research. New York 1969

Wilpert, B. Führung in deutschen Unternehmen. Berlin, New York 1977

Winn, A. Sozialer Wandel in der Industrie. Von der Einsicht zur Verwirklichung. Gruppendynamik 1971, 2, 22−34

Wofford, J. C. Factor analysis of managerial behavior variables. Journ. of Appl. Psychol. 1970, 54, 169−173

Wofford, J. C. The motivational basis of job satisfaction and job performance. Pers. Psychol. 1971, 24, 501−518

Wunderer, R. Das »Leader-Match-Concept« von Fred Fiedlers »Weg zum Führungserfolg«. In: Wunderer, R. (Hg.), Humane Personal- und Organisationsentwicklung. Berlin 1979, 219−251

Wunderer, R. & Grunwald, W. Führungslehre. Berlin 1980

Yetton, P. W. & Vroom, V. H. The Vroom-Yetton-Model of leadership: An overview. In: King, B., Streufert, S. & Fiedler, F. (eds.), Managerial control and organizational democracy. New York 1978, 133−149

Yukl, G. Toward a behavioral theory of leadership. Org. Behav. & Hum. Perf. 1971, 6, 414−440

Zajonic, R. Social facilitation. Science 1965, 149, 269−74

Zaleznik, A., Christensen, C. R. & Roethlisberger, F. J. The motivation, productivity, and satisfaction of worker; a prediction study. Boston 1958

Zander, A. Motives and goals in groups. New York 1971

Autorenregister

Adorno 210
Albach 130
Allerbeck 153
Alper 37
Anderson 92
Andrisani 81, 82
Antons 163
Arensberg 57, 60
Argyris 24, 28, 35, 67, 188
Ås 148, 149
Asch 43, 55
Babchuk 63
Back 64
Bales 42, 107
Ballachey 40
Bandura 87, 88, 89, 90
Bartölke 195
Bass 45, 59, 64, 74, 127
Bastine 126
Baumgarten 126, 143, 155
Bavelas 119, 181
Bell 193, 195
Benne 184, 185
Bennis 61, 184
Berkel 40
Berkowitz 51, 52
Berrien 12, 13, 14, 26
Bertalanffy 212
Berthold 163, 164
Bihl 65
Blake 61, 110, 155, 157, 212
Blanchard 159
Böhme 64, 69, 130
Boetticher 136
Bosetzky 21
Brand 107
Brandstätter 23, 55, 102, 104, 105, 106, 122, 130, 131
Brousseau 81, 83
Brown 39
Byham 139
Byrne 45, 167
Campbell 26, 130, 142, 161
Cardijn 193
Cartwright 62
Catalanello 161
Cattell 127
Chin 184, 185
Christensen 61, 62, 186
Coch 51, 126, 146, 148
Collier 193
Cook 26
Cooms 151
Corey 193
Crott 111

Crutchfield 40
Davis 65, 102
de la Houssaye 189, 195
Deutsch 46
Dewey 194
Dickson 23, 44, 48, 50, 60
Dollard 85
Dutton 116
Edwards 101, 211
Eggert 92
Ellertson 51
Engfer 85, 86
Etzioni 185
Euler 112
Evans 174
Faraso 139
Fehlbaum 16
Fend 76
Festinger 44
Fiedler 165, 166, 167, 169, 170, 179, 204, 210
Fittkau-Garthe 152, 154, 164
Fleishman 151, 154, 162
Franke 55, 100
Frederikson 139
French 51, 126, 146, 148, 149, 181, 193, 195
Frese 94
Friedman 195
Frieling 135
Fromm 208
Galtung 109
Gassner 142
Gebert 12, 16, 67, 71, 78, 126, 138, 141, 142, 154, 161, 164, 169, 190, 192
Georgopoulos 174
Ghiselli 39
Glasl 189, 195
Goldfried 138
Goldstein 142, 161
Goode 63
Greenhaus 92
Greif 80, 94
Gregory 51
Groskurth 77
Grüneisen 85, 86
Grunwald 133, 134, 144, 146, 157, 160, 178
Guilford 83
Gullowsen 66
Hackman 37, 83
Halpin 151, 152
Have 74
Harvey 61
Hawthorne 207

Sachregister